BASTEI
LÜBBE
TASCHENBUCH

Über den Autor

Liu Zhenyun, geboren 1958, ist einer der erfolgreichsten Schriftsteller seiner Heimat China und zählt zu den wichtigsten Vertretern des Neorealismus. Seine preisgekrönten Werke erreichen ein Millionenpublikum, mehrere seiner Bestseller wurden in China und international erfolgreich verfilmt. Geschickt meistert er in seinen Erzählungen den Spagat zwischen literarischem Anspruch, gelungener Unterhaltung und treffender Gesellschaftskritik.

Liu Zhenyun

Scheidung auf Chinesisch

Roman

Übersetzung aus dem Chinesischen
von Michael Kahn-Ackermann

BASTEI LÜBBE
TASCHENBUCH

BASTEI LÜBBE TASCHENBUCH
Band 17511

Dieser Titel ist auch als E-Book erschienen

MIX
Papier aus verantwortungsvollen Quellen
FSC® C083411

Vollständige Taschenbuchausgabe
der bei Lübbe Ehrenwirth erschienenen Hardcoverausgabe

Titel der chinesischen Originalausgabe: »Wo Bu Shi Pan Jin Lian«
Published by arrangement with Changjiang Literature & Arts Press, Peking

Für die deutschsprachige Ausgabe:

Textredaktion: Dr. Caroline Draeger, Langenhagen
Titelillustration: © getty images/Charlotte Hu
Umschlaggestaltung: hißmann, heilmann, hamburg
Satz: Greiner & Reichel, Köln
Gesetzt aus der Adobe Caslon
Druck und Verarbeitung: CPI books GmbH, Leck – Germany
Printed in Germany
ISBN 978-3-404-17511-6

5 4 3 2 1

Sie finden uns im Internet unter www.luebbe.de
Bitte beachten Sie auch: www.lesejury.de

Erster Teil

1. Kapitel

Bei ihrem ersten Zusammentreffen war Richter Wang mit dem Vornamen Gongdao, der »Unparteiische«, erst sechsundzwanzig. Ein schmächtiger hellhäutiger Junge mit großen Augen. Wie viele Hellhäutige hatte er dünne Augenbrauen, nur ein paar spärliche Härchen, ein Gesicht glatt wie ein Babypopo. Li Xuelian musste bei seinem Anblick ein Lachen unterdrücken. Dies war der falsche Moment, sie brauchte seine Hilfe. Laut Auskunft der Nachbarn war er zu Hause, doch sie klopfte sich an seiner Wohnungstür die Knöchel wund. Keine Reaktion, nicht das kleinste Geräusch. Auf ihrem Rücken schleppte sie einen halben Sack Sesamkörner, ihre Hand umklammerte ein ausgewachsenes Huhn. Ihr schmerzten die Knöchel, dem Huhn die Flügel. Sein Gegacker öffnete ihr schließlich die Tür.

Der Richter hatte die Uniformjacke eines Gerichtsbeamten übergeworfen, darunter trug er nichts als eine Unterhose. Li Xuelian fiel das Zeichen für »Doppeltes Glück« an der Zimmerwand ins Auge, das Symbol für ein jungverheiratetes Paar. Es war abends halb elf, und Li Xuelian begriff den Unwillen des Richters, die Tür zu öffnen.

Der Richter gähnte. »Zu wem wollen Sie?«

»Wang Gongdao.«

»Und wer sind Sie?«

»Du kennst doch die Familie der Frau von Breitgesicht Ma in Cuijiadian?«

Der Richter nickte.

»Und dass die jüngere Schwester der Frau von Breitgesicht Ma nach Hujiawan geheiratet hat, das weißt du doch auch, oder?«

Der Richter überlegte einen Moment und schüttelte dann den Kopf.

»Eine Cousine der Familie der Schwester meiner Mutter hat doch den Neffen der Schwiegereltern der jüngeren Schwester von der Frau von Breitgesicht Ma geheiratet! So gesehen sind wir verwandt.«

Der Richter runzelte die Stirn. »Und was willst du von mir?«

»Ich will die Scheidung.«

Um ihr den halben Sack Sesam abzunehmen, mehr noch, um sie vom Huhn zu befreien, das noch immer schrill gackerte, in Wahrheit aber, um sie möglichst rasch wieder loszuwerden, ließ er Li Xuelian im Wohnzimmer seiner Wohnung für Jungverheiratete Platz nehmen. Durch die Tür zum Nebenzimmer lugte ein Frauenkopf, der gleich wieder verschwand.

»Und weshalb willst du dich scheiden lassen? Gegenseitige Unverträglichkeit?«

»Schlimmer.«

»Außereheliche Beziehung?«

»Viel schlimmer.«

»Na, es wird wohl nicht gleich um Mord gehen?«

»Den kannst du haben, wenn du mir nicht hilfst. Ich geh heim und bring ihn um.«

Der Richter erschrak und sprang auf, um ihr Tee einzugießen. »Man bringt nicht einfach jemanden um. Und bei Mord gibt es keine Scheidung.«

Mit der Teekanne in der Hand fuhr er fort: »Übrigens, wie heißt du?«

»Li Xuelian.«

»Und dein Mann?«

»Qin Yuhe.«

»Und was macht er?«

»Fahrer in der Kreis-Düngemittelfabrik.«

»Wie lange seid ihr verheiratet?«

»Acht Jahre.«

»Deine Heiratsurkunde hast du mitgebracht?«

»Du meinst meine Scheidungsurkunde? Hab ich dabei.«

Sie knöpfte die Jacke auf und zog aus der Innentasche eine Scheidungsurkunde hervor.

Der Richter stotterte verdattert: »Was, du bist schon geschieden? Was willst du denn dann noch?«

»Die Scheidung ist nicht echt.«

Der Richter nahm die bereits ziemlich abgegriffene Urkunde entgegen und besah sich gründlich Innen- wie Außenseite.

»Sieht aber echt aus.«

»Die Urkunde ist echt, aber die Scheidung damals war's nicht.«

Der Richter tippte mit der Fingerspitze auf das Dokument. »Ob echt oder nicht, mit dieser Urkunde ist die Scheidung von Rechts wegen gültig.«

»Das ist ja das Elend. Deswegen bin ich hier.«

Der Richter kratzte sich am Kopf. »Was willst du denn nun eigentlich?«

»Zuerst will ich prozessieren, um zu beweisen, dass die Scheidung nicht echt ist. Mich dann mit dem Scheißkerl noch einmal verheiraten und mich am Ende wieder scheiden lassen.«

Erneut kratzte sich der Richter ratlos am Kopf. »Na, am Ende willst du dich doch von diesem Qin scheiden lassen, wozu dann das Ganze, das bringt doch nichts?«

»Das sagen sie alle, aber ich seh das anders.«

2. Kapitel

Zu Beginn hatte Li Xuelian keineswegs die Absicht gehabt, die Sache zu verkomplizieren. Ursprünglich hatte sie vorgehabt, kurzen Prozess zu machen und ihren Exmann mit einem Messerstich ins Jenseits zu befördern. Aber der Versuch, einen Kerl von einem Meter fünfundachtzig und robustem Körperbau umzubringen, barg ungewisse Erfolgsaussichten. Als sie sich kennenlernten, hatten seine Statur und seine Bärenkräfte maßgeblich dazu beigetragen, ihn zu heiraten – doch jetzt erwiesen sich diese Vorzüge als Nachteile. Sie brauchte einen Helfer. Ihr jüngerer Bruder Li Yingyong war der Erste, der ihr in den Sinn kam, schließlich bedeutete sein Vorname »der Heldenhafte«. Auch er war einen Meter fünfundachtzig groß und kräftig gebaut, dazu ständig auf seinem Traktor unterwegs, um Getreide anzukaufen und zu verkaufen, auch mit Baumwolle und Unkrautvernichtungsmitteln handelte er.

Sie stattete ihm in ihrem Elternhaus einen Besuch ab. Ihr Bruder saß gerade mit der ganzen Familie beim Mittagessen.

An den Türrahmen gelehnt sagte sie: »Yingyong, komm mal raus, ich hab mit dir zu reden.«

Er hob den Kopf von seiner Essschale und blickte zur Tür. »Wenn du was zu sagen hast, Schwester, dann sag's hier.«

»Nein, das muss ich mit dir allein besprechen.«

Er warf Frau und Sohn einen Blick zu, stellte seine Schale ab, stand auf und ging mit seiner Schwester zum Hügel am Dorfausgang.

»Hör mal, Bruder, bin ich dir nicht immer eine gute Schwester gewesen?«

»Na klar doch, damals bei der Hochzeit hast du mir zwanzigtausend Kuai geliehen.«

»Ich muss dich um einen Gefallen bitten.«

»Worum geht's, Schwester?«

»Du musst mir helfen, Qin Yuhe umzubringen.«

Ihr Bruder erstarrte. Er wusste um die Scheidungsangelegenheit seiner Schwester, doch dass sie bis zum Mord gehen würde, hatte er nicht erwartet.

Er kratzte sich den Kopf. »Hör zu, Schwester, wenn ich dir helfen soll, ein Schwein zu schlachten, kannst du auf mich zählen. Aber einen Menschen umbringen, das hab ich noch nie gemacht.«

»Keiner macht so was jeden Tag, es muss schon den rechten Grund dafür geben.«

»Jemanden umzubringen ist nicht schwer, aber am Ende kriegt man selbst 'ne Kugel ab.«

»Ich verlange ja nicht, dass du ihn umbringst. Du sollst ihn nur festhalten, den Rest erledige ich, die Kugel krieg dann ich ab, du hast damit nichts zu tun.«

»Wenn ich ihn festhalte, damit du ihn umbringen kannst, wandere ich auch ins Loch.«

Sie geriet in Rage. »Deine Schwester wird von einem Kerl schikaniert, und du schaust seelenruhig zu? Wenn du mir nicht hilfst, dann bring ich keinen um. Dann geh ich nach Hause und häng mich auf!«

Sie schüchterte ihn derart ein, dass er am Ende einwilligte: »Na gut, Schwester, wenn's denn sein muss. Wann soll's denn passieren?«

»So was kann nicht warten. Morgen.«

Er nickte. »Morgen, also gut. Besser früher als später, wenn's denn sein muss.«

Doch als sie am folgenden Tag erschien, um ihn abzuholen, teilte ihr die Schwägerin mit, ihr Bruder sei mitten in der Nacht mit dem Traktor nach Shandong aufgebrochen, um Baumwolle zu kaufen. Er hatte sie sitzengelassen, das war klar. Sie seufzte. Seinem Namen zum Trotz war ihr Bruder alles andere als ein Held. Der alte Spruch »Bei der Tigerjagd verlass dich auf den eigenen Bruder, in der Schlacht auf die Soldaten aus der eigenen Sippe« traf in ihrem Fall nicht zu.

Der Nächste, der ihr einfiel, war der Schweinemetzger Hu aus Krummweg, dem Gemeindeflecken. Metzger Hu war rotgesichtig. Jeden Morgen um fünf Uhr früh begann er mit dem Schlachten und karrte noch im Morgengrauen das Fleisch zum Verkauf auf den Markt. Li Xuelian war seine Kundin, und Metzger Hu warf nach beendetem Kauf gewöhnlich ein zusätzliches Stück Fleisch oder ein Stück Schweinedarm als Zuwaage in ihren Einkaufskorb. Gratis waren allerdings weder Fleisch noch Darm, stets stieß er dabei mit zusammengekniffenen Äuglein ein »Schätzchen« hervor, gelegentlich quetschte er sich sogar hinter seinem Stand hervor und befummelte sie. Lautstark schimpfend trieb sie ihn dann hinter seinen Stand zurück.

Sie begab sich zu seinem Marktstand und sagte: »Hu, ich hab was mit dir zu besprechen, gehen wir wohin, wo uns niemand hört.«

Hu sah sie erstaunt an, überlegte kurz, dann legte er sein Messer beiseite und führte sie in eine stillgelegte Mühle hinter dem Markt.

Als sie allein waren, fragte sie: »Sag mal, Hu, wie stehen wir zueinander?«

Hu war elektrisiert. »Na prima, Schätzchen, hab dich doch immer gut bedient, oder?«

»Ich möchte dich um einen Gefallen bitten.«

»Worum geht's?«

Gewitzt durch die Erfahrung mit ihrem Bruder, nahm sie gegenüber dem Metzger das Wort umbringen nicht in den Mund. »Wenn ich Qin Yuhe hierherlocke, hilfst du mir, ihn festzuhalten, damit ich ihm links und rechts ein paar verpassen kann?«

Von Li Xuelians Geschichte hatte Metzger Hu gehört. Jemanden festzuhalten war für ihn kein Problem, er sagte auf der Stelle bereitwillig zu.

»Nur festhalten reicht nicht. Wenn du willst, verdresche ich ihn für dich. Aber ich möchte wissen, was ich dafür kriege.«

»Wenn du mir hilfst, mach ich's mit dir.«

Entzückt stürzte sich Metzger Hu auf sie und begann,

sie von oben bis unten zu betatschen. »Schätzchen, dafür bin ich sogar bereit, ihn umzubringen.«

Sie stieß ihn von sich. »Kommt nicht infrage.«

Der Metzger rückte ihr wieder auf die Pelle. »Na gut, dann verprügeln wir ihn eben. Aber zuerst machen wir's.«

Erneut stieß sie ihn von sich. »Erst verprügeln wir ihn, dann machen wir's!«

Sie ging auf den Ausgang der Mühle zu. »Sonst kannst du's vergessen.«

Er packte sie eilig am Arm. »Immer langsam, Schätzchen, ganz wie du willst, erst verdreschen wir ihn, dann machen wir's.«

Sie blieb stehen. »Ich halte, was ich verspreche.«

Er trommelte sich begeistert gegen die Brust. »Wann gehen wir's an? So bald wie möglich!«

»Morgen. Ich rede heute mit Qin Yuhe und verabrede mich mit ihm.«

Am Nachmittag begab sie sich, die zwei Monate alte Tochter auf dem Arm, zur Kunstdünger-Fabrik in die Kreisstadt. Ihr Plan war, sich mit ihrem Exmann für den nächsten Tag beim Zivilamt ihrer Heimatgemeinde zu verabreden, um die Frage des Unterhalts für die Tochter zu klären und ihn auf diese Weise aus der Kreisstadt zu locken. Sie graste das ganze Fabrikgelände ab, um schließlich zu erfahren, dass Qin Yuhe mit dem Lastwagen in die Provinz Heilongjiang unterwegs war, um Dünger auszuliefern. Er werde frühestens in zehn Tagen oder zwei Wochen zurückkommen. Zweifellos hatte er, genau wie ihr Bruder, das Weite gesucht. Sich nach Heilongjiang aufzumachen, um ihn zu suchen, war aussichtslos. Jemanden umzubringen war entschieden einfacher, als ihn zu finden. Wohl oder übel musste sie ihm eine zusätzliche Lebensfrist von zehn bis vierzehn Tagen einräumen.

Als sie wutschnaubend das Fabrikgelände verließ, spürte sie plötzlich Druck auf der Blase. Die öffentliche Toilette am Fabrikeingang war kostenpflichtig, um sich zu erleichtern, musste man zwei Mao berappen. Die Toilettenfrau war mittleren Alters, auf dem Kopf eine Dauerwelle wie ein Hühnernest. Li Xuelian zahlte, gab ihr die Tochter in Obhut, ging in die Toilette und entleerte ihre Blase. Die so entstandene Leere in ihrem Unterleib füllte sich auf der Stelle mit rasendem Zorn. Als sie beim Verlassen der Toilette das an der Brust der Toilettenfrau schreiende Kind sah, verpasste sie ihm eine Ohrfeige. »Du Drecksbalg hast mich da reingeritten, deinetwegen bin ich jetzt am Ende.«

Tatsächlich hatte der Zwist zwischen ihr und Qin Yuhe mit dem Kind begonnen. Acht Jahre waren sie verheiratet gewesen. Im zweiten Ehejahr war der Sohn zur Welt gekommen, der jetzt sieben Jahre alt war. Und dann hatte sie im Frühling des vergangenen Jahres entdeckt, dass sie wieder schwanger war. Bei welcher Gelegenheit es passiert war, hätte sie nicht sagen können, sie hatte sich entweder im Kalender vertan, oder er hätte ein Kondom überziehen müssen, und sie hatte sich ausnahmsweise nachgiebig gezeigt. Er hatte seinen Spaß gehabt, aber sie war schwanger geworden. Ein zweites Kind verstieß gegen das Gesetz, und er hätte als Angestellter einer staatlichen Fabrik seine Stelle verloren! Sie beschlossen die Abtreibung und hatten sich dafür gemeinsam ins Kreishospital begeben. In den zwei Monaten ihrer Schwangerschaft hatte sie nichts gespürt, aber als sie mit entblößtem Unterleib und gespreizten Beinen auf dem Operationstisch gelegen hatte, hatte sie plötzlich eine Bewegung im Bauch gespürt. Sie hatte die Schenkel geschlossen, war vom Operationstisch gesprungen und hatte sich die Hosen wieder angezogen.

Als sie aus dem Operationssaal marschiert und dabei war, das Krankenhaus zu verlassen, hatte ihr Mann sie am Arm gepackt.

»Wohin willst du denn? Sie geben dir eine Betäubungsspritze, es tut nicht weh.«

»Wir besprechen das zu Hause.«

Während der Fahrt im öffentlichen Bus, der sie in ihr Dorf zurückbrachte, fiel zwischen ihnen kein Wort. Kaum hatten sie ihr Haus betreten, war Li Xuelian im Kuhstall verschwunden.

Qin Yuhe war ihr gefolgt. »Was hast du nun vor?«

»Das Kind im Bauch hat mich getreten, ich muss es austragen.«

»Das geht nicht, wenn du es zur Welt bringst, schmeißen sie mich raus.«

»Wir müssen uns was ausdenken.«

»Da gibt es nichts auszudenken.«

Sie hatte ihn angesehen. »Lassen wir uns scheiden.«

»Was?« Er hatte sie verdutzt angesehen.

»›Eisenbahn‹-Zhao, der Tierarzt der Gemeinde, hat es so gemacht. Wir lassen uns scheiden, dann haben wir nichts mehr miteinander zu tun. Ich bringe das Kind auf die Welt, das Kind ist meines und hat mit dir nichts mehr zu tun. Der Junge gehört dir, jeder hat nur ein Kind, dann haben wir nicht gegen die Vorschriften verstoßen.«

Es hatte einen Moment gedauert, bis er begriffen hatte: »Die Idee ist nicht schlecht, aber sollen wir uns wirklich wegen des Kindes scheiden lassen?«

»Wir machen's wie ›Eisenbahn‹-Zhao: Sobald das Kind registriert ist, heiraten wir wieder. Bei der Geburt des Kindes sind wir geschieden, und bei der Wiederheirat bringt jeder ein Kind mit in die Ehe. Es ist nicht verboten, dass zwei Leute heiraten, von denen jeder ein Kind hat. Danach bekommen wir keins mehr, und alles ist in Ordnung.«

Er hatte nachgedacht. Bewunderung für »Eisenbahn«-Zhao war in ihm hochgestiegen. »Ein ausgekochter Bursche, dieser ›Eisenbahn‹-Zhao. Tierarzt ist zu schade für den, der sollte nach Peking und sich um die Geburtenkontrolle im ganzen Land kümmern. Der würde alle Schlupflöcher stopfen.«

Er hatte sie gemustert. »In deinem Bauch steckt nicht nur ein Balg, da steckt ein ganzer Darm voll Tricks. Ehrlich, ich hab dich unterschätzt.«

So waren sie aufs Zivilamt der Gemeinde gegangen und hatten sich scheiden lassen. Um keinen Verdacht zu erregen, hatten sie danach jeden Kontakt abgebrochen. Ein halbes Jahr nach der Geburt des Kindes hatte sie jedoch feststellen müssen, dass ihr Exmann inzwischen die kleine Mi aus dem Friseursalon der Kreisstadt geheiratet hatte. Nicht nur geheiratet hatten sie, nein, auch die kleine Mi war schwanger. Aus der fingierten Scheidung war unversehens eine echte geworden.

Li Xuelian hatte zwar den gleichen Zug genommen wie »Eisenbahn«-Zhao, war aber an einer ganz anderen Endstation gelandet. Als sie ihren Exmann wütend zur Rede stellte, hatte dieser knallhart reagiert: Die Scheidung sei von Beginn an echt gewesen, die Urkunde sei der Beweis, dagegen könne sie nichts unternehmen. Erst da hatte sie begriffen, dass nicht er sie, sondern sie ihn unterschätzt hatte. Doch weniger als der Betrug hatte sein Ton sie erbittert. Dass sie reingelegt worden war, hätte sie hinnehmen können, dass sie sich selbst reingeritten hatte, beschädigte ihre Selbstachtung. In ihrer Wut hatte sie beschlossen, ihn umzubringen. Aber nun hatte er sich feige nach Heilongjiang geflüchtet, an sofortige Rache war nicht zu denken.

Ihr Zorn richtete sich jetzt gegen die heulende Tochter, und ihre Wut entlud sich mit einer schallenden Ohrfeige. Dem Kind blieb die Luft weg, es hörte auf zu heulen.

Die Toilettenfrau dagegen geriet in Rage. »Was soll das? Ich hab dir doch nichts getan!«

Li Xuelian sah die Frau verblüfft an. »Was sagst du?«

»Such dir einen anderen Platz, um das Kind zu prügeln. So ein Winzling, der geht doch kaputt dabei! Meinetwegen schlag das Kind tot, aber tu's gefälligst woanders. Wenn die Leute erfahren, dass hier jemand gestorben ist, benutzt keiner mehr die Toilette.«

Sie begriff, nahm das Kind an sich, ließ sich auf die Treppenstufen des Klohauses fallen und brach in Tränen aus: »Ich bin am Ende. Qin Yuhe, du verdammter Hurensohn, du hast mein Leben verpfuscht.«

Das Kind war wieder zu Atem gekommen und begann ebenfalls zu schreien.

Die Toilettenfrau begriff jetzt, mit wem sie es zu tun hatte, die Geschichte der »Scheidung« hatte in der gesamten Düngemittelfabrik die Runde gemacht. Sie stimmte in Li Xuelians Tirade ein:

»Ein verdammter Dreckskerl, dieser Qin Yuhe.«

Angesichts so viel unverhoffter Solidarität stieg in Li Xuelian so etwas wie Sympathie auf, und sie sagte zur Klofrau: »Wir haben ganz klar ausgemacht, dass die Scheidung nicht echt ist, wieso ist jetzt auf einmal eine echte draus geworden?«

Zu ihrer Überraschung hörte sie die Klofrau sagen: »Ich rede nicht von eurer Scheidung.«

»Wovon dann?«

»Dieser Qin Yuhe ist ein Unmensch. Es war irgendwann im Januar, da kam er besoffen hier aufs Klo. Dafür muss man nun mal zahlen, ich verdiene meine Brötchen damit, ich muss mit dem Klo die Mäuler der ganzen Familie stopfen. Aber er hat sich stur gestellt und gesagt, er wär von der Fabrik und wollte die zwei Mao nicht zahlen. Ich hab ihn festgehalten, da hat er zugelangt und mir einen halben Schneidezahn ausgeschlagen.«

Sie riss ihren Mund auf, tatsächlich fehlte ein halber Schneidezahn.

»Sobald er wieder auftaucht, bring ich ihn um«, verkündete Li Xuelian.

Statt Erschrecken rief ihre Ankündigung bei der Klofrau lediglich die Bemerkung hervor: »Ihn einfach umbringen, da kommt er noch zu gut weg. So einer gehört stückweise zu Tode gequält.«

Li Xuelian starrte sie an. »Was meinst du damit?«

»Umbringen ist ’ne einmalige Sache, im Handumdrehen vorbei. Wenn du mich fragst, so einen Saukerl bringt man nicht um, sondern man macht ihm das Leben zur Hölle. Er hat doch jetzt eine andere geheiratet? Du musst dafür sorgen, dass ihm alles den Bach runtergeht, bis ihm Frau und Kind davonlaufen. Am Ende muss er sich wünschen, er wäre tot, vorher darfst du keine Ruhe geben.«

Auf Li Xuelian wirkten ihre Worte wie eine Erleuchtung. Ihn umzubringen schuf letztlich keine klaren Verhältnisse. Die Klofrau hatte recht: Ihm das Leben zur Hölle zu machen, bis ihm Frau und Kind davonliefen, das allein konnte die verdrehte Angelegenheit geradebiegen. Genauer gesagt, nicht die verdrehte Angelegenheit selbst, sondern die dadurch verdrehte Gerechtigkeit. War Li Xuelian in die Fabrik gekommen, um ihren Exmann umzubringen, so war sie beim Verlassen der Fabrik entschlossen, ihn vor Gericht zu zerren. Eine Frau, die fürs Scheißen und Pissen zuständig war, hatte sie auf die richtige Spur gebracht. Ausgerechnet die Frau, die selbst eine Rechnung mit ihrem Exmann zu begleichen hatte, rettete ihm das Leben.

3. Kapitel

Die zweite Begegnung mit Richter Wang Gongdao fand im Gerichtssaal statt. Der Richter trug seine Uniform, er hatte gerade eine Sitzung hinter sich, als Li Xuelian vor dem Richtertisch auftauchte.

»Onkel, wie steht's in meiner Sache?«

Der Richter war in Gedanken noch beim letzten Fall und erkannte sie nicht sofort. »Deine Sache? Welche Sache?«

»Na, die Sache mit der Scheidung, ich war doch deswegen neulich Abend bei dir. Li Xuelian heiß ich, du hast gesagt, ich soll drei Tage warten, und heute ist es so weit.«

Erst jetzt fiel dem Richter ein, wen er vor sich hatte. Er ließ sich wieder hinter dem Richtertisch nieder und begann über ihren Fall nachzudenken. Nach einer Weile des Grübelns seufzte er: »Kompliziert.«

»Wer oder was ist kompliziert?«

»Alles. Ich bin deinen Fall durchgegangen, schwierig, schwierig. Erst mal zu dir: Du bist schon geschieden und willst dich noch mal scheiden lassen. Um dich noch mal scheiden zu lassen, musst du beweisen, dass die Scheidung ungültig ist. Dann willst du wieder heiraten und dich dann erneut scheiden lassen. Sag selbst: Ist das etwa nicht kompliziert?«

»Mir macht das Komplizierte nichts aus.«

»Und dann zu deinem Exmann, wie heißt er noch mal?«

»Qin Yuhe.«

»Wenn er wenigstens ledig wäre, ginge es ja noch an. Aber jetzt ist er mit einer anderen verheiratet. Nehmen wir mal an, es ließe sich beweisen, dass eure Scheidung ungültig ist: Um ihn wieder heiraten zu können, müsste er sich erst mal von seiner jetzigen Frau scheiden lassen, sonst beginge er Bigamie. Und dann soll er dich wieder heiraten, nur um sich wieder scheiden zu lassen. Wenn das nicht kompliziert ist!«

»Ich will ja, dass es kompliziert wird.«

»Und dann erst die juristische Seite, so einen Fall hat es noch nie gegeben. Auf den ersten Blick sieht es aus wie ein einziger Fall, in Wirklichkeit ist es ein ganzer Haufen von Fällen. Jeder davon muss gesondert entschieden werden, von einer Scheidung zur anderen und dann wieder von vorn. Kompliziert ohne Ende!«

»Hör mal, Onkel, ihr betreibt nun mal für so was eine Gerichtsbude, da darf man keine Angst kriegen, wenn's kompliziert wird.«

»Darum geht es mir auch gar nicht.«

»Und worum dann?«

»Nehmen wir mal an, eure Scheidung war ungültig, dann wird es erst recht kompliziert.«

»Wieso dann erst recht?«

»Wenn eure damalige Scheidung ungültig war, dann ist

jedem auf der Stelle klar, dass ihr euch habt nur scheiden lassen, um ein weiteres Kind auf die Welt zu bringen. Damit setzt ihr euch dem Verdacht aus, die Geburtenkontrolle umgangen zu haben. Geburtenkontrolle, verstehst du überhaupt, wovon ich rede?«

»Dass man nicht mehr Bälger auf die Welt bringen darf.«

»So einfach ist es nicht, es geht um die Staatspolitik. Damit ist nicht zu spaßen. Wenn eure damalige Scheidung für ungültig erklärt wird, dann muss erst mal die Frage eures Kindes geklärt werden, bevor es um euch beide geht. Du denkst, dass du jemand anderen anzeigst, tatsächlich bringst du dich selbst und dein Kind vor Gericht.«

Sie verstummte. Nach einigem Nachdenken sagte sie: »Heißt das, sie verurteilen mein Kind zum Tode?«

Der Richter lachte. »Na, das nicht.«

»Und mich? Können sie mich zum Tode verurteilen?«

»Auch nicht, es geht um eine Ordnungswidrigkeit, sie brummen euch eine Geldbuße auf, und ihr verliert eure Arbeitsstellen. Alles futsch, lohnt sich das?«

»Ich will, dass alles futschgeht. Vor einer Geldbuße habe ich keine Angst. Ich hab auch keine Angst, meine Stelle zu verlieren, weil ich keine habe. Ich verkaufe Sojasoße auf dem Markt, wenn's grob kommt, verbieten sie mir das. Dass der Saukerl seine Stelle verliert, ist mir recht, das will ich ja gerade.«

Der Richter kratzte sich am Kopf. »Also, wenn du partout darauf bestehst, bin ich machtlos. Hast du die Klageschrift vorbereitet?«

Sie zog aus dem Ausschnitt eine Klageschrift hervor

und überreichte sie Richter Wang. Verfasst hatte sie der alte Qian von der Rechtsanwaltskanzlei Qian in der Nordstraße der Kreisstadt, dreihundert Yuan hatte sie gekostet, drei Seiten stark, pro Seite hundert Yuan. Li Xuelian hatte den Preis unverschämt gefunden, doch Rechtsanwalt Qian hatte ihr fest in die Augen geblickt und gesagt: »Ein so komplizierter Fall, so kompliziert.« Und hatte hinzugefügt: »Eine einzige Anzeige für so viele Fälle. So viele Fälle, und ich verlange das Geld nur für einen Fall, das ist doch billig. Wenn ich's mir genau überlege, zahle ich drauf.«

Der Richter nahm die Klageschrift in Empfang und fragte: »Hast du die Gebühr für die Anzeige dabei?«

»Wie viel?«

»Zweihundert.«

»Billiger als der alte Qian. Zweihundert Yuan für so viel Kompliziertheit, das ist echt günstig.«

Der Richter warf ihr einen Blick zu und schickte sich an, den Gerichtssaal zu verlassen. »Die Gebühr zahlst du auf der Bank ein, dann geh nach Hause und warte auf Nachricht.«

Sie hielt ihn fest. »Wie lange wird es dauern?«

Der Richter überlegte einen Moment und sagte: »Entgegennahme der Anzeige, Überprüfung, mindestens zehn Tage.«

»Onkel, in zehn Tagen sehen wir uns wieder.«

4. Kapitel

In den darauffolgenden zehn Tagen erledigte sie sieben Dinge:

Erstens nahm sie ein Bad. Vom Gedanken an die Ermordung ihres Exmannes restlos in Anspruch genommen, hatte sie seit ihrer Niederkunft nicht mehr gebadet. Sie selbst fand ihren eigenen Körpergeruch unerträglich. Jetzt, wo das große Werk endlich in Gang gesetzt war, begab sie sich ins Badehaus der Gemeinde. Sie lag auf der Holzpritsche und ließ sich abschrubben. Fünf Yuan verlangte das Badehaus fürs Einweichen, weitere fünf Yuan für einmal Ganzkörper-Schrubben. Die Badefrau war klein und fett, eine kugelige Frau aus der Provinz Sichuan, aber sie hatte große Hände. Schon beim ersten Zugriff geriet sie ins Staunen.

»Solche Dreckbatzen, so was hab ich seit Jahren nicht mehr gesehen.«

»Tantchen, schrubb so gründlich du kannst, ich hab was Wichtiges vor.«

»Was denn? Willst du heiraten?«

»Genau, ich will heiraten.«

Beim Verlassen des Bades fühlte sie sich um einige Pfunde leichter, ihr Schritt war um einiges beschwingter.

Beim Überqueren des Marktes wurde sie vom Metzger Hu erspäht. Er ließ das Fleischstück, das er gerade zerhackte, liegen und stürzte sich, das Messer in der Hand, auf sie wie eine Schmeißfliege auf eine Blutlache.

»Schätzchen, lauf nicht weg, wir haben doch ausgemacht, Qin Yuhe zu verdreschen, wieso lässt du nichts von dir hören?«

»Nur immer mit der Ruhe, ich hab ihn noch nicht zu fassen gekriegt, er ist ab nach Heilongjiang.«

Metzger Hu glotzte sie an. Frisch aus dem Bad glänzten ihre Wangen rosig, ihr volles, dichtes Haar war auf dem Kopf zu einem Knoten geschlungen, Wassertropfen perlten daran herab. Wegen der kürzlichen Niederkunft spannten sich ihre Brüste, und sie verströmte von Kopf bis Fuß einen Duft nach frischer Haut und Milch.

Metzger Hu drängte sich an sie. »Schätzchen, vielleicht machen wir's doch erst und knöpfen ihn uns danach vor.«

»Wir bleiben bei unserer Abmachung, erst verdreschen, dann machen wir's.«

»Das dauert ja eine Ewigkeit, ich halt's nicht so lange aus. Ich schlag dir vor, dass wir's zuerst machen, und dann fahr ich nach Heilongjiang und mach ihn kalt.«

Verprügeln, und Umbringen sowieso, hatte sich erledigt. Mit einem Blick auf das blutige Messer in der Hand des Metzgers sagte sie: »Umbringen kommt nicht infrage, wenn du das tust, machst du dich nur unglücklich. Willst du wegen Mordes eine Kugel ins Genick kriegen?« Sie strich ihm über die Brust. »Bleib ruhig, Hu. Wer frischen Tofu essen will, muss abwarten können.«

»Du hast leicht reden, mich zerreißt's, wenn ich noch länger warten muss.« Er deutete auf seine Augen. »Schau sie dir an, wie blutunterlaufen die sind, keine Nacht krieg ich sie mehr zu. Wenn sich das weiter so hinzieht, bring ich nicht Qin Yuhe um, sondern jemand anderen.«

Sie klopfte ihm tröstend auf die breiten Schultern. »Bleib ruhig, Hu, er kriegt am Ende sein Fett ab, aber die Zeit ist noch nicht reif.«

Zweitens ließ sie sich eine neue Frisur machen. Nachdem sie Metzger Hu abgewimmelt hatte, betrat sie einen Friseursalon. Bisher hatte sie einen Pferdeschwanz getragen, den wollte sie abschneiden und sich eine Kurzhaar-Frisur machen lassen. Um ihren Exmann zu quälen, waren Begegnungen unausweichlich, und die konnten in Streit und schließlich in Handgreiflichkeiten münden. An ihren langen Haaren war sie leicht zu packen, mit kurzen konnte sie ihm leichter entschlüpfen. Mit der neuen Frisur erkannte sie sich im Spiegel kaum wieder. So war es richtig, die Li Xuelian von heute war eine andere als die Li Xuelian von gestern.

Drittens begab sie sich in ein Kaufhaus und investierte fünfundneunzig Kuai in ein neues Kleid. Richter Wang Gongdao hatte recht, der Fall war kompliziert. Was nach einem einzigen Fall aussah, waren in Wirklichkeit mehrere. Die Angelegenheit konnte sich lange hinziehen. Vor Gericht musste sie gepflegt aussehen, schlampig gekleidet machte sie am Ende noch den Eindruck einer sitzengelassenen Frau, damit wurde es noch schwieriger, glaubhaft zu machen, dass ihre Scheidung nicht echt gewesen war.

Viertens kaufte sie für fünfundvierzig Kuai ein Paar Sportschuhe. Basketballschuhe mit sechzehn Luftlöchern auf beiden Seiten. Sobald man die Schürsenkel fest anzog, fühlte man, dass die Füße solide verpackt waren. Sie betrachtete sich von Kopf bis Fuß und war mit sich zufrieden. Jemanden zu quälen war kein Spaziergang. Bei ihrem Kampf gegen Qin Yuhe würde sie sich die Hacken ablaufen müssen.

Fünftens verkaufte sie das Schwein. Nicht nur, um die Prozesskosten zu bestreiten, sondern auch, weil sich während des Prozesses niemand darum kümmern konnte. Solange Zweibeiner ihre Angelegenheiten in Ordnung brachten, mussten die Vierbeiner zurückstehen.

Sechstens gab sie das Kind in Pflege. Sie fuhr fünfundzwanzig Kilometer mit dem Überlandbus, um die Tochter bei ihrer ehemaligen Mitschülerin Meng Lanzhi in Pflege zu geben. In der Mittelschule hatten sie und Meng Lanzhi sich zunächst nicht verstanden. Sie waren sich im Gegenteil spinnefeind gewesen, weil sie sich beide in denselben Mitschüler verliebt hatten. Doch am Ende war der weder mit der einen noch mit der anderen gegangen, sondern mit einem Mädchen zwei Klassen über ihnen. Sie hatten sich gegenseitig ausgeheult und waren auf diese Weise beste Freundinnen geworden. Als Li Xuelian mit dem Kind im Arm bei Meng Lanzhi erschien, hatte die selbst gerade ein Kind zur Welt gebracht. Ihre Milch reichte für zwei, und sich um ein weiteres Kind zu kümmern stellte keine große

Belastung dar. Li Xuelian musste ihr nichts erklären, alle ihre Bekannten waren über ihre Geschichte im Bilde. Daher reichte die Bemerkung: »Ich geb mir zwei Monate, um ihn fertigzumachen, bis er auf allen vieren kriecht.«

Punkt sieben: Buddha um Hilfe anrufen. Buddha war ursprünglich nicht im Programm vorgesehen gewesen. Doch der Überlandbus, der sie von der Schulfreundin nach Hause zurückbrachte, passierte den Jietai-Berg. Dort gab es ein Kloster und im Kloster eine heilige Buddha-Statue. War sie bisher überzeugt gewesen, alles bestens arrangiert zu haben, erkannte sie nun, dass sie etwas Wichtiges übersehen hatte: Sie hatte sich nur um die menschliche Seite der Angelegenheit gekümmert und vergessen, dass es noch etwas Höheres gab. Sie sprang aus dem Bus und erklomm eilig die Treppen zum Berggipfel. Sie opferte zehn Kuai für ein Eintrittsticket und weitere fünf für ein Bündel Weihrauchstäbchen. Im Tempel entzündete sie den Weihrauch, hob ihn an die Stirn, kniete inmitten der Gläubigen vor dem Antlitz Buddhas nieder. Alle um sie herum opferten Weihrauch, um Segen für jemanden zu erflehen, sie allein bat um einen Fluch. Mit geschlossenen Augen betete sie: »Buddha, du Allgütiger, gib, dass der Prozess dem Saukerl Qin Yuhe das Leben zur Hölle macht.« Sie überlegte kurz und fügte hinzu: »Das Leben zur Hölle machen reicht nicht, mach, dass dem Saukerl der Tod sauer wird.«

5. Kapitel

Zwei Monate hatte sie sich auf den Prozess vorbereitet, und am Ende war er in zwanzig Minuten vorüber. Das Urteil fällte Richter Wang Gongdao, er hatte in der Mitte hinter dem Schild »Gerichtsvorsitzender« Platz genommen, links von ihm ein Beisitzer, rechts von ihm der Protokollführer. Qin Yuhe als Beklagter erschien nicht vor Gericht, er ließ sich durch Rechtsanwalt Zheng vertreten. Li Xuelian hatte sich erneut an Rechtsanwalt Qian gewandt, der die Klageschrift verfasst hatte. Die Vertreter der Anwaltskanzleien Zheng und Qian saßen einträchtig nebeneinander. Das Gericht trug zunächst den Sachstand vor, dann trat man in die Beweisaufnahme ein, verlas die Erklärungen beider Seiten und befragte die Zeugen. Beweisstücke waren die beiden Scheidungsurkunden. Das Gericht befand sie für echt. Dann wurden die Erklärungen der beiden Seiten verlesen, Li Xuelians Erklärung, die Scheidung im letzten Jahr sei eine Täuschung gewesen. Rechtsanwalt Zheng verlas Qin Yuhes Einlassung, der erklärte, die Scheidung sei echt gewesen. Dann begann die Zeugenvernehmung, einziger Zeuge war der Standesbeamte des Zivilamtes der

Gemeinde Krummweg namens Gu, der im Jahr zuvor die Scheidung ausgesprochen hatte. An den Türrahmen des Gerichtssaals gelehnt, war er aufmerksam dem Verfahren gefolgt, nun trat er vor und erklärte, die Scheidung sei gültig. Noch nie sei ihm in den dreißig Jahren seiner Tätigkeit als Scheidungsbeamter ein Fehler unterlaufen.

Li Xuelian geriet in Rage. »Hör mal, Gu, einer, der so lange im Geschäft ist wie du, muss doch erkennen, dass die Sache getürkt war.«

Herr Gu reagierte entrüstet. »Willst du damit sagen, dass ihr mich gemeinsam absichtlich hintergangen habt?« Er schlug sich mit der Faust in die Handfläche. »Mich hinters Licht zu führen mag ja angehen, aber das ist Betrug an der Regierung! Du behauptest, die Scheidung sei nicht echt, aber der«, er zeigte auf Rechtsanwalt Zheng, »hat gerade die Erklärung von Qin Yuhe vorgelesen, und der erklärt, die Scheidung ist echt.«

»Glaubst du diesem Schuft etwa ein Wort?«

»In Ordnung, ich glaube ihm kein Wort, aber dir soll ich doch glauben, oder? Bei der Scheidung im letzten Jahr hat Qin Yuhe praktisch den Mund nicht aufgemacht, während du geredet hast wie ein Wasserfall. Als ich euch gefragt habe, warum ihr euch scheiden lassen wollt, hast du mir wortreich erklärt, wie zerrüttet eure Gefühle füreinander sind. Damals waren sie zerrüttet, und jetzt sind sie es nicht mehr? Ein ganzes Jahr habt ihr euch nicht gesehen, bei welcher Gelegenheit habt ihr sie denn wiedergefunden? Und heute ist Qin Yuhe nicht mal vor Gericht erschienen, ist das vielleicht kein Beweis für zerrüttete Gefühle?«

Li Xuelian verschlug es die Sprache.

Immer noch bebend vor Zorn fuhr Gu fort: »In all meinen dreißig Dienstjahren ist noch keiner so mit mir umgesprungen. Wenn diese Scheidung rückgängig gemacht wird, kann ich mich in Krummweg nicht mehr blicken lassen!« Man hätte glauben können, Li Xuelian prozessiere gegen ihn.

Beweislage und Zeugenaussagen sprachen eine eindeutige Sprache: Richter Wang Gongdao schlug mit dem Gerichtshammer auf den Tisch und erklärte Li Xuelians Klage für abgewiesen. Alle erhoben sich und verließen den Gerichtssaal.

Li Xuelian aber trat dem Richter in den Weg. »Onkel, wie kannst du so ein Urteil fällen?«

»Nach der Rechtslage kann ich kein anderes fällen.«

»Und der Fall ist erledigt, obwohl Qin Yuhe nicht aufgetaucht ist?«

»Laut Gesetz kann er sich vor Gericht von einem Rechtsanwalt vertreten lassen.«

Sie starrte ihn mit offenem Mund an. »Ich kapier das nicht, wie kann was eindeutig Falsches zu etwas Richtigem werden?«

Der Richter drückte ihr die Scheidungsurkunde in die Hand. »Vom Standpunkt des Rechts ist die Scheidung gültig. Ich hab dir das ja gleich gesagt, aber du wolltest nicht hören.« Und mit unterdrückter Stimme fügte er hinzu: »Du kannst froh sein, dass ich das Kind nicht zur Sprache gebracht habe, du bist noch gut weggekommen.«

»Soll das heißen, dass ich mich auch noch bei dir bedanken soll, obwohl ich den Prozess verloren habe?«

Der Richter war verdutzt. »Das nun auch wieder nicht.«

6. Kapitel

Die Begegnung zwischen Li Xuelian und dem hauptamtlichen Mitglied der Urteilskommission am Kreisgericht, Dong Xuanfa[1], fand am Eingang des Gerichtsgebäudes statt.

Dong Xuanfa, zweiundfünfzig Jahre alt, klein, dick, Kugelbauch, hatte bereits zwanzig Jahre bei Gericht zugebracht. Aus dem Armeedienst entlassen, war er in seinen Heimatkreis zurückversetzt worden. Drei offene Stellen standen der Kreisverwaltung damals zur Auswahl: eine im Amt für Viehwirtschaft, eine im Gesundheitsamt und eine am Gerichtshof. Seiner Personalakte hatte der Personalchef der Kreisverwaltung keine besonderen Qualifikationen entnehmen können. Aber jemand, dessen Vornamen »versteht die Verfassung« lautete, passte besser zur Justiz als zur Viehwirtschaft oder zum Gesundheitswesen.

So kam er an den Gerichtshof. In der Armee war er Bataillonskommandeur gewesen, das entsprach dem Rang

1 Der Familienname »Dong« ist gleichlautend mit dem Wort »verstehen«; Xuanfa = Verfassung.

eines Kammervorsitzenden. Doch hatte er zehn Jahre vergeblich darauf gewartet, tatsächlich den Vorsitz einer Kammer zu übernehmen. Schließlich wurde er zum hauptamtlichen Mitglied der Urteilskommission befördert. Jeder, der mit dem Gerichtswesen vertraut war, verstand, dass es sich formal um eine Beförderung, tatsächlich aber um eine Degradierung handelte, denn ein hauptamtliches Mitglied der Urteilskommission hat am Gericht keinerlei Einfluss. Formal war er einem stellvertretenden Gerichtspräsidenten gleichgestellt, doch besaß er weder dessen Befugnisse noch dessen Privilegien. Nicht einmal die Befugnisse eines einfachen Kammervorsitzenden wie die Entscheidung über die Annahme von Fällen, Urteilsfindung, Nutzung eines Dienstwagens oder die Vergütung von Spesen standen ihm zu. Mit einem Wort, man hatte ihn durch die Beförderung um den ihm zustehenden Kammervorsitz gebracht. Zehn Jahre hatte er nun bereits sein Dasein als hauptamtliches Mitglied der Urteilskommission gefristet, und die Pensionierung rückte näher. Dem Alter nach hätte er den größten Anspruch auf Beförderung gehabt, doch machte gerade dieser Anspruch sein Scheitern deutlich. Als er zwanzig Jahre zuvor beim Gericht angefangen hatte, waren all die ihm vorgesetzten Gerichtsvorsitzenden und Vize-Gerichtsvorsitzenden älter gewesen als er, heute waren sie alle jünger. Die Beförderung zum hauptamtlichen Mitglied der Urteilskommission war nicht nur eine Sackgasse, sondern ein Rückschritt.

Kein Wunder, dass seine Kollegen auf ihn herabsahen. Mehr noch als sie ihn verachtete er sich selbst. Doch während sie seinen Alltagstrott verachteten, galt seine Selbstverachtung dem Versagen in den entscheidenden Momenten seiner Karriere. Es hatte nicht an Gelegenheiten gefehlt, zu einem Vize-Gerichtsvorsitzenden befördert zu werden, er war rangmäßig näher dran als viele Kammervorsitzenden, die an ihm vorbeigezogen waren. Auf die entscheidenden Momente kommt es an, nicht auf die alltäglichen Mühen. Die im Alltag vergossenen Schweißtropfen zählen letztlich nur im Hinblick auf die entscheidenden Momente.

Seine Kollegen führten sein Scheitern auf Unfähigkeit zurück, er dagegen auf seine Anständigkeit. Er war unfähig, sich anzubiedern, Geschenke zu machen, Bestechungen entgegenzunehmen und Fälle zu verdrehen. Das hatte in den entscheidenden Momenten seinen Aufstieg verhindert. Schließlich verfiel er in Depression und Resignation. Wenn Anständigkeit in Resignation umschlägt, wächst die Neigung zum Schlendrian.

Der tiefere Grund für sein Unwohlsein lag jedoch darin, dass er die Arbeit bei Gericht verabscheute. Nicht, dass er Recht und Gesetz für unwichtig hielt, doch hatte er seit seiner Kindheit die Angewohnheit, alles über einen Kamm zu scheren, während die Arbeit am Gericht erforderte, gewissenhaft beide Seiten anzuhören. Hinzu kam, dass man bei Gericht nur mit Schlechtem und Unangenehmem zu tun hat. Vergleichbar mit der Arbeit im Krankenhaus, wo man auch tagtäglich mit menschlichen Krankheiten zu tun hat, ist man bei Gericht ständig mit Ärgernissen und Prozessen konfrontiert. Ohne Krankheiten und Prozesse würden Krankenhäuser und Gerichtshöfe geschlossen. Er lebte im Bewusstsein, seinen Beruf verfehlt zu haben, das war der Kern seines Unwohlseins. Viel verlockender erschien es ihm, auf dem Markt dem Vieh ins Maul zu sehen, um den Preis zu feilschen, einen Handel zu beiderseitigem Vorteil zustande zu bringen. Aber ein hauptamtliches Mitglied der Urteilskommission konnte nicht einfach die Brocken hinwerfen und sich auf den Viehmarkt begeben. Auch wenn er persönlich damit kein Problem gehabt hätte, wäre doch die Welt aus den Fugen geraten, und man hätte ihn für verrückt erklärt. So spielte er Tag für Tag unfroh und angewidert das hauptamtliche Mitglied der Urteilskommission. Die Kollegen führten seine gedrückte Stimmung auf seine gescheiterte Karriere zurück und zeigten Mitgefühl, wenn sie gemeinsam beim Schnaps saßen. Zwar litt er unter seiner gescheiterten Karriere, doch noch mehr darunter, dass er seine Tage am Gericht statt auf dem Viehmarkt verbringen musste. Dass er mit niemandem darüber sprechen konnte, belastete ihn zusätzlich. Daher betrachtete er nicht nur seine Arbeit als ein lästiges Übel, sondern hegte Widerwillen, gegen seine gesamte Umgebung. Widerwillen, gepaart mit Schlendrian, ist der Nährboden für gewisse schlechte Angewohnheiten. Außerhalb der Arbeit war der Alkohol sein größter Trost. Seine Tätigkeit gab ihm Zugang zu den Prozessakten, daher hatten ihn anfangs Ankläger wie Angeklagte häufig »auf ein Gläschen« eingeladen. Doch als sich mit der Zeit herumsprach, dass sich seine Tätigkeit aufs Überprüfen und Durchblättern von Akten beschränkte und er bei Lichte gesehen weniger Entscheidungsbefugnis besaß als ein Kammervorsitzender oder ein einfacher Richter, ließ man ihn links liegen. Niemand lud ihn mehr »auf ein Gläschen« ein. Es blieben ihm nur noch die Kollegen. Aber auch die registrierten, dass er in zwanzig Jahren keinen Schritt auf der Karriereleiter nach oben gemacht hatte, auch in Zukunft keiner mehr zu erwarten war und er nur noch auf seine Pensionierung warten konnte. Niemand aber verschwendet seine Zeit und Energie an einen hoffnungslosen Fall. »Auf ein Gläschen« gebeten zu werden gehört zum Alltag bei Gericht, doch ihn lud trotz täglicher Anwesenheit niemand ein. Das lastete schwer auf ihm. Mit der Zeit war er sich nicht zu schade, sich an andere zu hängen, um zu Tisch eingeladen zu werden. Pünktlich mittags um elf begab er sich an den Eingang des Gerichtshofes und schlenderte auf und ab. Dort warteten Ankläger wie Angeklagte auf die Richter, um sie »auf ein Gläschen« zu bitten. Stießen die Kollegen beim Verlassen des Gebäudes auf den lauernden Dong Xuanfa, mussten sie ihn notgedrungen auffordern mitzukommen: »He, Dong, komm doch mit essen.«

Anfangs markierte er noch Hemmungen und erklärte: »Hab noch zu tun.« Nur um, ohne die Reaktion seines Gegenübers abzuwarten, hinzuzufügen: »Na ja, kann auch bis heut Nachmittag warten.« Oder: »Eine Ente mehr oder weniger, ich treib sie nachmittags gemeinsam zum Fluss.« Mit diesen Worten folgte er den anderen zu Tisch.

Mit der Zeit kamen die ihm zuvor. »Hallo, Dong, weiß schon, du hast zu tun, du musst heute nicht mitkommen.«

Dann antwortete er entrüstet: »Wer hat das gesagt? Willst wohl keine Gesellschaft? Ich weiß schon, dass ihr auf mich runterseht. Aber ich sage euch, zwanzig Jahre bin ich jetzt bei Gericht, ich kann vielleicht nichts für euch tun, aber euch Schwierigkeiten machen, das krieg ich allemal noch hin.«

Damit brachte er seine Kollegen in eine peinliche Situation. »Was regst du dich denn sofort auf, hab doch nur Spaß gemacht.«

Und man begab sich gemeinsam zu Tisch.

Doch im Laufe der Zeit vermieden es die Kollegen, das Gerichtsgebäude zum Mittagessen durch den Haupteingang zu verlassen, und schlüpften, um ihm nicht zu begegnen, durch den Hintereingang.

So kam es, dass Li Xuelian auf ihn stieß, als er vor dem Haupteingang auf und ab spazierte. Vor dem Prozess gegen ihren Exmann hatte sie keinerlei Berührung mit Gerichten gehabt. Trotz ihrer Niederlage beim letzten Prozesstermin gab sie sich nicht geschlagen und wollte weiterprozessieren. Dabei ging es jetzt nicht mehr nur um das Verfahren gegen ihren Exmann. Bevor die Scheidung annulliert werden konnte, musste jetzt zunächst Richter Wang Gongdaos Urteil annulliert werden. Nur wenn dieses Urteil kassiert wurde, konnte sie die Sache neu aufrollen. Ohne Einschaltung der Justiz war alles einfach, hatte man damit jedoch erst einmal angefangen, wurde alles immer komplizierter. Li Xuelian hatte verstanden, dass die Annullierung des Urteils die Voraussetzung für eine Neuaufnahme des Prozesses war, doch sie hatte keine Ahnung, wie sie das bewerkstelligen sollte. Sie überlegte sich, dass nur ein dem Richter Wang Gongdao vorgesetzter Gerichtsbeamte in der Lage wäre, dessen Urteil zu kassieren.

Richter Wang Gongdao arbeitete an der ersten Zivilkammer des Kreisgerichtes, daher wandte sie sich an den zuständigen Kammervorsitzenden namens Li. Dieser begriff sofort, dass es sich um einen lästigen Fall handelte, und lästiger als der Fall selbst war die Anklägerin. Aber lästiger noch als sie war die Tatsache, dass diese Frau keinen blassen Schimmer hatte, wie Recht und Gesetz funktionierten. Jemandem juristische Vorgänge begreiflich zu machen war weitaus schwieriger, als einen Fall zu lösen. Der Kammervorsitzende Li fürchtete, sich zu verheddern, man erklärte dieses, man erklärte jenes, irgendwann steckte man hoffnungslos fest. Es war zudem sechs Uhr abends, als Li Xuelian bei ihm auftauchte, er hatte eine Verabredung zum Abendessen und bereits eine trockene Kehle. Da hatte er eine Eingebung: Er würde sie an das hauptamtliche Mitglied der Urteilskommission Dong Xuanfa abschieben. Nicht, dass er etwas gegen den Mann gehabt hätte, er traute sich einfach nicht, die Sache irgendeinem der zahlreichen stellvertretenden Vorsitzenden des Gerichtshofes aufzuhalsen, geschweige denn dem Vorsitzenden selbst. Im Übrigen kabbelte er sich gern mit Dong Xuanfa. Normalerweise beachteten sie einander kaum. Doch ausgerechnet am Vorabend hatten sie sich beim Schnaps in die Wolle gekriegt, und der Zorn des Kammervorsitzenden war noch nicht verraucht.

»Ein verwickelter Fall ist das.«

»Eigentlich ganz einfach, ihr habt ihn so verwickelt gemacht.«

»Ein Urteil im Namen des Gerichtshofs wurde bereits gefällt. Das zu kassieren liegt außerhalb meiner Kompetenzen, ich bin nur ein kleiner Beamter.«

»Wenn du es nicht kannst, wer kann es dann?«

Richter Li tat so, als denke er nach. »Ich kann dir jemanden nennen, aber du darfst nicht sagen, dass du von mir kommst.«

Verständnislos sagte sie: »Ich will prozessieren, nicht irgendetwas klauen, wozu die Geheimnistuerei?«

»Die Person hat schon einen Haufen verwickelter Fälle am Hals, er wird nicht begeistert sein, wenn er noch einen aufgeladen bekommt.«

»Wer?«

»Dong Xuanfa, hauptamtliches Mitglied der Urteilskommission.«

»Ein ›hauptamtliches Mitglied‹, was ist denn das?«, fragte sie verständnislos.

»So was wie ein Spezialist in einem Krankenhaus, einer, der sich um besonders schwierige Fälle kümmert.«

Ganz falsch war das nicht. Zumindest theoretisch. Aufgabe der Kommission war es, Zweifelsfragen in schwierigen Fällen zu untersuchen und zu klären. In der Hierarchie stand ein Mitglied der Urteilskommission über einem Kammervorsitzenden, so gesehen war er dessen Vorgesetzter. Nur Eingeweihte wussten, dass diese Position eine leere Hülse war. Daher vertraute Li Xuelian dem Kammervorsitzenden.

Am nächsten Tag Punkt halb eins erschien sie am Eingang des Gerichtsgebäudes und sprach das bereits über eine Stunde lang dort auf und ab spazierende hauptamtliche Mitglied der Urteilskommission an. Sie wusste über ihn nicht mehr, als dass er ein Gerichtsbeamter war, der sich mit schwierigen Fällen befasste. Aus dieser Unkenntnis begegnete sie ihm mit höchster Ehrerbietung. Zunächst beobachtete sie ihn, wie er nach links und rechts Ausschau hielt, und wagte nicht, ihn anzusprechen. Erst nach einer halben Stunde, als sie registrierte, dass sein Umherspähen keinerlei Resultate zeitigte, trat sie auf ihn zu und fragte: »Bist du das hauptamtliche Mitglied Dong?«

Die plötzliche Störung ließ Dong Xuanfa zusammenzucken. Er sah auf die Uhr, es war bereits ein Uhr nachmittags, heute würde ihn niemand mehr zu Tisch bitten. Unwillig wandte er sich um und fragte zurück: »Wer sind Sie denn?«

»Ich heiße Li Xuelian.«

»Und was wollen Sie?«

»In meinem Fall wurde ein falsches Urteil gefällt.«

Das hauptamtliche Mitglied der Urteilskommission war ein wenig benommen, weder konnte er sich erinnern, um welchen Fall es sich handelte, noch ob er damit zu tun gehabt hatte. Aber selbst wenn er damit zu tun gehabt haben sollte, half ihm das angesichts des Durcheinanders in seinem Kopf nicht weiter.

»Es gibt so viele Fälle vor Gericht, um welchen geht es denn?«

Sie begann, ihm ihren Fall haarklein darzulegen. Sie war damit noch nicht halbwegs am Ende, als Dong Xuanfa ungeduldig wurde. Er hatte von dem Fall nie gehört, darüber hinaus schien ihm diese Angelegenheit mit den vergangenen oder künftigen Scheidungen und Wiederverheiratungen zwischen dieser Frau und ihrem Mann reichlich kompliziert. Alles Komplizierte aber machte ihn nervös und ungeduldig. Jedes Gespräch auf dem Viehmarkt hätte ihn mehr interessiert. Unwirsch unterbrach er sie: »Ich habe mit diesem Fall nichts zu tun.«

»Du nicht, aber Wang Gongdao, der Richter.«

»Warum kommen Sie dann zu mir, gehen Sie doch zu ihm!«

»Du stehst doch über ihm, er hat ein falsches Urteil gefällt, deshalb muss ich mich an dich wenden.«

»Es gibt einen Haufen Leute, die über Wang Gongdao stehen, warum kommen Sie ausgerechnet zu mir?«

»Die Leute im Gericht sagen, dass du für die schwierigen Fälle zuständig bist.«

Da begriff er, dass ihm jemand einen Streich gespielt hatte und ihm einen Fall aufhalsen wollte, für den er nicht zuständig war. Irgendjemand, der mit einem Problem nicht fertig wurde und es ihm aufhalste.

Wutentbrannt brummte er: »Welcher Dreckskerl hat mir das nun wieder eingebrockt? All diese Hinterhältigkeiten, und das am Gericht. Kein Wunder, dass es Fehlurteile gibt.«

Zu Li Xuelian sagte er: »Gehen Sie zu dem, der Sie geschickt hat.« Und nach einer Pause: »Sie werden nicht die Einzige sein, auch ich werde ihm einen Besuch abstatten.«

Damit drehte er sich um und schickte sich an zu gehen. Er war hungrig, und da ihn wohl niemand mehr zum Essen einladen würde, beschloss er, sich in einem Imbiss am Straßenrand niederzulassen, um Nudeln mit gebratenem Lammfleisch und zwei Gläser Schnaps zu sich zu nehmen.

Doch sie hielt ihn fest. »Du kannst nicht einfach gehen, du musst dich der Sache annehmen.«

Er wusste nicht, wie ihm geschah. »Was klammerst du dich an mich? Es gibt so viele Leute am Gericht, warum soll ausgerechnet ich mich um deinen Fall kümmern?«

»Ich hab was für dich getan.«

»Was willst du denn für mich getan haben?«

»Heute Vormittag war ich bei dir zu Hause und habe deiner Frau einen Sack Baumwolle und zwei fette Hühner vorbeigebracht.«

Dong Xuanfa wohnte in Dong-Dorf, drei Kilometer außerhalb der Kreisstadt. Er wurde noch hilfloser. »Glaubst wohl, du kannst mich mit einem Sack Baumwolle und zwei Hühnern festnageln? Zieh los und hol dir deine Baumwolle und deine Hühner wieder ab.«

Mit einer heftigen Bewegung wandte er sich zum Gehen, doch sie hielt ihn erneut fest. »Deine Frau hat mir aber versprochen, dass du dich um die Sache kümmerst.«

»Die füttert die Schweine, davon versteht sie was, von Gesetzen versteht sie nichts.«

»Soll das heißen, dass alles umsonst war, was ich für dich getan habe?«

»Was heißt, für mich getan? Das ist Bestechung! Ich bin nicht dir hinterhergerannt, sondern du lässt mir keine Ruhe.«

Wieder wollte er gehen, doch sie hängte sich erneut an ihn.

Inzwischen hatte sich ein Haufen Leute um sie geschart, um dem Spektakel beizuwohnen. Schon zorngeladen, platzte ihm angesichts der gaffenden Menge der Kragen:

»Gesindel, hält einen auf offener Straße fest, was ist denn das für eine Art! Pack dich!«

Er stieß Li Xuelian mit Gewalt von sich und entfernte sich.

Als er am Abend im Dienstwagen nach Hause zurückkehrte, schlug ihm der Duft von Hühnerbrühe entgegen, noch bevor er die Haustür geöffnet hatte. Drinnen entdeckte er, dass sein Schwiegervater zu Besuch war und seine Frau die Hühner zubereitet hatte. Er hob den Topfdeckel und sah sie, säuberlich in acht Teile zerlegt, im Topf schmoren.

Zornig fuhr er seine Frau an: »Weißt du, was du da anstellst? Das nennt man Bestechung eines Gerichtsbeamten!«

Doch am nächsten Morgen hatte er die Angelegenheit vergessen.

7. Kapitel

Die Begegnung zwischen Li Xuelian und dem Gerichtsvorsitzenden Xun, mit Vornamen Zhengyi, »der Gerechte«, fand vor dem Eingang zum Hotel »Kiefer und Kranich« statt. Der Gerichtsvorsitzende war betrunken und wurde beim Herabsteigen der Treppe von seiner Begleitung gestützt. Er war achtunddreißig Jahre alt und seit drei Jahren Gerichtsvorsitzender. Unter seinen Kollegen der umliegenden Kreise war er der jüngste, und seine Jugend verhieß ihm eine große Zukunft. Daher war er in allem, was er tat, überaus vorsichtig. Er trank gewöhnlich keinen Alkohol und hatte sich eine Reihe von Tabus auferlegt: Erstens, niemals allein trinken. Zweitens, niemals während der Arbeit trinken. Drittens, niemals im Kreis der Gerichtsbeamten trinken. Viertens, niemals innerhalb des Heimatkreises trinken. Fünftens, von Montag bis Freitag nicht trinken. Es gab Überschneidungen und Verdoppelungen innerhalb dieser Tabus, aber sie ließen sich in einer Regel zusammenfassen: Trinke niemals ohne Anlass und guten Grund.

Heute jedoch hatte er sich betrunken. Und zwar innerhalb seines Heimatkreises, im Kreis der Gerichtsbeamten, an einem Mittwoch – alles in Widerspruch zu seinen sich selbst auferlegten Tabus. Allerdings nicht ohne Anlass und guten Grund: Heute war der Geburtstag seines Vorgängers, des alten Cao. Dessen Fürsorge und Unterstützung verdankte er einiges. Der Geburtstag eines langjährigen, zumal eines pensionierten Chefs verpflichtete ihn zu einem gemeinsamen Umtrunk. Und da sich der ehemalige Chef betrank, tat es ihm sein Nachfolger nach. Was allerdings die Fürsorge und Unterstützung des alten Cao ihm gegenüber betraf, so trug er nicht nur Freude und Dankbarkeit im Herzen. Denn drei Jahre zuvor, als die Pensionierung des Vorgängers anstand, war keineswegs er dessen erste Wahl unter den vier Vizevorsitzenden gewesen, sondern ein anderer namens He. Sein ganzes Leben lang hatte die Leidenschaft des alten Cao neben dem Fällen von Urteilen dem Alkohol und dem Bridge-Spiel gegolten. Auch He spielte gern Bridge. Nichts ist besser geeignet, die Qualitäten eines Menschen zu erkennen, als der Bridge-Tisch. Die gewonnenen Einsichten brachten Cao dazu, He als seinen Nachfolger aufzubauen und ihm beruhigt seinen Posten zu übergeben.

Wer hätte ahnen können, dass sich der vorgesehene Nachfolger kaum einen Monat nach Caos Pensionierung bei einem Abendessen mit ehemaligen Kommilitonen sinnlos betrinken, sich anschließend ans Steuer setzen und geradewegs auf die Gegenfahrbahn steuern würde! Er war stockbetrunken, fuhr mit hohem Tempo, die entgegenkommenden Fahrer wichen erschrocken zur Seite, während er brummelte: »Hält sich denn kein Mensch mehr an Verkehrsregeln? Wieso fahren sie alle auf der falschen

Seite? Unser Justizwesen ist weiß Gott in einem jämmerlichen Zustand, morgen werde ich euch alle hinter Schloss und Riegel bringen!«

Er prallte frontal gegen einen Fernlastzug mit vierzehn Rädern, der nicht mehr ausweichen konnte. Der Aufprall schleuderte seinen Wagen zwar auf die richtige Fahrbahn zurück, aber er war auf der Stelle tot. Und so übernahm nicht He den Posten des Gerichtsvorsitzenden, sondern Xun Zhengyi. Er verdankte seine Position daher weniger seinem Vorgänger als einem Kohle-Transporter, genau genommen weniger dem Kohle-Transporter als dem Alkoholpegel des Vizevorsitzenden He und seinen mitzechenden Kommilitonen.

So sah es jedenfalls der Nachfolger, der Vorgänger sah es allerdings anders. Der war der Ansicht, wer immer den Posten von ihm übernahm, habe dies ausschließlich seiner Fürsorge und Unterstützung zu verdanken. Da Xun Zhengyi aus seiner Hand den Gerichtsvorsitz empfangen hatte, schuldete er ihm Dankbarkeit. Das war seine feste Überzeugung, und sein Nachfolger tat gut daran, ihm nicht zu widersprechen. So erklärte er nach Amtsübernahme jedem, der es hören wollte: »Wo wäre ich denn heute bei meinen kümmerlichen Fähigkeiten ohne die Fürsorge meines alten Chefs.«

Dieser nahm das für bare Münze und betrachtete ihn von da an als seinen Mann. Wobei er die Grenzen respektierte: Er mischte sich nach seiner Pensionierung nie in dienstliche Belange ein, sondern meldete sich bei seinem Nachfolger nur in Privatangelegenheiten. Damit hinterließ er bei seinem Nachfolger den Eindruck eines verständigen

Menschen. Jedes Jahr veranstaltete er anlässlich von Caos Geburtstag ein Bankett zu Ehren seines Vorgängers, das er mit folgenden Worten eröffnete:

»Das ganze Jahr über bin ich vor lauter Arbeit nicht dazu gekommen, meinem alten Chef die Aufwartung zu machen. Doch heute, an seinem Geburtstag, muss ich ihn einfach persönlich bewirten.«

Nur ein Satz, einmal im Jahr, doch es macht einen Unterschied, ob er gesagt wird oder nicht. Der Vorgänger strahlte vor Freude übers ganze Gesicht. Das diesjährige Geburtstagsbankett fand im ersten Stock des Hotels »Kiefer und Kranich« statt. Der alte Cao betrank sich als Erster. Da es diesmal nicht ohne Anlass und guten Grund geschah, folgte der Nachfolger seinem Beispiel. Nicht ohne zuvor erklärt zu haben: »Sie kennen mich, Chef, ich trinke normalerweise nicht und habe mir selbst fünf Verbote auferlegt. Aber einmal im Jahr, und zwar heute, setze ich mich darüber hinweg und erhebe mein Glas auf meinen alten Chef.«

Der alte Cao strahlte übers ganze Gesicht. Aber er hatte ein ganzes Leben voller Alkohol hinter sich, während sein Nachfolger gewöhnlich keinen Tropfen zu sich nahm – ein ungleiches Kräftemessen. Der Vorgänger war ein alter Kämpe auf dem Schlachtfeld des Alkohols, er hatte seine eigenen Kniffe und Regeln. Er rauchte, während er trank. »Schnaps und Zigaretten sind vom gleichen Schlag«, sagt das Sprichwort. Damit ist nicht einfach gemeint, dass man zugleich trinkt und raucht, sondern dass man das Glas nur bis zur Höhe einer Zigarettenschachtel vollgießt. Zunächst liegt sie flach, das Glas wird auf diese Höhe gefüllt und gekippt. Dann wird die Schachtel auf ihre Schmalseite gestellt, das Glas auf entsprechende Höhe gefüllt und wieder gekippt. Schließlich steht die Packung hochkant, wieder wird das Glas auf die neue Höhe gefüllt und gekippt. Die flachgelegte Schachtel bedeutet fünfzig Gramm, steht sie auf der Schmalseite, sind es hundert, steht sie hochkant, sind es hundertfünfzig. Dreimal wird die Zigarettenschachtel gewendet, das bedeutet dreihundert Gramm Schnaps. Diese ersten drei Gläser bezeichnet man als »feierliche Eröffnung«. Mit der »feierlichen Eröffnung« ist das Bankett formell eröffnet, es beginnt das Fingerknobeln, jeder kommt nun an die Reihe, und wie viel man am Ende trinkt, ist schwer vorherzusagen.

Darüber vergaß der alte Cao jedoch, dass er pensioniert und nicht mehr er, sondern Xun Zhengyi Gerichtsvorsitzender war. Er vergaß, dass die mittrinkenden Vizevorsitzenden und all die anderen Leitungsfunktionäre, die Leiter des Politischen Büros, der Disziplinarabteilung, der Bürovorsteher usw., die vormals seine Untergebenen gewesen waren, nun Untergebene seines Nachfolgers waren. Zur »feierlichen Eröffnung« tranken Vorgänger wie Nachfolger echten Schnaps. Beim folgenden Fingerknobeln, bei dem jeder an die Reihe kam, betrieben die Untergebenen das alte Trickspiel: Sie füllten das Glas ihres ehemaligen Vorgesetzten mit echtem Schnaps, das Glas ihres gegenwärtigen dagegen mit purem Wasser. Nach der achten Runde war der alte Cao sturzbetrunken, sein Nachfolger dagegen nur leicht beschwipst. Doch in Anwesenheit seines ehemaligen Chefs spielte er den Betrunkenen. Als am Ende des Banketts die Begleiter den alten Cao auf der Treppe stützten, ließ auch sein Nachfolger sich helfend unter die Arme greifen.

Just in diesem Moment betrat Li Xuelian die Szene und packte den Gerichtsvorsitzenden am Ärmel. »Herr Gerichtsvorsteher, du musst mir helfen.«

Dass Gerichtsvorsitzende auf der Straße wegen einer Anzeige aufgehalten werden, ist nicht ungewöhnlich. Die späte Stunde, der reichliche Alkoholgenuss und die Plötzlichkeit des Überfalls ließen ihn dennoch zusammenfahren. Solange allerdings der alte Cao an seiner Seite war und er den Betrunkenen spielen musste, durfte er seinen Schreck nicht zeigen. Der Bürovorsteher, auf den er sich stützte, zuckte dagegen erkennbar erschrocken zurück und zerrte Li Xuelian hastig beiseite. »Hände weg! Siehst du nicht, dass der Herr Vorsitzende getrunken hat? Was immer es ist, es kann bis morgen warten.«

Sie ließ los und half, den Gerichtsvorsitzenden ins Auto zu verfrachten. Aber der alte Cao fragte lauthals vom Fuß der Treppe: »Was ist los?«

Obwohl seine Zunge ein wenig schwer war, setzte er nach: »Geht es um eine Beschwerde? Na, dann komm mal her, mit so was kenne ich mich aus.«

Unter normalen Umständen hätte er sich nicht in Gerichtsangelegenheiten eingemengt. Aber betrunken, wie er war, vergaß er, dass er sich seit drei Jahren im Ruhestand befand. Angesichts einer Anzeige kehrte der Eifer vergangener Tage zurück. Die Begleiter wurden nervös, als sie merkten, dass der alte Cao kurz davor war, aus der Rolle zu fallen. Sie ließen hastig Xun Zhengyi los und verfrachteten zuerst seinen Vorgänger ins Auto, wobei sie wild auf ihn einredeten: »Es ist nur eine Bäuerin, Vorsitzender, nichts Schwerwiegendes. Sie sind nicht mehr der Jüngste, Sie sollten rasch nach Hause und sich ausruhen. Vorsitzender Xun wird sich der Angelegenheit annehmen.«

Caos Füße schwebten in der Luft, er wurde von den Begleitern auf den Rücksitz bugsiert. Doch er gab keine Ruhe, kurbelte das Fenster herunter, deutete auf den neben seinem Wagen stehenden Nachfolger und erklärte im Tonfall eines Vorgesetzten: »Zhengyi, schaff mir Klarheit in diesem Fall. Ich hab dir immer gesagt, Beamte müssen die Stütze der einfachen Leute sein. Wenn nicht, gehören sie davongejagt und sollen Süßkartoffeln verkaufen.«

Der Gerichtsvorsitzende stolperte zwei Schritte auf den Wagen seines Vorgängers zu und sagte mit ebenfalls schwerer Zunge: »Seien Sie beruhigt, Chef. Jede Silbe Ihrer Ermahnungen ist in mein Gedächtnis eingraviert. Ich werde dem Fall nachgehen und Ihnen morgen berichten.«

Der alte Cao brummelte noch vor sich hin, dann fuhr der Wagen los. Doch seine Worte hinderten den Gerichtsvorsitzenden daran, sofort in sein Auto zu steigen. Nicht, dass er etwas darauf gab, ob die Bauersfrau sie gehört hatte. Was ihn beunruhigte, war die Möglichkeit, dass sich der alte Cao wider Erwarten an den Vorfall erinnerte, wenn er am nächsten Morgen aus seinem Rausch erwachte, und sich danach erkundigte, ob sein Nachfolger sich an seine Zusage gehalten hatte. Um unangenehme Konsequenzen zu vermeiden, war nüchtern wie betrunken Gehorsam geboten. Auch eine Nebensächlichkeit wie diese konnte erheblichen Schaden stiften. Ein pensionierter Funktionär wie der alte Cao konnte ihm keine Hilfe bieten, aber Schaden zufügen konnte er ihm allemal. Jahrelang auf der Bühne gestanden, mit Hinz und Kunz bekannt, so jemand verfügte über ein weitreichendes Beziehungsnetz. Schwer zu sagen, welche der Wolken am Himmel sich über einen ergießen konnten. Trotz seines angetrunkenen Zustands schien es dem Gerichtsvorsitzenden daher angezeigt, die Bäuerin anzuhören, auch wenn ihn der genossene Alkohol ein wenig unwirsch machte.

»Was willst du?«

»Gegen jemanden Beschwerde erheben.«

»Gegen wen denn?«

»Dong Xuanfa.«

Zu Beginn hatte sich ihre Anklage gegen ihren Exmann gerichtet, später war der Richter Wang Gongdao dazugekommen. Der hatte ein Fehlurteil gefällt. Jetzt ließ sie die beiden erst mal beiseite und konzentrierte sich auf das hauptamtliche Mitglied der Urteilskommission Dong Xuanfa.

Ihr Gegenüber verstand zunächst nur Bahnhof. »Was hast du denn mit Dong Xuanfa zu schaffen?«

Eigentlich nichts, er hatte sie als »Gesindel« beschimpft und ihr gesagt, sie solle verschwinden. Juristisch war das nicht von Belang. Doch in ihrer Erregung erklärte sie: »Er hat sich bestechen lassen.«

Diese Behauptung entbehrte jeder Grundlage. Möglicherweise hatte sich das hauptamtliche Mitglied der Urteilskommission in anderen Fällen bestechen lassen, in ihrem Fall konnte davon keine Rede sein. Seine Frau hatte zwar die Baumwolle und die zwei Hühner angenommen, aber für den Vorwurf der Bestechlichkeit reichte das nicht aus. Zumal er selbst seine Frau angesichts der Hühner im Kochtopf auf die Gefahr einer Bestechung hingewiesen hatte.

Ein kühler Luftzug war aufgekommen, den Gerichtsvorsitzenden überlief eine Gänsehaut. Seine Beschwipstheit verwandelte sich plötzlich in Volltrunkenheit. Der nüchtern so vorsichtige Gerichtsvorsitzende verfiel in angetrunkenem Zustand schnell in Grobheit. Alkoholgenuss machte aus ihm einen anderen Menschen, das war einer der Gründe, warum er sich seine fünf Verbote auferlegt hatte. Ruppig sagte er: »In anderen Fragen bin ich vielleicht für ihn zuständig, wenn du aber behauptest, er sei bestechlich, habe ich nichts damit zu tun.«

»Und an wen soll ich mich dann wenden?«

»An die Staatsanwaltschaft!«

Das entsprach den Tatsachen. Das hauptamtliche Mitglied der Urteilskommission Dong Xuanfa war Beamter. Hätte er ein Fehlurteil gefällt, wäre der Gerichtsvorsitzende zuständig gewesen. Ein Fall von Bestechlichkeit musste hingegen der Staatsanwaltschaft zur Anzeige gebracht werden.

Doch davon verstand Li Xuelian nichts. Sie geriet in Aufregung: »Da renne ich von einem zum andern, jeder sagt, er sei nicht zuständig. Wer ist denn nun für mich zuständig?« Und ihr entfuhr der Satz: »Du bist Gerichtsvorsteher, du kannst doch nicht genauso bestechlich sein wie der Dong.«

Dieser Satz brachte das Fass zum Überlaufen. Möglicherweise hatte er sich in anderen Fällen bestechen lassen, aber in dieser Angelegenheit hatte er eine weiße Weste.

Womöglich wäre er nüchtern nicht in Wut geraten, aber betrunken, wie er war, brüllte er sie an: »Wir begegnen uns zum ersten Mal, was faselst du da von Bestechlichkeit? Gesindel nennt man so was, pack dich!«

Exakt derselbe Begriff, mit dem das hauptamtliche Mitglied der Urteilskommission sie beschimpft hatte.

8. Kapitel

Die Begegnung zwischen Li Xuelian und dem Kreisvorsteher Shi, der auf den klangvollen Vornamen Weimin, »der dem Volke dient«, hörte, fand am Haupttor der Kreisverwaltung statt. Der Kreisvorsteher verließ auf dem Rücksitz seines Wagens Reisbrei schlürfend gerade das Gebäude, als plötzlich eine Frau auf den Wagen zustürzte, den Weg versperrte und den Fahrer zu einer Notbremsung zwang. Der Kreisvorsteher stieß mit dem Kopf gegen die Rückenlehne des Vordersitzes, der Reisbrei ergoss sich über ihn. Er rieb sich den Schädel, begab sich in aufrechte Position zurück, hob den Kopf und sah, wie die Frau vor seinem Wagen kniend ein Stück grober Pappe emporreckte, auf dem riesig das Zeichen UNRECHT zu lesen war.

Es war Sonntag, der Kreisvorsteher war eigentlich nicht im Dienst, doch Sonntage waren für ihn keine Ruhetage. Der Kreis hatte über eine Million Einwohner, Arbeiter, Bauern, Gewerbetreibende, Studierende, mit all ihren Alltagssorgen und -nöten, ein nicht abreißender Strom unterschiedlichster Anliegen, dazu täglich mehr als hundert Dokumente der Zentral-, Provinz- oder Bezirksbehörden, die gelesen werden mussten – alles lastete auf seinen Schultern. Arbeiter haben einen Acht-Stunden-Tag, er aber arbeitete täglich vierzehn bis fünfzehn Stunden. Nicht genug damit, hinzu kamen die Inspektionsteams der unterschiedlichen Provinz- und Bezirksbehörden, Hunderte gab es davon, die täglich empfangen und bewirtet werden mussten, mittags und abends jeweils wenigstens acht, sechzehn Mal pro Tag hatte er Gastgeber zu spielen. Jedes dieser Ämter war wichtig, keines durfte vernachlässigt werden. Der übermäßige Alkoholkonsum hatte bereits seinen Magen ruiniert. Sich den Bauch reibend stöhnte er oft vor seinen Mitarbeitern: »Kreisvorsteher, das ist ein unzumutbarer Job für einen lebenden Menschen!«

Andererseits war der Weg dorthin steinig gewesen. Um sein Amt beneidete ihn nahezu jeder der eine Million Bewohner des Kreises, in die Wiege gelegt wurde es einem jedenfalls nicht. Entscheidender noch war, dass Politik, hatte man sich einmal darauf eingelassen, zur Sucht wird. Wer Gemeindevorsteher war, wollte unbedingt Kreisvorsteher werden, und jeder Kreisvorsteher strebte nach dem Posten eines Bürgermeisters oder Provinzgouverneurs. Natürlich konnte man dafür niemanden verantwortlich machen außer sich selbst. Krcisvorsteher Shi Weimin hatte diese Logik begriffen und oblag grollend, aber ohne Reue seinen Pflichten. Den vom Alkohol ruinierten Magen zu kurieren war seine eigene Angelegenheit. Mittags und abends musste er trinken, es blieb das alkoholfreie Frühstück. Dazu nahm er Reisbrei zu sich, angereichert mit ein paar Schnitzen Kürbis oder Süßkartoffel. Das war sättigend und magenschonend. Gelegentlich, wenn er verschlafen hatte, weil sich die abendlichen Treffen zu lange hingezogen hatten, und er aus dem Haus stürzen musste, schlürfte er seinen Reisbrei eben im Wagen.

Bei der Planung für das Zusammentreffen mit dem Kreisvorsteher hatte Li Xuelian die Lehre beherzigt, die sie aus den Begegnungen mit dem Gerichtsvorsitzenden Xun Zhengyi und dem hauptamtlichen Mitglied der Urteilskommission Dong Xuanfa gezogen hatte: keine Besuche am Mittag und am Abend. Daher wählte sie den frühen Morgen. Mittags und abends waren die Leute gern angetrunken, am frühen Morgen dagegen musste ihr Hirn klar und frisch sein. Daher erwartete sie den Kreisvorsteher am frühen Morgen vor dem Haupteingang der Kreisverwaltung.

Anlass für dessen morgendliche Ausfahrt war die Eröffnungszeremonie eines Restaurants in seinem Landkreis mit dem schönen Namen »Die überirdische Pfirsichblütenquelle«. Dieser überirdische Platz war von der irdischen Welt nicht sonderlich weit entfernt, er lag knapp zehn Kilometer südöstlich der Kreisstadt inmitten eines Wäldchens, gelegentlich zogen Vögel darüber hinweg, der Restaurantbesitzer hielt zusätzlich ein paar Damhirsche, daher die Namensgebung. Das Restaurant war luxuriös. Auf seiner Rückseite schlossen sich daran Bäder, Saunen, Massageräume und ähnlich exquisite Dienstleistungen an. Die Anlage stand im Ruch »sexueller Freizügigkeit«. Eigentlich war es für einen Kreisvorsteher nicht angezeigt, dort an einer Eröffnungszeremonie teilzunehmen. Doch der Betreiber der »Überirdischen Pfirsichblütenquelle« war der Schwager eines führenden Funktionärs der Provinzverwaltung und hatte das Stück Land vom Kreis gepachtet. Als Kreisvorsteher und damit Vertreter des »Grundbesitzers« sah sich Shi Weimin zur Anwesenheit genötigt. Davon abgesehen, würde die »Überirdische Pfirsichblütenquelle« mit Betriebsaufnahme Steuern an den Kreis abführen; auch deshalb gehörte die Teilnahme an der Eröffnung zu seinen Pflichten. Auch der Termin an einem Sonntag war darauf ausgerichtet, hochrangigen Kadern die Anwesenheit zu ermöglichen. Die Versammlung vom Vorabend hatte sich spät aufgelöst, weshalb der Kreisvorsteher verschlafen und seinen Reisbrei auf dem Rücksitz seines Wagens geschlürft hatte. Die Eröffnungszeremonie war auf neun Uhr angesetzt, es war bereits halb neun, als er abfuhr, er war daher etwas unruhig. Als sich nun bei der Ausfahrt vom Gelände der Kreisverwaltung jemand vor seinen Wagen warf, um ihn aufzuhalten, steigerte sich seine Nervosität. Nervöser noch als er war allerdings sein Fahrer. Nicht wegen der sich abzeichnenden Verspätung oder weil sich der Kreisvorsitzende den Kopf angestoßen und sich mit Reisbrei bekleckert hatte, sondern weil er sich, als dieses Weibsbild plötzlich auf den Wagen zugerannt kam und sich davor niederkniete, zu einer Notbremsung genötigt sah.

Mit Schweiß auf der Stirn kurbelte er das Fenster herunter und blaffte sie an: »Wohl lebensmüde, oder was?«

Der Kreisvorsteher hatte eine bessere Erziehung genossen als sein Fahrer, und er sah sich nicht zum ersten Mal mit einer derartigen Situation konfrontiert. Auch das gehörte schließlich zu seinem Beruf. Er hielt den Fahrer zurück, öffnete die Wagentür, stieg aus und wischte sich dabei den Reisbrei von der Kleidung, dann zog er die Frau vor der Kühlerhaube hoch.

»Steh auf und rede: Worum geht es?«

»Ich will zum Kreisvorsteher.«

Offensichtlich erkannte die Frau ihn nicht. Vermutlich besaß sie keinen Fernseher und verfolgte keine Lokalnachrichten.

»Was willst du denn von ihm?«

Sie reckte das Schild mit dem Zeichen »UNRECHT« in die Höhe. »Beschwerde einlegen.«

»Gegen wen denn?«

»Es geht um mehrere.«

Der Kreisvorsteher musste unwillkürlich lachen. »Wie viele denn?«

»Als Erstes gegen den Gerichtsvorsteher Xun Zhengyi, dann gegen das hauptamtliche Mitglied der Urteilskommission Dong Xuanfa, drittens gegen den Richter Wang Gongdao, viertens gegen meinen Mann Qin Yuhe und als Letztes gegen mich selbst.«

Dem Kreisvorsteher schwirrte der Kopf. Ihn verwirrte weniger die Anzahl der Beschwerden, als das »gegen mich selbst« am Ende. Jemand, der Beschwerde gegen sich selbst führte, war ihm noch nicht untergekommen. Er schloss daraus, dass es sich um einen komplizierten Fall handeln musste, der sich nicht in Kürze würde klären lassen. Er warf einen Blick auf seine Uhr, es war bereits acht Uhr vierzig.

Daher sagte er: »Na, dann werde ich mal gehen und den Kreisvorsteher holen.«

Er wandte sich um und ging auf das Tor der Kreisverwaltung zu, um sich davonzustehlen, die Eröffnung der

»Überirdischen Pfirsichblütenquelle« wartete: Außerdem wollte er sich im Büro umziehen. Er konnte schlecht mit Reisbrei bekleckert zu einer Eröffnungszeremonie erscheinen.

Doch die Frau hielt ihn mit raschem Griff fest. »Lauf nicht davon, ich weiß, dass du der Kreisvorsteher bist.«

Der Kreisvorsteher klopfte demonstrativ gegen den Reisbreifleck auf seiner Jacke, um ihr begreiflich zu machen, was sie angerichtet hatte.

»Woher willst du denn wissen, dass ich der Kreisvorsteher bin?«

»Ich habe mich nach der Nummer von deinem Auto erkundigt. Du hast dringesessen, also bist du der Kreisvorsteher.«

»Im Wagen des Kreisvorstehers muss nicht unbedingt der Kreisvorsteher sitzen. Ich bin sein Sekretär. In einem so bedeutenden Fall kann ich nichts entscheiden. Ich hole dir den Kreisvorsteher.«

Widerwillig ließ sie ihn los.

Der Kreisvorsteher rannte ins Büro zurück. Während er sich umkleidete, befahl er, den Leiter des Petitionsamtes anzurufen und ans Haupttor der Kreisverwaltung zu beordern, um dic Angelegenheit der Frau zu regeln. Nachdem er das erledigt hatte, verließ er in einem anderen Wagen die Kreisverwaltung durch den Hintereingang und begab sich zur Eröffnungszeremonie der »Überirdischen Pfirsichblütenquelle«.

Den Tag über blieb er unbehelligt. Abends fand er sich wie gewohnt im Gästehaus des Landkreises ein, um die sieben bis acht Delegationen der Provinz- und Bezirksbehörden zu bewirten. Auf der Eingangstreppe des Gästehauses erwartete ihn der Leiter des Petitionsamtes. Die morgendliche Begegnung mit der Beschwerde führenden Frau hatte der Kreisvorsteher bereits völlig vergessen.

Beim Verlassen des Wagens kam ihm der Amtsleiter freudestrahlend entgegen. »Kreisvorsteher, Sie müssen meine Arbeit unterstützen.«

»Was soll das heißen?«

»Der Leiter des Bezirks-Petitionsamtes wird gleich hier eintreffen, ich habe für ihn das Nebenzimmer Acht-Acht-Acht reserviert. Sie müssen unbedingt vorbeikommen und ihn begrüßen.«

Der Kreisvorsteher war überrascht. »Wieso weiß ich nichts davon?«

»Hat sich kurzfristig angekündigt. Normalerweise würde ich Sie damit nicht behelligen. Aber die Situation ist kritisch, wir stehen vor der ersten Quartalsüberprüfung.«

Der Kreisvorsteher zählte die ausgestreckten Finger an seiner Hand. »Du bist der Neunte heute Abend.«

»Drei Gläser, dann können Sie gehen. Ihre drei Gläser bedeuten, dass wir bei der Überprüfung unter die drei Ersten kommen. Es geht um die Frage der öffentlichen Ruhe und Sicherheit. Wenn es damit in einem Kreis hapert, geht es nicht dem Leiter des Petitionsamtes ans Leder.«

»Wer spricht denn gleich vom ›ans Leder gehen‹? Ich schau ein bisschen später vorbei, damit hat es sich.«

Der Amtsleiter lachte.

Der Kreisvorsteher erinnerte sich plötzlich an die morgendliche Begegnung mit der Frau am Eingang der Kreisverwaltung.

»Was ist denn mit der Frau, die heute Morgen meinen Wagen angehalten hat?«

Der Amtsleiter winkte ab. »Ein Waschweib. Hab sie fortgeschickt.«

»Waschweib? Eine, die sich vor ein fahrendes Auto wirft und so ein riesiges ›UNRECHT‹ hochhält?«

»Die Sache ist eine Lappalie, mag das ›UNRECHT‹ noch so groß sein.«

»Und worum geht es?«

»Sie hat sich letztes Jahr scheiden lassen, jetzt bereut sie es und behauptet steif und fest, die letztjährige Scheidung sei nicht echt gewesen.«

»Und wegen so einem Kram will sie so viele Leute anzeigen? Und zwar alles Mitarbeiter vom Gericht. Hat sich das Gericht bei der Sache etwas zuschulden kommen lassen?«

»Ich habe mich dort erkundigt. Sie haben sich nichts zuschulden kommen lassen. Aber gerade deshalb legt sie sich mit dem Gericht an. Sie behauptet, die Scheidung sei ungültig. Das Gericht hat den Sachverhalt geprüft, die Scheidung ist korrekt. Sollen sie etwa gegen jedes geltende Recht auf ungültig entscheiden, bloß weil sie Anzeige erstattet?«

Der Kreisvorsteher empfand Mitgefühl mit Li Xuelian. »Warum bereut sie denn die Scheidung?«

»Auch wenn sie die Scheidung bereut, soll sie das zuerst mit ihrem Exmann ausmachen, anstatt die Behörden damit zu behelligen. Sie hat sich schließlich nicht von uns scheiden lassen.«

Der Kreisvorsteher lachte. »Die Arme, den Bauch voller Wut, und du machst dich über sie lustig.«

In diesem Moment fuhr der Vizeleiter der Provinzbehörde für Bewässerung in Begleitung des Vizeleiters des Kreis-Bewässerungsamtes am Gästehaus vor. Der Kreisvorsteher schob den Amtsleiter beiseite, setzte sein Begrüßungslächeln auf und schüttelte dem Vizeleiter die Hand. Gemeinsam begaben sie sich ins Innere.

9. Kapitel

Das Pappschild mit dem Zeichen »UNRECHT« über ihrem Kopf saß Li Xuelian drei Tage schweigend vor dem Eingang der Stadt- und Bezirksregierung, bevor der Bezirksvorsteher und Bürgermeister Cha Fubang[2] davon erfuhr. Nicht, dass er einem dreitägigen Sitzstreik keine Aufmerksamkeit geschenkt hätte, aber er befand sich auf Dienstreise in Peking. Erst bei seiner Rückkehr entdeckte er, dass jemand vor dem Eingang der Stadt- und Bezirksverwaltung einen Sitzstreik durchführte, umringt von einem dichten Kreis von Gaffern. Die Mitarbeiter der Stadtverwaltung mussten auf dem Weg ins Büro vom Fahrrad absteigen und es schieben, um der Menge auszuweichen. Der Bürgermeister explodierte.

Sein Zorn galt nicht dem Sitzstreik, sondern richtete sich gegen seinen Vize, den Ersten stellvertretenden Bürgermeister Diao Chengxin. Der hatte ihn während seiner Dienstreise nach Peking zu vertreten, doch er hatte, ohne einzugreifen, zugelassen, dass sich der Sitzstreik drei Tage

2 Fubang = prosperierende Nation

hinzog. Er hatte die Rückkehr des Bürgermeisters abgewartet, um es ihm zu überlassen, die Angelegenheit aus der Welt zu schaffen. Es war innerhalb der Stadtverwaltung ein offenes Geheimnis, dass es zwischen dem Bürgermeister und seinem Stellvertreter Reibungen gab. Diese Zwistigkeiten erfüllten Bürgermeister Cha mit Bitterkeit, weil er sich unschuldig fühlte. Die Ursachen reichten weit in die Vergangenheit zurück. Zehn Jahre zuvor waren beide Kreis-Parteisekretäre gewesen, hatten sich gut verstanden und einander gern auf einen guten Tropfen besucht. Später waren beide zu Vizebürgermeistern avanciert, und aufgrund der Praxis, in offiziellen Verlautbarungen die Rangfolge gleichgestellter Funktionäre nach Anzahl der Striche im Zeichen des Familiennamens zu regeln, hatte der Vizebürgermeister Diao sogar vor dem Vizebürgermeister Cha rangiert. Wenig später wurden beide ein weiteres Mal befördert, der eine wurde Leiter der Propagandaabteilung des Parteikomitees, der andere Leiter der Personalabteilung. Dann überholte Cha Fubang seinen ehemaligen Kollegen und wurde stellvertretender Parteisekretär des Stadt- und Bezirks-Parteikomitees, während sein Exkollege zum Ersten stellvertretenden Bürgermeister ernannt wurde. Schließlich erhielt Cha Fubang den Posten als Bürgermeister und Bezirksvorsteher, Diao Chengxins Position dagegen blieb unverändert, er blieb stellvertretender Bürgermeister. Die beiden waren so dicht beieinander die Karriereleiter hochgeklettert, und nun war der eine aufgestiegen, der andere nicht – was faktisch einem Abstieg gleichkam. Nicht, dass es offenen Protest gegeben hätte, aber innerlich rumorte es. Kein sichtbarer Groll, aber unsichtbarer. Keine unverhohlene Feindseligkeit, aber doch versteckte. Nach außen zeigte sich davon natürlich nichts, bei Besprechungen und öffentlichen Anlässen begegneten sich beide mit ausgesuchter Höflichkeit. Aber der Stellvertreter legte seinem Vorgesetzten hinter dessen Rücken bei jeder sich bietenden Gelegenheit Stolpersteine in den Weg.

Dass er drei Tage dem Sitzstreik vor dem Eingang der Stadtregierung tatenlos zugesehen hatte, gehörte zu diesen Stolpersteinen. Doch mehr als die ihm von seinem Stellvertreter gelegten Fallstricke erboste den Bürgermeister die Dummheit, ja die Hirnlosigkeit seines Stellvertreters. Die Wechselfälle ihrer Karriere hatte schließlich nicht er zu verantworten, das war von der Provinzleitung entschieden worden. Es ist das Klügste, den amtierenden Bürgermeister zu unterstützen, wenn du auf seinen Posten spekulierst. Wenn er eines Tages aufsteigt, fällt der Posten dir zu. Doch mit diesen kleinlichen Widrigkeiten und den ständigen Nickeleien beeinträchtigte er das Erscheinungsbild der Bezirks- und Stadtverwaltung. Das einzige Ergebnis würde sein, dass Cha Fubang ewig Bürgermeister und Diao Chengxin ewig Erster Vizebürgermeister bliebe. Was für verrottete Verhältnisse! Ausdruck verrotteter Verhältnisse sind keineswegs nur Schmiergeld-Annahme und Rechtsbeugung, Korruption und Weibergeschichten, ihre schlimmste Ausprägung ist Unfähigkeit im Amt. Noch schlimmer waren Personen vom Schlage seines Stellvertreters, die ihr Amt benutzten, um die Arbeit der ordnungsgemäßen Regierung zu sabotieren. Den Gipfel der Verrottung stellte jedoch die Tatsache dar, dass er seinen

Stellvertreter trotz dessen eindeutiger Sabotage nicht loswerden konnte, denn über die Besetzung der Stelle entschied nicht er, sondern ebenfalls die Provinzregierung. Zusätzlich erboste ihn, dass sein Stellvertreter seine Fallstricke ohne Rücksicht auf den Zeitpunkt legte. Gegenwärtig strebte die Stadt den Status einer »ideologisch und zivilisatorisch fortgeschrittenen Stadt« an.

Davon gab es im ganzen Land nur einige Dutzend. Der Status einer »ideologisch und zivilisatorisch fortgeschrittenen Stadt« wertete deren Image ungemein auf und lieferte einen Stimulus für das Investitionsklima, sowohl in Bezug auf die harten wie auch die weichen Standortfaktoren. Er war ein zusätzlicher Trumpf bei Verhandlungen mit auswärtigen Geschäftsleuten, lockte Unternehmen und Kapital an. Ein ganzes Jahr hatte sich Bürgermeister Cha abgerackert, um die Voraussetzungen dafür zu schaffen, er hatte die städtischen Parks, die Straßen, Abwasserkanäle, Schulen und Bauernmärkte der Stadt in Ordnung gebracht. Sämtliche Gebäudefassaden waren zur Straße hin neu gestrichen worden. Ein ganzes Jahr Vorbereitung für den alles entscheidenden Tag. In drei Tagen würde die aus Vertretern der Zentral- und der Provinzbehörden bestehende Inspektionskommission eintreffen und über die Verleihung des Status entscheiden. Zur Vorbereitung auf diesen Tag hatte Bürgermeister Cha sämtliche Bürger und Funktionäre der Stadt zur Fliegenjagd auf die Straßen beordert. Jeder Funktionär der Stadtverwaltung hatte täglich zehn Fliegen abzuliefern, diese Aktion war unmittelbar mit der Leistungsevaluation am Jahresende gekoppelt. Doch die Zahl der Fliegen war begrenzt, und die Jagd gestaltete sich zunehmend schwierig, bereits nach einem halben Monat waren die Funktionäre außerstande, ihr Soll zu erfüllen. Allerorten erhob sich Gemurre. Doch inmitten des allgemeinen Missvergnügens ließ sich keine einzige Fliege mehr auf den Straßen der Stadt blicken. Bürgermeister Cha war über die Stimmungslage im Bilde, aber es gab kein Zurück mehr. Nach den Fliegen waren die Kinder und alten Damen an der Reihe, die einen hatten Lieder einzustudieren, die anderen Gruppentänze.

Bürgermeister Cha war nach Peking gefahren, um dort über die Erfolge auf dem Weg zu einer »ideologisch und zivilisatorisch fortgeschrittenen Stadt« zu berichten. Kaum zurückgekehrt, bereitete er sich auf den Empfang der Inspektionskommission vor. Und nun musste er entdecken, dass es direkt vor dem Eingang der Stadtverwaltung einen Sitzstreik gab, der bereits drei Tage andauerte, ohne dass jemand eingegriffen hätte. Grob ausgedrückt, hatte sich da, nachdem sämtliche Fliegen der Stadt ausgemerzt worden waren, am Eingang der Stadtregierung eine große, fette Fliege niedergelassen. Beabsichtigte da jemand, seine Bemühungen zu hintertreiben?

Kaum hatte der Bürgermeister sein Büro betreten, rief er den Generalsekretär der Stadtverwaltung zu sich, deutete durch das Fenster auf den Eingang der Stadtregierung und fragte mit wutverzerrtem Gesicht: »Was ist da los?«

Der Generalsekretär, dürr wie eine Bohnenstange, Kettenraucher, wachsgelbes Gesicht, stotterte hervor: »Eine Beschwerde.«

»Das sehe ich, und wie ich höre, schon seit drei Tagen. Warum kümmert sich keiner darum?«

»Wir haben uns darum gekümmert. Ohne Erfolg.«

»Ist Vizebürgermeister Diao dieser Tage nicht zum Dienst erschienen? Hat er sich blind gestellt, oder was?«

Der Generalsekretär hütete sich, den Konflikt zwischen seinen beiden Vorgesetzten anzuheizen, und erklärte hastig: »Er hat sich darum gekümmert, sogar persönlich mit der Frau geredet, aber ohne jeden Erfolg. Ein Frauenzimmer, dazu ringsum ein Haufen Zuschauer: Ein Polizeieinsatz hätte die Sache nur verschlimmert.«

Der Zorn des Bürgermeisters legte sich ein wenig, doch er blieb beunruhigt. »So ein Aufruhr, wie soll man da arbeiten? Und worum geht es eigentlich? Mord, Brandstiftung?«

»Weder Mord noch Brandstiftung. Eine Lappalie. Die Frau hat sich scheiden lassen und bereut es jetzt. Ich vermute, sie möchte eine höhere Abfindung rausschlagen. Eine Kleinigkeit, aber nicht einfach zu regeln. Mit Mord und Brandstiftung kämen wir leichter zurecht.«

»Aus welchem Kreis stammt sie denn? Warum kümmert man sich dort nicht darum?«

»Das haben sie, ebenfalls ohne Erfolg. Und weil es keinem gelingt, das Problem aus der Welt zu schaffen, glaubt sie, es stecke Absicht dahinter, und erhebt jetzt nicht nur gegen eine Person Beschuldigungen, sondern gleich gegen einen ganzen Haufen Leute.«

»Gegen wen?«

»Ihre Beschwerde richtet sich gegen den Kreisvorsteher, den Gerichtsvorsitzenden, gegen ein hauptamtliches Mitglied der Urteilskommission und den zuständigen Richter. Dazu gegen ihren Exmann und noch irgendjemanden, an dessen Namen ich mich jetzt nicht erinnern kann.«

Der Bürgermeister brach in Gelächter aus. »Die schreckt ja wirklich vor nichts zurück. Ein derartiger Aufruhr wegen so einer Lappalie!«

Der Generalsekretär nickte eifrig. »Ein stures Frauenzimmer. Was schlagen Sie vor, Bürgermeister?«

Bürgermeister Cha explodierte erneut. »Ach, und nachdem ihr euch alle angeblich um die Sache gekümmert habt, an wem bleibt sie wieder hängen? Ich soll das jetzt wieder in Ordnung bringen. In drei Tagen kommt die Inspektionskommission, die darüber entscheidet, ob wir zur ›ideologisch und zivilisatorisch fortgeschrittenen Stadt‹ aufrücken. Was gibt es da noch vorzuschlagen? Schafft sie auf der Stelle fort. Alles Übrige regeln wir in der Woche danach.«

Das Gespräch fand am Vormittag statt, als Li Xuelian noch vor dem Eingang der Stadtregierung saß, auf dem Kopf das Plakat mit dem Zeichen für »UNRECHT«. Auch den Nachmittag über saß sie da, nichts geschah.

Gegen Abend zerstreute sich die Menge, sie blieb allein zurück. Gerade als sie aus ihrem Beutel ein gedämpftes Weizenbrötchen, ein Mantou, nahm, um es sich in den Mund zu schieben, stürzten sich ein paar Polizisten in Zivil auf sie und zerrten sie ohne jede Erklärung fort.

Bürgermeister Cha hatte nur angeordnet, man solle sie fortschaffen, aber er hatte nicht gesagt, wohin. Er hatte es eilig gehabt, zu viele Dinge warteten auf ihn. Doch seine Anweisung war in den Behörden Stufe um Stufe nach unten weitergegeben worden, vom Bürgermeisteramt zum Städtischen Amt für öffentliche Sicherheit, vom Städtischen Amt für öffentliche Sicherheit zum Bezirksamt für öffentliche Sicherheit und schließlich zum Polizeirevier am Ostende der Straße der Stadtregierung. Und auf diesem Weg von oben nach unten hatte die Weisung eine andere Färbung bekommen, nämlich: Der Bürgermeister habe in einem Wutanfall angeordnet, die Frau einzusperren. Die Polizisten zerrten sie ohne ein Wort der Erklärung fort und nahmen sie wegen »Störung der öffentlichen Ordnung« in Polizeigewahrsam.

10. Kapitel

Drei Tage später waren die Bemühungen zur Erlangung des Status einer »ideologisch und zivilisatorisch fortgeschrittenen Stadt« von Erfolg gekrönt. Sieben Tage später wurde Li Xuelian aus dem Polizeigewahrsam entlassen. An und für sich hatte ihre Beschwerde mit dem Status einer »ideologisch und zivilisatorisch fortgeschrittenen Stadt« nichts zu tun, doch da das Streben nach dem Status einer »ideologisch und zivilisatorisch fortgeschrittenen Stadt« zu ihrer Verhaftung geführt hatte, entstand da ein Zusammenhang. Ihre Entlassung dagegen hatte damit nun wirklich nichts zu tun. Wie jeder in der Stadt wusste auch Li Xuelian, dass sie auf Anweisung des Bürgermeisters festgenommen worden war. Dennoch machte sie nach ihrer Entlassung weder Anstalten, ihn aufzusuchen, noch setzte sie ihren Sitzstreik vor der Stadtregierung fort. Sie kehrte vielmehr in ihren Heimatkreis zurück und begab sich auf den Markt des Gemeindefleckens Krummweg zum Stand des Metzgermeisters Hu. Der verkaufte dort nach wie vor sein Schweinefleisch, es türmte sich auf seiner Theke und hing von den Haken darüber.

Schon von Weitem rief sie ihm zu: »He, Metzger Hu, komm mal her. Ich hab mit dir zu reden!«

Metzger Hu war gerade damit beschäftigt, Fleischstücke zu zerlegen, er hob den Kopf, erkannte sie und zuckte zusammen. Er legte sein Hackmesser auf die Theke und folgte ihr in die stillgelegte Mühle hinter dem Bauernmarkt.

»Schätzchen, stimmt es, dass sie dich eingelocht haben?«

Sie lachte. »Na, jetzt bin ich jedenfalls wieder draußen.«

Metzger Hu musterte sie erstaunt. »Du siehst aber nicht aus wie jemand, der gerade aus dem Gefängnis kommt. Rote Backen hast du, und riechen tust du auch gut.« Dabei rückte er ihr näher.

»Mir hat es im Gefängnis gefallen, du brauchst dich um nichts zu kümmern, drei Mahlzeiten am Tag, und die werden auch noch geliefert.«

Das war gelogen. Die Erfahrungen ihrer siebentägigen Haft waren höchst unerfreulich. Ein winziges, finsteres Loch, in das mehr als ein Dutzend Frauen gepfercht waren, es war unmöglich, sich zu rühren. Die drei Mahlzeiten bestanden aus einem Maisbrötchen und Salzgemüse, satt wurde man davon nicht. Zum Austreten musste man bis zum Hofgang warten. Viele der Frauen hielten es nicht so lange aus und pissten in der Dunkelheit einfach auf den Boden. Auch sie hatte das getan, der ganze Raum stank nach Urin. Schlimmer noch war das Verbot, miteinander zu sprechen. Hunger und Gestank waren zu ertragen, aber das Verbot, auch nur ein Wort miteinander zu wechseln, machte sie fast wahnsinnig. Ihre erste Aktion nach der

Entlassung war es gewesen, auf ein freies Feld zu rennen, eine Ewigkeit tief durchzuatmen und mehrmals in Richtung der Berge am Horizont zu schreien: »Ihr verfickten Scheißer!«

Dann hatte sie sich im Badehaus der Gemeinde gereinigt, war nach Hause zurückgekehrt, hatte sich umgezogen, das Gesicht mit Duftsalbe eingecremt und Rouge aufgelegt. Erst dann hatte sie sich auf den Weg zu Metzgermeister Hu gemacht. Doch der grobe Klotz hatte davon nichts bemerkt.

»Erinnerst du dich noch daran, was du mir vor einem Monat gesagt hast?«

»Was meinst du?«

»Dass du für mich jemanden umbringst.«

»Hab ich gesagt, aber du wolltest ja nicht. Du wolltest unbedingt, dass ich dir beim Verprügeln helfe.«

»Damals wollte ich nicht, jetzt schon.«

Metzger Hu verdrehte die Augen: »Wenn's so ist, dann verlange ich, dass wir's vor dem Umbringen miteinander machen.«

»Einverstanden.«

Überglücklich stürzte sich Metzger Hu auf sie und grapschte an ihren Brüsten herum. Sie hielt seine Hände fest. »Weißt du noch, wen du umbringen sollst?«

»Na, klar doch, Qin Yuhe, deinen Ex.«

»Jetzt geht es nicht mehr nur um ihn.«

Metzger Hu erschrak. »Wen denn noch?«

Sie zog ein Blatt Papier mit einer Namensliste aus der Tasche.

Bürgermeister Cha Fubang

Kreisvorsteher Shi Weimin

Gerichtsvorsitzender Xun Zhengyi

Hauptamtliches Mitglied der Urteilskommission Dong Xuanfa

Richter Wang Gongdao

Scheißkerl Qin Yuhe

Beim Blick auf diese Liste erstarrte Metzger Hu. »Schätzchen, haben dir die paar Tage im Loch den Verstand geraubt?«

»Jeder von denen hat es verdient.«

Metzger Hu geriet ins Stottern. »Wie soll ich denn als Einzelner so viele umbringen? Und dann, außer Qin Yuhe sind das alles Beamte, die haben doch den ganzen Tag irgendwelche Leute um sich herum, da ist schlecht dranzukommen.«

Metzger Hu erschlaffte, die Hände an den Kopf gepresst hockte er sich auf den Boden der Mühle und verdrehte die Augen himmelwärts. »Hältst du das für ein gutes Geschäft? Einmal dich ficken und dann sechs umbringen? Ich bin doch kein Berufskiller von der Mafia!«

Sie spuckte aus: »Hab's doch gewusst, dass du ein falscher Hund bist.« Die Tränen schossen ihr in die Augen. Sie versetzte ihm einen Fußtritt, drehte sich um und verließ die Mühle.

11. Kapitel

Nachdem sie Metzger Hu verlassen hatte, beschloss sie, niemanden mehr umzubringen. Auch niemanden mehr zu verprügeln. Auch niemanden mehr anzuzeigen. Ihr war plötzlich klar geworden, dass all das zu nichts führte. Eigentlich hatte sie vorgehabt, einem anderen das Leben zur Hölle zu machen, doch am Ende hatte sie nur sich selbst das Leben schwer gemacht. Doch war sie nicht bereit aufzugeben, sie wollte unbedingt Klarheit schaffen. Und allein ein Mensch auf Erden war dazu in der Lage. Alle Welt gab ihr unrecht. Nur einer wusste, dass sie im Recht war. Alle Welt erklärte ihre Scheidung für gültig, nur einer kannte die Wahrheit und den tatsächlichen Verlauf der Dinge. Und genau diese Person hatte sie in eine Lage gebracht, in der Richtig und Falsch nicht mehr geklärt werden konnten und die ihr sogar sieben Tage Gefängnis eingebrockt hatte. Und diese Person war kein anderer als ihr Exmann Qin Yuhe. Daher beschloss sie, ihn direkt mit der Frage zu konfrontieren, ob ihre Scheidung im vergangenen Jahr echt oder vorgetäuscht gewesen war. Ihr Ziel war jetzt ein anderes als wenige Tage zuvor. Damals hatte sie einen Prozess gewinnen wollen, doch am Prozessieren lag ihr jetzt nichts mehr. Es ging ihr nicht mehr um die Scheidung ihres Exmannes von seiner jetzigen Frau, um Wiederheirat und erneute Scheidung. All die Anstrengungen hatten ihr nichts eingebracht als einen Haufen Scherben. Sie wollte jetzt nur noch einen einzigen Satz von ihm hören.

Wenn dieser eine Mensch ihr eingestand, dass sie im Recht war, war sie bereit, sofort sämtliche Feindseligkeiten einzustellen und das ihr angetane Unrecht zu vergessen. Da es unmöglich war, vor anderen die Wahrheit zu beweisen, wollte sie wenigstens für sich selbst den Beweis, dass sie im Recht war. Es ging nicht mehr darum, die Knoten der Vergangenheit zu lösen, sondern darum, den Weg in die Zukunft frei zu machen. Sie war jetzt neunundzwanzig. Kein junges Mädchen mehr, doch sie sah gut aus, große Augen, ein ovales Gesicht, ein voller Busen, üppige Hüften. Dass sich Metzgermeister Hu auf sie gestürzt hatte wie eine Schmeißfliege auf eine Blutlache, kam nicht von ungefähr. Sie durfte nicht ihre besten Jahre dieser hoffnungslosen Angelegenheit opfern. Daher beschloss sie, das Vergangene ruhen zu lassen und sich einen neuen Ehemann zu suchen. Und dann mit einem neuen Mann ihre Tochter aufzuziehen. Sie wollte ein neues Leben beginnen.

Zu diesem Zweck begab sie sich ein weiteres Mal in die Kreis-Düngemittelfabrik. Diesmal fand sie ihren Mann sofort. Er saß Bier trinkend entspannt und selbstzufrieden in der Kneipe am Fabriktor. Mit ihm fünf bis sechs seiner Kumpel. Einen davon, Zhang mit dem Backenbart, ebenfalls Fahrer in der Düngerfabrik, kannte sie. Die Männer unterhielten sich lebhaft und lachten, während sie ihr Bier tranken. Links vom Fabriktor befand sich die kostenpflichtige öffentliche Toilette, rechts davon, auf der anderen Seite des Tors, nur einen Katzensprung entfernt, die Kneipe. So war für alle Bedürfnisse gesorgt, für die Hungrigen, für die Durstigen und für jene, die sich entleeren mussten. Seit seinem Sieg vor Gericht sah ihr Exmann keine Notwendigkeit mehr, sich zu verstecken, er zeigte sich und seine neue Familie in aller Öffentlichkeit. Auch transportierte er keine Düngemittel mehr in die Provinz Heilongjiang, sondern trank wie früher mit seinen Kumpels in der Kneipe am Fabriktor Bier. Für ihn war die Angelegenheit erledigt.

Li Xuelian erblickte ihren Exmann von Weitem, er dagegen sah sie erst, als sie auf ihn zuging und ihn anrief.

»Qin Yuhe!«

Er drehte sich um, entdeckte plötzlich seine Exfrau und fuhr zusammen. Nicht nur er, auch seine Kumpel erschraken.

Doch fasste er sich rasch wieder. »Was willst du?«

»Komm mal rüber, ich will was mit dir besprechen.«

Er blickte seine Kumpel an, ohne sich zu rühren, dachte einen Moment nach und sagte dann: »Wenn du was zu sagen hast, dann sag's hier.«

»Das geht nur uns beide etwas an.«

Er hatte keinen Schimmer, was sie von ihm wollte, daher rührte er sich nicht von der Stelle. »Wenn du was zu sagen hast, dann sag's hier. Über unsere Angelegenheiten weiß sowieso die ganze Stadt Bescheid, dafür hast du ja gesorgt.«

Sie überlegte einen Moment, ihr blieb keine Wahl. »Na gut, dann eben hier.«

»Los, rede.«

»Na gut, wenn es denn vor allen sein soll, dann sag jetzt offen und ehrlich, ob die Scheidung letztes Jahr echt war oder nicht.«

»Du hast mich doch vor Gericht geschleppt, um das zu klären! Und wie hat das Gericht entschieden?«

»Vor Gericht habe ich verloren. Aber jetzt geht's mir nicht darum, was das Gericht oder sonst jemand sagt, ich will aus deinem Mund hören, ob das Urteil richtig ist, ob unsere Scheidung echt war oder nicht.«

Qin Yuhe fühlte sich in seiner Meinung bestärkt, dass sie nicht lockerlassen und weitermachen würde, bis alles in Fetzen ging. Womöglich hatte sie unterm Kleid ein Aufnahmegerät und wollte ihn mit dieser Frage doch noch drankriegen. Daher sagte er mit finsterer Miene: »Lass mich gefälligst in Ruhe, das Gericht hat entschieden, was Sache ist. Wenn dir das nicht passt, dann geh doch noch mal vor Gericht.«

Wider Willen stiegen ihr Tränen in die Augen. »Ein gewissenloser Kerl bist du, Qin Yuhe. Wie kannst du mir so offen ins Gesicht lügen? Mich so hintergehen? Wir haben damals klar und deutlich vereinbart, dass wir uns nur zum Schein scheiden lassen, und du wirfst alles über den Haufen, ohne mir auch nur einen Ton zu sagen. Na gut, du hast deine Meinung geändert. Aber dann tust du dich noch mit einer anderen zusammen, um mich fertigzumachen. Eine Lüge bleibt eine Lüge, warum gibst du nicht offen und ehrlich zu, dass es eine Lüge ist?«

Ihre Tränen machten ihn noch wütender. »Wer hat dich fertiggemacht? Wenn ich dich fertiggemacht habe, dann gilt das genauso für die Behörden, die ganze Leiter von unten nach oben! Haben die dich auch fertiggemacht? Ich sag's dir im Guten, Li Xuelian: Hör auf herumzustänkern. Wenn du weiter stänkerst, wird daraus eine ganz andere Geschichte. Wenn ich dir unrecht getan habe, was ist dann mit dem Gericht, der Urteilskommission, dem Gerichtsvorsitzenden, dem Kreisvorsteher, dem Bürgermeister? Haben die dir auch alle unrecht getan? Wenn du jetzt Ruhe gibst, bleibt es bei den paar Tagen Haft, aber wenn du weiter Krawall schlägst, wird eine große Sache draus, und du landest womöglich im Gefängnis. Jetzt legst du dich mit mir an, aber denk mal nach, was dabei herauskommt, wenn du dich mit dem Gericht, der Urteilskommission, dem Gerichtsvorsteher, dem Kreisvorsteher und dem Bürgermeister anlegst!«

Sie hatte ursprünglich nicht vorgehabt, sich mit ihrem Exmann weiterzuzanken. Sie wollte von ihm nur den einen Satz hören. Seine Suada entfachte jedoch die erkaltete Glut erneut. Der Qin Yuhe vor ihr war nicht mehr der Mann, den sie kannte. Er war ein gewöhnlicher Lastwagenfahrer gewesen. Als sie zusammenlebten, mochte er zwar manchmal verrücktspielen, aber im Ganzen war er doch verständig und bei Meinungsverschiedenheiten eher nachgiebig gewesen. Und nun, kaum ein Jahr später, waren sie Todfeinde. Er war vollkommen gefühllos geworden, sonst hätte er sich nicht eine andere Frau gesucht und sie gezwungen, Dinge, die nur für sie beide bestimmt waren, in aller Öffentlichkeit auszusprechen. Noch wütender machte es sie, dass er ganz selbstverständlich davon ausging, dass all diese Beamten, die Richter, hauptamtlichen Mitglieder, Gerichtsvorsitzenden, Kreisvorsteher und Bürgermeister auf seiner Seite waren, als seien sie Verwandte. Sie dagegen stand einsam und allein da. Aber hatten die Ereignisse dieses Monats nicht bewiesen, dass er recht hatte? Standen nicht diese Richter, hauptamtlichen Mitglieder, Gerichtsvorsitzenden, Kreisvorsteher und Bürgermeister geschlossen auf seiner Seite?

Noch empörender war jedoch, dass ihr Exmann, kaum hatte er zu Ende geredet, auf den Boden spuckte, die Bierflasche an den Mund hob, den Kopf in den Nacken legte und genussvoll das Bier in sich hineingurgelte. Hätte sie in diesem Moment ein Messer zur Hand gehabt, sie hätte sich ohne Zögern auf ihn gestürzt und ihn umgebracht.

Doch in diesem Augenblick erhob sich sein Kumpel Zhang und sagte: »Xuelian, lass gut sein. Die Sache lässt sich nicht mit einem Wort klären, du gehst besser erst mal nach Hause.«

Sie rührte sich nicht von der Stelle und begann erneut zu weinen. »Qin Yuhe, wir waren immerhin mal Mann und Frau. Wie kannst du so gefühllos sein? Der Prozess ist mir jetzt egal, der Kreisvorsteher auch. Ich will nur eins wissen: Warum hast du meine Schwangerschaft ausgenutzt, um es mit einer anderen zu treiben? Hast du denn kein Gewissen?«

Mit dem Hinweis auf sein unmoralisches Verhalten berührte sie einen empfindlichen Punkt und brachte seine Wut zum Platzen: Er goss sich zwei weitere Schluck Bier in die Kehle, spuckte aus und sagte: »Das frag dich mal besser selbst, nicht mich.«

Verdattert fragte sie zurück: »Was soll das heißen?«

»Wenn's ums Herumtreiben geht, dann hab ich ja wohl als Erster draufgezahlt.«

»Was soll das heißen?«

»Na, warst du vielleicht Jungfrau, als wir geheiratet haben? In der Hochzeitsnacht hast du selbst zugegeben, dass du's schon mit anderen getrieben hast.« Und dann fügte er hinzu: »Wenn's nach mir ginge, würdest du Pan Jinlian[3] heißen statt Li Xuelian.«

Sie war wie vom Donner gerührt. Hätte sie sich nicht mit dem Arm gegen die Mauer gestützt, wäre sie ohnmächtig zu Boden gesunken. Dass er so etwas sagte, überstieg ihre Vorstellungskraft. Bis zu diesem Moment hatte sich für sie alles nur um die Frage der Echtheit ihrer Scheidung gedreht. Und nun war das Ergebnis davon, dass sie als Pan Jinlian dastand. Die gegen ihren Exmann geführte Attacke richtete sich nun plötzlich gegen sie selbst. Als junges Mädchen war sie eine Schönheit gewesen und hatte zahlreiche Verehrer gehabt. Sie hatte sich mehrmals verliebt, bevor sie die Ehe mit Qin Yuhe eingegangen war, mit zweien war die Sache ernsthaft gewesen und man war intim geworden. Aus verschiedenen Gründen war in beiden Fällen am Ende nichts daraus geworden, und sie hatte Qin Yuhe geheiratet. In der Hochzeitsnacht hatte ihr

3 Pan Jinlian (Goldlotos Pan), weibliche Hauptfigur der klassischen Romane *Die Räuber vom Liangshan-Moor* und *Jinping Mei*, ist der in China sprichwörtliche Inbegriff der lüsternen, skrupellosen Femme fatale. Gemeinsam mit ihrem Liebhaber bringt sie ihren Ehemann um.

Mann entdeckt, dass sie keine Jungfrau mehr war, er hatte nachgebohrt, und sie hatte wahrheitsgemäß geantwortet. Aber es gab schließlich heutzutage nicht mehr viele achtzehnjährige Jungfrauen. Er hatte sich zwar deutlich anmerken lassen, dass er nicht begeistert war, aber nach ein paar Tagen war die Sache ausgestanden. Nie wäre sie auf die Idee gekommen, dass er das bis heute mit sich herumtrug und die Geschichte nach acht Jahren wieder hervorkramte. Hinzu kam, dass das in der Sache selbst völlig danebenlag. Die Pan Jinlian im Roman hatte sich nach ihrer Heirat in die Affäre mit Xi Menqing eingelassen. Li Xuelians Verhältnisse mit anderen Männern hatten dagegen vor ihrer Heirat stattgefunden, sie hatte damals ihren Zukünftigen noch nicht einmal gekannt. Und anders als Pan Jinlian hatte sie sich nicht mit ihrem Liebhaber zusammengetan, um den eigenen Mann umzubringen. Es war im Gegenteil der eigene Mann gewesen, der sich mit einer anderen vergnügt, sie geheiratet und Li Xuelian auf diese Weise ins Unglück gestürzt hatte.

Sie erkannte wohl, dass der Satz im Affekt gefallen war, dass er nur seiner Wut und seinen Schuldgefühlen Luft machen und sein Gesicht wahren wollte. Und sie auf diese Weise sich vom Hals schaffen wollte. Aber genau dadurch gewann die Angelegenheit ein ganz anderes Gewicht. Der Satz war nicht im Gespräch unter vier Augen gefallen, sondern vor einem Haufen von Biertrinkern. »Gutes verlässt nicht die Haustür, Schlechtes verbreitet sich über tausend Meilen«, heißt es im Sprichwort. Morgen früh würde sich im ganzen Kreis herumgesprochen haben, dass sie eine Pan Jinlian war, und übermorgen würde es der ganze Bezirk wissen. Wegen ihrer Beschwerden war sie schon jetzt ringsum eine Berühmtheit. Die Frage einer vorgetäuschten Scheidung war weit weniger interessant als eine Pan Jinlian, und dieses Thema würde alles andere in den Hintergrund drängen. Mit einer Pan Jinlian würde kein Mann mehr sein Leben teilen wollen. Eine zur Pan Jinlian gewordene Li Xuelian würde das Verhalten ihres Exmannes rechtfertigen. Aus einer Anklägerin war eine Kriminelle geworden, darin lag das eigentlich Perfide dieser Bemerkung. Sie hatte ihn aufgesucht, um sich den Weg in eine neue Zukunft zu öffnen, sich einen neuen Mann zu suchen. Jetzt, wo sie im Ruf einer Pan Jinlian stand, war dieser Weg unwiderruflich versperrt. Welcher Mann auf der Welt war bereit, eine Pan Jinlian zu heiraten?

Beim Anblick von Li Xuelian, die sich auf wackeligen Beinen an der Mauer festhielt, sagte Zhang vorwurfsvoll zu Qin Yuhe: »Hör mal, Qin, das geht zu weit. Das hat mit eurem Streit nichts zu tun. Denk an das Sprichwort: ›Schlag zu, aber nie ins Gesicht, schimpfe so viel du willst, aber wahre das Gesicht.‹«

Dann wandte er sich an Li Xuelian: »Ihr macht alles nur noch schlimmer. Geh erst mal heim.«

Sie schnäuzte sich, drehte sich um und ging. Nicht infolge des ihr gegebenen Ratschlags, sondern weil ein neuer Gedanke in ihr aufgestiegen war. Wenn ihr der Weg in eine neue Zukunft schon verschlossen war, dann musste sie auf dem alten weitermachen. Bisher hatte sie beweisen wollen, dass ihre Scheidung nicht echt war, jetzt musste sie beweisen, dass sie keine Pan Jinlian war. Wollte sie bisher ihren Exmann bestrafen, ging es jetzt darum, ihren guten Ruf wiederherzustellen. Die Frage nach der Echtheit ihrer Scheidung stand diesem Vorhaben allerdings im Wege. Nur wenn es ihr gelang, zu beweisen, dass ihre Scheidung nicht echt gewesen war, konnte sie auch beweisen, dass sie keine Pan Jinlian war. Eigentlich hatte das eine mit dem anderen nichts zu tun, aber das Geschwätz ihres Exmannes hatte diese Verbindung hergestellt. Das von seinem Kumpel zitierte Sprichwort war ein weiterer Stachel in ihrem Fleisch, denn es zeigte ihr, dass man anfing, die Worte ihres Exmannes für bare Münze zu nehmen. Ursprünglich hatte sie vorgehabt, aufzugeben und die Angelegenheit auf sich beruhen zu lassen, jetzt blieb ihre keine andere Wahl, als weiterzukämpfen.

Doch an wen sollte sie sich wenden? Die zuständigen Instanzen, von der Kreis- bis zur Stadtverwaltung, hatte sie abgeklappert und nichts als Beschimpfungen und einen Aufenthalt im Gefängnis geerntet. Weitere Beschwerden würden ihr nichts einbringen, außer vielleicht einen weiteren Gefängnisaufenthalt.

Und plötzlich fasste sie den Entschluss, sich mit ihrer Beschwerde direkt nach Peking zu wenden. Weiterzuleben, ohne die Sache ins Reine gebracht zu haben, schien ihr unmöglich. Hier gab es nur Dummköpfe, Peking war Hauptstadt, dort musste es verständige Leute geben. Alle hier, egal ob Richter, hauptamtliche Mitglieder der Urteilskommission, Gerichtsvorsitzende, Kreisvorsteher oder Bürgermeister, waren unfähig, zwischen Falsch und Wahr zu unterscheiden. In Peking musste man in der Lage sein, das Wahre als wahr zu erkennen. Oder wenigstens das

Falsche als falsch. Letztlich entscheidend war aber nicht Wahr oder Falsch. Entscheidend war zu beweisen: Ich bin Li Xuelian und nicht Pan Jinlian. Nein, nicht Li Xuelian, sondern Dou E[4]!

4 Heldin des Theaterstücks *Das Unrecht an Dou E* von Guan Hanqing (13. Jh.). Die junge Witwe Dou E wird von einem von ihr verschmähten Lüstling fälschlich des Mordes bezichtigt und von korrupten Beamten gefoltert und zum Tode verurteilt. Auf dem Richtplatz prophezeit sie, als Zeichen ihrer Unschuld werde es im Juni schneien, was auch geschieht. Sie wird posthum rehabilitiert, die Täter werden bestraft.

12. Kapitel

Auf den Weg nach Peking machte sie sich genau zum richtigen Zeitpunkt. Peking war ihr fremd, und sie war Peking fremd. Als sie in die Hauptstadt aufbrach, um ihre Beschwerde vorzubringen, eröffnete dort gerade die jährliche Plenarsitzung des Parlaments, des »Nationalkongresses der Volksdeputierten«. Das Zusammentreffen der beiden Vorgänge war rein zufällig, sie hatten nichts miteinander zu tun, und dennoch hatten sie miteinander zu tun. Zum Zeitpunkt der Eröffnung des »Nationalkongresses der Volksdeputierten« ist es »unerwünschten Personen« nicht gestattet, Peking zu betreten. Der Begriff »unerwünscht« ist nicht exakt definiert. Jeder, der zur Eröffnung des Parlaments das Stadtbild beeinträchtigen könnte, fällt darunter. Lumpensammler, Bettler, Taschendiebe, Prostituierte, die sich als Friseusen ausgeben, und auch Beschwerdeführer verschwinden über Nacht von Pekings Straßen.

Nachdem Li Xuelian und ihre Mitreisenden anderthalb Tage im Überlandbus durchgerüttelt worden waren, erreichten sie die Mautstation an der Pekinger Stadtgrenze.

Hier erst erfuhr sie, dass in der Stadt der »Nationalkongress der Volksdeputierten« tagte. Ein Dutzend Polizeifahrzeuge mit blinkendem Blaulicht blockierte die Straße, jedes Fahrzeug, das stadteinwärts fuhr, wurde überprüft. Am Straßenrand stauten sich die angehaltenen Überlandbusse, LKW, Kleinbusse und PKW. Auch ihr Bus wurde an den Straßenrand gewunken. Wegen der Menge der zu kontrollierenden Fahrzeuge mussten sie zwei Stunden in der Warteschlange stehen, bevor zwei Polizisten in den Bus stiegen, die Ausweise und das Gepäck der Fahrgäste kontrollierten, sie nach dem Grund ihres Peking-Aufenthaltes befragten und sich die Sondergenehmigung für das Betreten der Stadt zeigen ließen. Die angegebenen Gründe waren mannigfaltig, Dienst- und Geschäftsreisen, Verwandtenbesuche, medizinische Behandlungen, und einer suchte nach seinem vermissten Kind. Ein Teil der Reisenden überstand die Kontrolle unbehelligt, andere wurden von den Polizisten aus dem Bus gewiesen und kamen der Aufforderung schweigend und ohne Murren nach. Li Xuelian verfolgte aufmerksam den Vorgang, doch sie begriff nicht, nach welchen Kriterien die Polizisten die einen durchließen und andere nicht. Schließlich war sie an der Reihe.

Der Polizist kontrollierte ihren Personalausweis und fragte: »Was wollen Sie in Peking?«

Sie war sich im Klaren darüber, dass sie weder »Dienst-« noch »Geschäftsreise« als Grund angeben konnte, auch »Besuch der Kinder« wirkte unglaubwürdig. Den wahren Grund ihrer Reise konnte sie unmöglich angeben. Eine Reisende in der Reihe vor ihr hatte »ärztliche Behandlung« angegeben, das übernahm sie. Dabei lehnte sie den Kopf ans Wagenfenster und gab sich ein von Krankheit gezeichnetes Aussehen.

»Was fehlt dir?«

»Gebärmuttersenkung.«

Die Gesichtsmuskulatur des Polizisten zuckte, er fragte weiter: »In welcher Pekinger Klinik bist du angemeldet?«

Sie kam ein wenig ins Schleudern, sie war noch nie in Peking gewesen, geschweige denn hatte sie sich dort behandeln lassen. Sie hatte keine Ahnung, welche Krankenhäuser es in Peking gab, daher antwortete sie aufs Geratewohl: »Peking-Krankenhaus.«

Das war schlicht geraten. Der Polizist warf ihr nur einen Blick zu und setzte dann die Befragung fort. Sie stieß einen Seufzer der Erleichterung aus, es musste also ein »Peking-Krankenhaus« geben.

»Dein Krankenbericht?«

Verdattert fragte sie: »Krankenbericht? Welcher Krankenbericht?«

Der Polizist wurde ein wenig unwirsch. »Von der Klinik, in der du bisher behandelt wurdest. Deine Krankengeschichte?«

Sie hatte einen blitzartigen Einfall. »Ich fahre jetzt zum dritten Mal zur Behandlung nach Peking, meine ganzen Unterlagen liegen dort in der Klinik.«

Der Polizist musterte sie eine Ewigkeit, aber er beharrte nicht auf der »Krankengeschichte«.

»Und deine Genehmigung?«

»Genehmigung? Welche Genehmigung?«

Der Polizist wurde jetzt ernsthaft unwillig. »So was Dummes ist mir noch nicht untergekommen. Der Volkskongress tagt, jeder, der nach Peking will, braucht ein amtliches Empfehlungsschreiben mindestens von der Kreisregierung. Wie sollen wir ohne die Bestätigung wissen, ob du wirklich zur ärztlichen Behandlung nach Peking fährst?«

Sie war wie vor den Kopf geschlagen. Dass während des Volkskongresses für die Einreise nach Peking ein Empfehlungsschreiben erforderlich war, hatte sie wirklich nicht gewusst. Und dazu noch eines der Kreisverwaltung. Selbst wenn sie es gewusst hätte: Von der Kreisverwaltung hätte sie das Dokument nie und nimmer bekommen.

»Ich hatte keine Ahnung vom Volkskongress, da hab ich nicht dran gedacht.«

Mit offensichtlicher Genugtuung ergriff der Polizist dieses Versäumnis beim Schopf: »So geht es nicht, ohne Genehmigung darfst du nicht nach Peking.«

»Dann verpasse ich meine Behandlung!«

»Der Volkskongress dauert nur zwei Wochen, danach kannst du nach Peking fahren. Jetzt steig aus.«

In ihr regte sich die ihr eigene Hartnäckigkeit, sie rührte sich nicht von der Stelle. »Ich steig nicht aus!«

»Die anderen sind auch ausgestiegen, warum du nicht?«

»Meine Gebärmutter hat sich bereits völlig verschoben, das kann nicht warten.«

Erneut zuckte es im Gesicht des Polizisten, und mit erhobener Stimme sagte er: »Das eine hat mit dem anderen nichts zu tun. Es geht doch nur um zwei Wochen.«

Sie erhob sich. »Wenn du darauf bestehst, steig ich aus. Auf deine Verantwortung.«

Verdutzt wiederholte der Polizist: »Verantwortung? Wofür?«

»Ich habe sowieso keine Lust, nach Peking zu fahren, das Geld ist alle, Besserung ist nicht in Sicht, am Leben liegt mir schon lange nichts mehr. Wenn du mich zwingst auszusteigen, warte ich keine zwei Wochen ab, sondern häng mich hier am nächsten Baum auf.«

Der Polizist sah sie fassungslos an. Sie deutete auf die Dienstnummer an seiner Brust. »Ich merk mir deine Nummer. In meinem Abschiedsbrief wird stehen, dass du mich dazu getrieben hast.«

Mit offenem Mund starrte der Polizist sie an und brachte eine Ewigkeit keinen Ton hervor. Als er sich wieder gefasst hatte, spuckte er aus dem Fenster und brummelte: »Weibsbilder, da hast du keine Chance.« Kopfschüttelnd fuhr er fort: »Gesindel, alles Gesindel!« Mit gerunzelter Stirn ging er an ihr vorbei und begann mit der Befragung der Passagiere in der Reihe hinter ihr.

Vor dem Fenster war es dunkel, mit einem Seufzer der Erleichterung sah sie nach draußen und ließ sich wieder auf ihren Sitz fallen.

13. Kapitel

Li Xuelian war nie zuvor in Peking gewesen. Dort angekommen, wusste sie nicht recht, wohin sie sich wenden sollte. Ihr erster Eindruck: Peking war groß, viel größer als das Dorf, der Gemeindeflecken, die Kreisstadt und die Bezirksstadt. Peking schien nie zu enden. Während ihrer Fahrt im öffentlichen Bus zogen Hochhäuser und Bürotürme an ihr vorüber, und wieder Hochhäuser und Bürotürme, Überführungen und wieder Überführungen. Sie verlor das Gefühl für die Himmelsrichtungen. In der Grundschule hatte sie gelernt, dass sich das Tor des Himmlischen Friedens auf der Nordseite der Straße des Ewigen Friedens befand, aber als sie im Bus den Platz des Himmlischen Friedens überquerten, entdeckte sie, dass sich das Tor auf der Südseite befand. Die Himmelsrichtungen, wie sie in ihrem Dorf galten, schienen sich hier verkehrt zu haben. Während ihres Aufenthaltes in Peking hatte sie wohl oder übel den Süden für den Norden zu nehmen und den Osten für den Westen. Noch mehr machte ihr zu schaffen, dass sie nicht wusste, wohin und an wen sie sich mit ihrer Beschwerde wenden sollte. Wer sollte sie entgegennehmen? Und wo sollte sie wohnen? Zum Glück tagte der »Nationalkongress der Volksdeputierten«, und sie wusste, dass er in der »Großen Halle des Volkes« stattfand. Und die befand sich auf der Westseite des Platzes des Himmlischen Friedens, auch wenn es aus ihrer Sicht die Ostseite war. Die Tagungsstätte des »Nationalkongresses der Volksdeputierten« war jedenfalls ein Ort für wichtige, sogar für sehr wichtige Leute. Ihre Betrachtungen mündeten in einer zündenden Idee: Sobald sie eine Bleibe gefunden hatte, wollte sie die Tagung des »Nationalkongresses« nutzen, um auf dem Platz des Himmlischen Friedens einen Sitzstreik durchzuführen. Gut möglich, dass so ein Sitzstreik die Aufmerksamkeit der in der Halle des Volkes tagenden, sehr wichtigen Personen auf sich ziehen würde.

Um das Problem der Unterbringung zu lösen, machte sie sich auf die Suche nach einem Klassenkameraden aus ihrer Mittelschulzeit. Er hieß Zhao Jingli und hatte all die sechs Jahre der Mittelschule in der Bank hinter ihr gesessen. Er hatte einen übergroßen Kopf mit einer tiefen Delle, der aussah wie ein Kürbis. Niemand in der Klasse rief ihn bei seinem richtigen Namen, alle nannten ihn »Großkopf Zhao«. Mit den Jahren reagierte er nur noch darauf, sprach ihn jemand unerwartet mit seinem richtigen Namen an, dauerte es eine Weile, bis er begriff, dass er gemeint war. Während der ersten drei Jahre der unteren Mittelschule hatten sie kein Wort miteinander gewechselt. Erst im ersten Jahr der oberen Mittelschule hatte sie bemerkt, dass er ein Auge auf sie geworfen hatte. Großkopf Zhao war Halbwaise, er und seine drei jüngeren Brüder hatten früh die Mutter verloren. Sein Vater arbeitete als Dorfschneider, den ganzen Tag am Pedal der Nähmaschine, um die vier Jungen durchzubringen. Keine wohlhabende Familie. Dennoch hatte Großkopf Zhao ihr alle paar Tage Karamellbonbons der Marke »Weißes Kaninchen« geschenkt, die er ihr von der Hinterbank aus heimlich zusteckte. Sie hatte keine Ahnung, woher er das Geld nahm. Über zwei Jahre hatte er sie mit Bonbons versorgt, ohne weitere Annäherungsversuche zu unternehmen. Erst im letzten Jahr ihrer gemeinsamen Mittelschulzeit, als sie eines Abends während des kollektiven Selbststudiums von der Toilette zurückkehrte, war sie vor der Tür des Klassenzimmers auf Großkopf Zhao gestoßen, der dort auf sie gewartet hatte. Er hatte sich umgeblickt, und als er sich vergewissert hatte, dass sie unbeobachtet waren, hatte er gesagt: »Ich muss mit dir reden.«

»Rede.«

»Lass uns woanders hingehen.«

Er hatte sie auf den Dreschplatz hinter der Schule geführt. Es war stockfinster.

»Was möchtest du mir sagen?«

Ohne ein Wort war er über sie hergefallen, hatte sie umarmt und versucht, sie zu küssen. Der Überfall kam ohne Vorwarnung und zu direkt, sie war ein wenig verdattert. In ihrer Hilflosigkeit hatte sie ihn von sich gestoßen, er war gestolpert und hingefallen. Ein anderer hätte sich aufgerappelt und weiter versucht, sie zu küssen. Es hätte ein Gerangel gegeben, ein Hin und Her, er hätte nicht lockergelassen, auch wenn sie gesagt hätte: »Ich werde gleich sauer« und »Ich schrei gleich«, und die Sache hätte ein glückliches Ende genommen. Wider Erwarten hatte

Großkopf Zhao, nachdem er wieder auf den Füßen stand, sie nur angesehen und gesagt: »Ich hab gedacht, zwischen uns beiden wär alles klar. Bitte erzähl es niemandem weiter.« Damit hatte er sich umgedreht und war davongerannt.

Sie war vor Zorn in ein schallendes Gelächter ausgebrochen. Nicht sein plumper Versuch, sie zu umarmen und zu küssen, hatte sie wütend gemacht, sondern seine Feigheit.

Als sie sich tags darauf wieder begegnet waren, hatte er den Kopf gesenkt, war rot geworden und hatte nicht gewagt, sie anzublicken. Und sie hatte begriffen, dass er ein braver Junge war. Sie hatte ihren Zorn unterdrückt und ihn nicht mehr beachtet. Beide hatten den Sprung auf die Universität nicht geschafft. Doch während sie in ihr Dorf zurückgekehrt war, hatte er bei seinem Onkel, der als Koch in einem Restaurant der Provinzhauptstadt arbeitete, eine Lehre begonnen.

Später wurde der Onkel als Koch in die Provinzvertretung nach Peking versetzt, und Großkopf Zhao war ihm gefolgt. Als der Onkel in Pension ging und in sein Dorf zurückkehrte, war Großkopf Zhao allein in Peking zurückgeblieben.

Li Xuelian hatte in Peking keine Verwandten, und Großkopf Zhao war die einzige Person, die sie dort kannte. Sie beschloss, ihn aufzusuchen. Allerdings hatte sie ihn, nachdem sie zwei Jahre lang seine »Weißen Kaninchen« gegessen hatte, auf dem Dreschplatz in die Flucht gejagt. Sie befürchtete, dass er ihr noch immer grollte, und hatte lange mit dieser Entscheidung gerungen. Wenn er keine Rachegedanken hegte, konnte sie bei ihm unterkommen. Andernfalls würde sie auf der Stelle verschwinden und sich eine andere Bleibe suchen. Sie hatte auch bereits entschieden, wo sie bleiben würde: auf dem Bahnhof. Obwohl sie nie da gewesen war, hatte man ihr erzählt, dass man dort unter dem Vordach nächtigen konnte.

Sie wusste zwar, dass Großkopf Zhao in der Pekinger Provinzvertretung arbeitete, aber es war nicht einfach, die Vertretung ausfindig zu machen. Sie erkundigte sich, stieg acht Mal um, darunter drei Mal in die falsche Richtung, und verlief sich mehrmals. Erst nachdem sie vom Morgengrauen bis zur Abenddämmerung in der Stadt herumgeirrt war, fand sie den Ort: ein dreißigstöckiges Hochhaus. Davor angelangt, entdeckte sie, dass sie nicht hineinkam. Vor dem Gebäude lag ein Hof mit einem prächtigen Torbogen-Eingang. Den Grenzstrich, der davor gezogen worden war, bewachten fünf bis sechs Posten. Wie sich herausstellte, logierten im Gebäude die mehr als hundert Deputierten, die auf dem »Nationalkongress der Volksdeputierten« die Provinz vertraten. Als sie auf das Eingangstor zuging, hielten die Wachen sie zunächst für eine der Deputierten, die dort untergebracht war, doch beim Näherkommen weckte ihre äußere Erscheinung Argwohn. Sie sah nicht aus wie jemand, der zur Delegation gehörte. Doch wahrte der Posten, der sie anhielt, eine gewisse Höflichkeit: »Sie müssen sich eine andere Unterkunft suchen. Hier wohnen die Volkskongress-Deputierten.«

Sie begriff, dass ihr der »Nationalkongress der Volksdeputierten« erneut in die Quere kam, doch ließ sie sich nicht einschüchtern, sondern warf einen Blick in den Hof. »Ich will hier nicht wohnen, ich suche einen Verwandten.«

Ein anderer Posten fragte: »Ein Deputierter?«

Sie schüttelte den Kopf. »Nein, kein Deputierter. Er ist Koch hier, Zhao Jingli heißt er.«

Der Posten überlegte: »Die Köche hier kenne ich alle, da ist kein Zhao Jingli darunter.«

Sie geriet in Aufregung. »Alle bei uns im Kreis wissen, dass er hier als Koch arbeitet. Kann doch nicht sein, dass er nicht hier ist. Bin extra tausend Kilometer gefahren.«

Angesichts ihrer Erregung bemühte auch der andere Posten sein Gedächtnis. »Es gibt hier wirklich keinen Zhao Jingli, ich kenne jeden der Köche.«

Plötzlich fiel ihr etwas ein. »Richtig, er hat noch einen Namen, Großkopf Zhao.«

Kaum war der Name gefallen, brachen die Posten in Gelächter aus. »Ach so, du meinst Großkopf.«

Und einer der Posten: »Warum sagst du das nicht gleich? Warte hier, ich rufe ihn.«

Fünf Minuten später erschien Großkopf Zhao. Er trug einen weißen Kochanzug und eine hohe weiße Kochmütze. Er hatte sich seit der Mittelschulzeit nicht grundlegend verändert, nur ein paar Pfunde zugelegt. Damals war er dürr wie eine Bohnenstange gewesen, jetzt war er fett geworden, sein Kopf wirkte kleiner, zusätzlich zusammengeschrumpft durch die hohe Mütze. Wären sie sich auf der Straße begegnet, hätte sie ihn nicht wiedererkannt. Er stutzte bei ihrem Anblick, doch erkannte er sie sofort und klatschte sich heftig auf die Schenkel. »Ach du gütiger Himmel, wo kommst du denn her?« Er verzog den Mund zu einem breiten Grinsen.

Ihre Nervosität legte sich, offenkundig hegte er ihr gegenüber keine Rachegefühle.

»Ich war im Nordosten, unsere Tante besuchen. Bin auf dem Rückweg über Peking und wollte dich besuchen.«

Großkopf Zhao griff nach ihrer Tasche. »Los, komm rein, du musst durstig sein.«

Doch unerwartet stoppte einer der Posten sie mit vorgehaltener Hand. »Tut mir leid, Großkopf, wenn ihr euch unterhalten wollt, macht das draußen. Wir haben Volkskongress, Fremde dürfen hier nicht rein.«

Beide schraken zurück. Sie befürchtete, nicht eingelassen zu werden, doch Großkopf Zhao reagierte unerwartet, als er sich wieder gefasst hatte. Er schob den Posten beiseite und sagte: »Verpiss dich, was heißt hier Fremde, das ist mein Schwesterchen.«

»Das ist Vorschrift.«

Großkopf Zhao spuckte aus: »Dir hat das Wachestehen wohl aufs Hirn geschlagen! Kannst du ein Hühnerei nicht von einer Handgranate unterscheiden? Oder haben sie deinen Opa geschwängert, und der liegt jetzt da drin im Wochenbett und darf keinen Zug abkriegen?«

Dem Posten schoss die Röte ins Gesicht. »Was soll das, Großkopf, warum beleidigst du mich?«

»Nicht, dass du meine Schwester nicht reinlässt, macht mich sauer, sondern dass du vergisst, was ich hier für dich tue. Jeden Tag kommst du in die Küche gerannt, und jedes Mal schieb ich dir was rüber. Hab ich dir gestern nicht extra ein Stück vom Rindfleisch abgesäbelt? Sei froh, dass ich dir nicht eins in die Fresse haue!« Er hob die Hand, als wollte er zuschlagen.

Der Posten errötete erneut. »Warte nur, das werde ich melden.«

Sich verlegen den Kopf reibend verkroch er sich hinter dem steinernen Löwen am Eingangstor. Die anderen Posten lachten. Da begriff Li Xuelian, dass Großkopf Zhao nicht mehr der hilflose Junge von einst war. Er hatte sich geändert.

Er zog sie über die Grenzlinie auf den Hof, doch führte er sie nicht ins Hochhaus, sondern auf dessen Rückseite zu einem kleinen einstöckigen Gebäude mit der Aufschrift: »Küchenbereich – Zutritt nur für Befugte«. Sie traten ein, und er führte sie in einen Vorratsraum, in dem ein Bett stand. Sie begriff, dass er hier wohnte.

Erklärend sagte er: »Na ja, die Leitung vertraut uns, wir dürfen hier wohnen und bewachen zugleich die Vorräte.«

Er reichte ihr eine Waschschüssel, damit sie sich das Gesicht waschen konnte, goss ihr Tee ein, dann begab er sich in die hinteren Küchenräume. Kurze Zeit später brachte er eine Schüssel mit dampfenden Nudeln, Fleisch und Gemüse. Nachdem sie gegessen hatten, war es bereits neun Uhr abends.

»Warum bist du nach Peking gekommen?«, fragte er.

Sie wagte nicht zu gestehen, dass sie wegen einer Beschwerde hier war, und wiederholte: »Hab dir doch schon gesagt, dass ich eine Tante im Nordosten besucht habe und jetzt auf dem Rückweg bin. Bin nie in Peking gewesen und nutze die Gelegenheit, mich hier umzusehen und ein bisschen zu amüsieren.«

Er rieb sich die Hände. »Amüsieren, das ist recht. Du kannst heute Nacht hierbleiben.«

»Wo schläfst du, wenn ich hierbleibe?«

»Das braucht dich nicht zu kümmern, ich bin hier zu Hause, kann überall wohnen. Geh dich waschen, du bist sicher müde. Ich muss den Deputierten noch eine Spätmahlzeit zubereiten.«

Sie verbrachte die Nacht in seinem Bett. Wo er schlief, wusste sie nicht. Am nächsten Morgen klopfte es an der Tür, noch bevor sie aufgestanden war. Sie warf sich Kleidung über und öffnete die Tür.

»Rasch, beeil dich!«

Sie erschrak aus Furcht, dass man sie entdeckt hatte und sie fluchtartig den Ort verlassen musste. »Was ist passiert?«

»Du hast doch gesagt, du willst dich umschauen und dich amüsieren! Ich hab mir freigenommen und begleite dich heute zur Großen Mauer. Wir müssen früh am Qianmen sein, um den Zug zu kriegen.«

Sie stieß einen erleichterten Seufzer aus, aber dann wurde sie unruhig. Sie war nicht zu ihrem Vergnügen nach Peking gekommen. Sie hatte gestern leichthin vom »sich umsehen« gesprochen, aber nicht erwartet, dass er sie beim Wort nehmen würde. Doch sie wollte ihn nicht vor den Kopf stoßen. Von ihrer gestrigen Begründung für den Aufenthalt in Peking konnte sie jedoch auch nicht abrücken. Wenn sie mit der Wahrheit herausrückte, käme der Pferdefuß zum Vorschein, und ihre Anwesenheit würde in einem völlig anderen Licht erscheinen. Davon abgesehen tagte der Volkskongress insgesamt zwei Wochen, es kam also auf diesen einen Tag nicht an. Sie putzte sich eilig die Zähne, folgte Großkopf Zhao zum Qianmen. Von dort fuhren sie mit dem Touristenzug zur Großen Mauer. Sie verbrachten dort den ganzen Tag, doch ihre innere Unruhe hinderte sie daran, den Ausflug zu genießen. Großkopf Zhao dagegen war bester Laune. Tags darauf führte er sie in den Kaiserpalast und den Himmelstempel. Er überredete sie, sich in einem Friseurladen am Eingang des Himmelstempels eine Dauerwelle machen zu lassen.

Nach vollendetem Werk musterte er sie und sagte: »Na, das macht doch was her. Jetzt ist aus dir eine Pekingerin geworden. Eine Provinzlerin erkennt man an der Frisur.« Er lachte meckernd.

Sie betrachtete sich im Spiegel und kicherte verlegen. Nach dem Friseurbesuch führte er sie in ein Lokal zu einem »Pekinger Feuertopf«. Aus dem Topf stieg der Dampf auf, und während sie das dünn geschnittene Lammfleisch im kochenden Wasser schwenkte, überkam sie plötzlich eine Art Rührung. Zu Großkopf Zhao, der ihr gegenübersaß, sagte sie: »Großkopf, zwei Tage bin ich jetzt hier und habe deine Zeit und dein Geld verschwendet. Ich habe echt ein schlechtes Gewissen.«

Er zog eine ärgerliche Grimasse. »Was soll das heißen? Bin ich für dich ein Fremder?«

»Nein, natürlich nicht. Ich meine nur so.«

Er strahlte und klopfte auf den Tisch. »Wir sind noch nicht am Ende.«

»Was?«

»Morgen begleite ich dich zum Sommerpalast, da können wir auf dem See rudern.«

In dieser Nacht fand sie keinen Schlaf. Die beiden vorangegangenen Nächte hatte sie tief und fest geschlafen, jetzt aber lag sie wach. Die Wechselfälle des vergangenen Jahres, die Erlebnisse im Zusammenhang mit ihrer Klage, all das stieg in ihr hoch. Nie hatte sie sich vorgestellt, dass es so schwierig sein würde, eine Beschwerde vorzubringen. Dass es so schwierig sein würde, der Wahrheit zu ihrem Recht zu verhelfen. Genauer gesagt, das Unwahre als unwahr feststellen zu lassen, da ihre Scheidung ja vorgetäuscht gewesen war. Noch weniger hätte sie sich vorgestellt, dass ihr Bemühen um einen klärenden Satz ihres Exmannes einen anderen in die Welt gesetzt hatte, nämlich, dass sie eine Pan Jinlian sei. Und nie hätte sie gedacht, dass sie, um diesen Satz wieder aus der Welt zu schaffen, ihre Beschwerde bis nach Peking hatte tragen müssen. Und jetzt, wo sie hier war, hatte sie keine Ahnung, wo sie ihre Beschwerde vorbringen sollte. Etwas Besseres als ein Sitzstreik auf dem Platz des Himmlischen Friedens war ihr nicht eingefallen. Ihr war völlig unklar, wohin ein Sitzstreik auf dem Platz führen würde. Großkopf Zhao war ein guter Kerl und kannte Peking weit besser als sie. Alles hätte sie mit ihm besprechen können, nur das nicht. Unwillkürlich entfuhr ihr ein tiefer Seufzer. Ihre Tochter kam ihr in den Sinn. Mehr als einen Monat, seit sie Anzeige erstattet hatte, war das Kind nun in der Pflege ihrer Mitschülerin. Drei Monate war die Kleine jetzt alt, und sie hatte keine Ahnung, wie es ihr ging. Seit der Geburt hatte sie sich um nichts gekümmert als um den Streit mit ihrem Exmann, hatte sie sich mit nichts anderem beschäftigt als mit ihrer Klage. Dann fiel ihr wieder ein, dass sie nach Peking gekommen war, um sich zu beschweren, nicht um sich zu amüsieren. Sie vertrödelte die Zeit. Auch wenn sie vom Beschwerdeführen nichts verstand, wusste sie doch so viel, dass man dabei, wie bei allen wichtigen Angelegenheiten, die Zeit nutzen und keine Minute verschwenden durfte. Während sie sich hin- und herwälzte, hörte sie plötzlich, wie sich der Schlüssel im Schloss drehte. Ihr Körper verspannte sich. Im Dunkeln sah sie, wie sich die Tür leise öffnete und ein Schatten ins Zimmer huschte. Sie erkannte den plumpen Umriss der Gestalt von Großkopf Zhao und begriff, dass ihr die Rechnung für zwei Tage Amüsement in Peking präsentiert wurde. Sie schloss die Augen und rührte sich nicht. Sie spürte, wie er sich unsicher an den Bettrand tastete, über sie beugte und sie ansah. Fünf Minuten blieb er starr über sie gebeugt.

Sie öffnete widerwillig die Augen und sagte: »Großkopf, hör auf mich anzustarren, tu, was du nicht lassen kannst.«

Der plötzliche Klang ihrer Stimme in der Dunkelheit ließ ihn zusammenfahren. Sie knipste das Licht an und sah ihn beschämt vor ihr stehen. Er war nur mit Unterwäsche bekleidet, oben ein Trikot, unten eine Unterhose, über der sich sein Bauch wölbte. Ihre Aufforderung »Tu, was du nicht lassen kannst« hatte ihn aus dem Konzept gebracht. Vermutlich war es genau dieser Satz, der ihn hilflos und wie angenagelt dastehen ließ, mit knallrotem Gesicht und ineinander verkrampften Händen.

»Was sagst du da, wofür hältst du mich?«

Hastig tat er so, als suche er etwas in der Vorratskammer.

»Ich suche nur Backpulver, ich muss noch Sauerteig anrühren, um morgen Dampfnudeln zu backen. Ob du's glaubst oder nicht, unser Provinzgouverneur isst am liebsten Dampfnudeln.«

Sie zog sich ihre Jacke über und setzte sich auf. »Du hast deine Chance gehabt, nicht dass du's hinterher bereust.«

Er starrte sie entgeistert an.

»Nur damit du nicht denkst«, fuhr sie fort, »dass du zwei Tage vergeudet hast.«

Damit machte sie ihn noch verlegener. Mit den Händen fuchtelnd sagte er: »Was meinst du damit? Was meinst du mit den zwei Tagen? Wir waren ganze sechs Jahre zusammen in einer Klasse.«

»Großkopf, ich will morgen nicht zum Sommerpalast.«

»Wohin willst du denn?«

Ihm zu verraten, dass sie vorhatte, auf dem Platz des Himmlischen Friedens einen Sitzstreik durchzuführen, war unmöglich, daher sagte sie: »Ich will einen Einkaufsbummel machen, was für mein Kind kaufen.«

Seine Begeisterung kehrte zurück. »Auch gut, ich begleite dich.«

»Du hast schon zu viel Zeit für mich verschwendet.«

»Hab dir doch gesagt, dass ich mir freigenommen habe. Solange du in Peking bist, begleite ich dich, wohin du willst.«

Sie zog ihre Jacke aus. »Hör mal, Großkopf, du brauchst dich nicht wegen mir abzurackern. Wenn du's jetzt tun möchtest, hast du die Gelegenheit.«

Er starrte sie aus großen Augen eine halbe Ewigkeit an und sagte schließlich: »Du bist mir eine. Auch wenn ich's tun möchte, musst du mir ein bisschen Zeit lassen.«

Sie prustete los. Dem äußeren Anschein nach hatte er sich in diesen zehn Jahren verändert, in Wahrheit war er noch immer der brave Junge von damals.

»Großkopf, morgen möchte ich allein ausgehen, bedräng mich nicht weiter. Ich brauche ein bisschen Zeit für mich.«

Er beharrte nicht weiter auf seinem Angebot und lachte ebenfalls. »Na, wenn du darauf bestehst. Ehrlich gesagt, der Chefkoch zieht schon ein Gesicht, weil ich zwei Tage mit dir unterwegs war.«

Lächelnd tätschelte sie seinen Kopf und gab ihm ein Küsschen auf die Wange.

Am nächsten Tag zog sie sich in aller Herrgottsfrühe frische Kleidung an, verließ Großkopf Zhaos Schlafstätte und den »Küchenbereich – Zutritt nur für Befugte« und begab sich zum Sitzstreik auf den Platz des Himmlischen Friedens. Die Kombination von Sitzstreik und frischer Kleidung war ein Ausdruck von Respekt. Mit einem schlampigen Äußeren würde sie womöglich aufgegriffen, noch ehe sie den Platz betreten hatte. Einen Monat zuvor, nach ihrem Entschluss, Klage einzureichen, hatte sie sich neue Kleidung gekauft, sie aber bisher nicht getragen. Nun endlich war der rechte Moment gekommen, daheim hätte es nicht gepasst, hier in Peking schon.

Doch als sie um die Ecke des Hochhauses bog und sich dem Lotosteich am Eingang näherte, wurde sie angerufen:

»Wo willst du denn hin?«

Sie erschrak, wandte sich um und sah einen Mann mittleren Alters, fettleibig, im Anzug mit Krawatte, eine Dienstmarke aus Messing auf der Brust, dem Aussehen nach ein Funktionär der Provinzvertretung. Im ersten Moment glaubte sie, man habe ihren heimlichen Aufenthalt bei Großkopf Zhao entdeckt. Als ihr bewusst wurde, dass er gefragt hatte: »Wo willst du denn hin?« und nicht: »Wo wohnst du?«, entspannte sie sich. Doch fiel ihr auf die Schnelle keine passende Antwort ein. Schließlich konnte sie nicht gut sagen, dass sie auf dem Weg zu einem Sitzstreik auf dem Platz des Himmlischen Friedens war. In ihrer Not antwortete sie: »Ich gehe ein bisschen Luft schnappen.«

Erzürnt kam die Antwort: »Dafür ist jetzt keine Zeit, schaff das Zeug fort!«

»Was soll ich wohin schaffen?«, fragte sie verdutzt.

Der Mann deutete auf einen Haufen von vier bis fünf Kartons und wies dann zum Eingangstor. »Das Material da, los, schaff es in den Bus. Heute ist der Rechenschaftsbericht der Regierung. Ein bisschen dalli, die Deputierten fahren gleich zur Halle des Volkes ab.«

Jetzt erst entdeckte sie, dass vor dem Tor sieben bis acht große Busse mit laufendem Motor aufgereiht standen, vollgepackt mit schwatzenden und lachenden Menschen. Offensichtlich hatte sie der Mann wegen ihrer ordentlichen Kleidung und ihrer Pekinger Frisur für eine Mitarbeiterin der Vertretung gehalten, als sie um die Ecke des Hochhauses gebogen war. Offensichtlich ein Irrtum, aber angesichts der an sie gerichteten Anweisung blieb ihr keine Wahl. Hätte sie sich geweigert, wäre womöglich ihre unerlaubte Anwesenheit ans Tageslicht gekommen. Es handelte sich schließlich um keine Herkulesaufgabe. Sie bückte sich und nahm die Kartons auf. Wider Erwarten erwiesen sie sich als schwer. Mühsam schleppte sie die Ladung in den letzten Bus der Reihe. Sobald sie in den Bus gestiegen war, rief jemand: »Schaff das Zeug ganz nach hinten!«

Sie musterte das Businnere. Lauter Provinzdeputierte mit ihren Plaketten auf der Brust, die sich miteinander unterhielten. Keiner achtete auf sie. Von außen hatte es ausgesehen, als sei der Bus voll, jetzt entdeckte sie, dass die rückwärtige Hälfte leer war. Sie packte die Kartons auf die hinteren Sitzreihen. Gerade hatte sie das Material verstaut, als sich zischend die Türen schlossen und der Bus sich in Bewegung setzte. Offenbar hielt der Fahrer sie für eine Deputierte. Die Insassen waren mit sich selbst beschäftigt und beachteten sie kaum. Vermutlich hielten sie Li Xuelian für eine Mitarbeiterin des Volkskongresses. Sie allerdings erschrak fürchterlich, drehte sich um und war drauf und dran »Halt!« zu rufen, als ihr plötzlich klar wurde, dass der Bus zur Großen Halle des Volkes fuhr, und die lag auf der Westseite des Platzes des Himmlischen Friedens, auch wenn es nach ihrem Verständnis die Ostseite war. Auf diese Weise ersparte sie sich nicht nur das Gedränge im öffentlichen Bus, sondern auch das Fahrgeld. Am Platz angelangt, würden die Deputierten sich zur Großen Halle begeben, sie sich dagegen auf den Platz zum Sitzstreik, jedem das Seine. Sie setzte sich.

Es war Stoßzeit, die Straßen waren vollgepackt mit Autos und Passanten. Doch die Buskolonne sauste mit hoher Geschwindigkeit dahin, ein Polizeiauto mit Blaulicht und Sirene bahnte ihr den Weg. Sämtliche Ampeln schalteten auf Grün, sobald sie sich einer Kreuzung näherte. Der gesamte übrige Verkehr wurde gestoppt. In kaum einer Viertelstunde gelangten die Busse auf den Platz des Himmlischen Friedens. Erst dort wurde ihr bewusst, dass es sich bei der Tagung des »Nationalkongresses der Volksdeputierten« um eine höchst feierliche Angelegenheit handelte. Nicht eine, sondern mehr als dreißig Buskolonnen aus den über dreißig Provinzen des Landes steuerten aus allen Himmelsrichtungen auf die Große Halle des Volkes zu. Dutzende von Polizisten wiesen die Buskolonnen ein. Sie hatten Erfahrung, in kürzester Zeit standen mehrere Hundert Busse in Reih und Glied vor dem Eingang zur Großen Halle des Volkes und entließen Tausende von Deputierten, die sich angeregt unterhaltend, die Aktenmappe unter dem Arm, ins Innere begaben. Li Xuelian sah ihnen entgeistert nach. Als sich der Bus geleert hatte und auch die Kartons mit dem Material abtransportiert worden waren, blieb sie als Einzige zurück.

Der Busfahrer, der sie noch immer für eine Deputierte hielt, drehte sich um und fragte: »Warum gehen Sie nicht rein?«

Dieser Satz wies ihr die Richtung. Wenn sie gemeinsam mit den Deputierten in die Große Halle gelangte, würde ihre Beschwerde noch mehr Eindruck machen. Heute war der Tag des »Rechenschaftsberichtes« der Regierung, da waren bestimmt viele Staatsführer anwesend. Wenn es ihr gelang, zu denen vorzudringen und ihnen haarklein das ihr angetane Unrecht zu schildern, war das tausend Mal besser als ein Sitzstreik auf dem Platz des Himmlischen Friedens.

Ohne weiter zu zögern sprang sie aus dem Bus und reihte sich in den Menschenstrom ein. Da die Busse, mit denen die Deputierten gekommen waren, bereits alle Kontrollposten der Polizei passiert hatten, achtete kein Mensch auf sie. Ungehindert stieg sie die Freitreppe hoch, die zur

Großen Halle führte, und näherte sich Schritt um Schritt dem Eingang.

Dort jedoch hatten sich die Deputierten einer weiteren Kontrolle zu unterziehen. Es gab damals noch keine elektronischen Schranken, unzählige Mitarbeiter der Großen Halle fuhren mit Sensoren, die wie Tennisschläger aussahen, an den Körpern auf und ab. Es waren Tausende, die gleichzeitig in die Halle strömten, das Personal konzentrierte sich auf die Sicherheitskontrolle und weniger auf das Äußere der Deputierten. Eingekeilt in der Menge kam Li Xuelian im allgemeinen Durcheinander ungehindert durch die Kontrolle und schloss sich dem Strom in Richtung Konferenzsaal an.

Vor der Eingangstür hielt ein Polizist mittleren Alters und in Zivil sie überaus höflich an und sagte, indem er mit einem Lächeln auf ihre Brust deutete: »Guten Tag, Frau Deputierte, bitte stecken Sie sich Ihren Deputiertenausweis an.«

Auch er hielt sie für eine Deputierte. Seit dem Betreten des Gebäudes war sie von dessen Pracht, dem strahlenden Glanz von Gold und Farben überwältigt. Die riesigen Blumenbuketts, die man anlässlich der Tagung überall aufgestellt hatte, taten ein Übriges. Niemals in ihrem Leben hatte sie etwas vergleichbar Großartiges gesehen. Ihr Herz klopfte wie wild, und als sie jetzt plötzlich angehalten wurde, verlor sie vollends die Fassung. Doch sie zwang sich mit aller Gewalt, ruhig zu bleiben.

»Ach, den Ausweis, den habe ich im Hotel vergessen.«

Der Mann blieb freundlich. »Macht nichts, sagen Sie bitte, zu welcher Delegation Sie gehören.«

Einer Eingebung folgend nannte sie den Namen ihrer Heimatprovinz.

»Und Ihren Namen bitte?«

Das verschlug ihr die Sprache. Ihr war klar, dass es sinnlos war, ihren eigenen Namen zu nennen. Doch sie kannte keinen der Deputierten aus ihrer Provinz. Daher blieb sie stumm.

Der Mann drängte: »Ihren Namen bitte.«

Hier war kein Durchkommen mehr, ihr blieb nur der Sprung ins kalte Wasser. »Ich heiße Li Xuelian.«

Das brachte sie nur stotternd heraus. Jeder andere Namen wäre ihr glatt über die Lippen gekommen, beim eigenen geriet sie ins Stottern.

Der Mann lächelte und sagte: »In Ordnung, Deputierte Li Xuelian, folgen Sie mir bitte, wir müssen Ihre Identität überprüfen. Eine reine Formalität, Sie wissen schon, die Sicherheitsvorschriften.«

Widerstrebend folgte sie ihm. Er führte sie in einen Gang auf der linken Seite der Konferenzhalle. Unterwegs sprach er leise in sein Walkie-Talkie. Sie bogen um eine Ecke, vor ihnen lag ein weiterer langer Korridor, still und menschenleer. In diesem Moment entdeckte sie, dass sich ihr von allen vier Seiten vier bis fünf junge Männer in Zivil näherten. Sie begriff, dass sie in eine Falle geraten war, griff hastig in ihre Tasche, zog ihre Beschwerdeschrift hervor, hielt sie sich über den Kopf und rief: »Gerechtigkeit!«

Noch bevor sie ein zweites Mal die Stimme erheben konnte, stürzten sich die jungen Männer auf sie und rissen sie zu Boden. Auf ihr lasteten vier, fünf männliche Körper, der Mund wurde ihr zugehalten, an allen vier Gelenken schnappten Handschellen zu, sie war völlig bewegungsunfähig.

Das alles hatte nicht mehr als vier, fünf Sekunden in Anspruch genommen. Die eintretenden Deputierten schwatzten und lachten, keiner hatte auf die Szene geachtet. Punkt neun Uhr hatte sich die Halle gefüllt, es erhob sich ohrenbetäubender Applaus, der Regierungschef begann mit seinem »Rechenschaftsbericht«.

14. Kapitel

Die Tagesordnung des »Nationalen Kongresses der Volksdeputierten« sah für den heutigen Tag vor:

Vormittag: Rechenschaftsbericht der Regierung
Nachmittag: Interne Diskussion der Delegationen.

Als Tagungsort für die Diskussion der Delegation aus Li Xuelians Heimatprovinz war einer der Konferenzräume der Großen Halle des Volkes vorgesehen. Das entsprach nicht der Regel, denn normalerweise finden die internen Diskussionen der Delegationen im Anschluss an den Rechenschaftsbericht der Regierung nicht dort statt. Da die Deputierten zum Mittagessen in ihre Vertretungen zurückkehren müssen, diskutieren sie gewöhnlich dort, um sich unnötige Wege zu ersparen. Aber gemäß Tagesordnung sollte ein hochrangiger Vertreter der Staatsführung an der Diskussion der Provinzdelegation teilnehmen. Die Teilnahme hochrangiger Vertreter der Staatsführung an den internen Diskussionen einzelner Delegationen beschränkt sich gewöhnlich auf einen halben Tag und auf ausgewählte Provinzen. Um dem Staatsführer die Teilnahme zu erleichtern, finden daher die internen Diskussionen mit Beteiligung eines hochrangigen Vertreters der Staatsführung in der Großen Halle des Volkes statt.

Diskussionen, an denen Staatsführer teilnehmen, unterscheiden sich erheblich von solchen, an denen sie nicht teilnehmen: Diskussionen mit Teilnahme von Staatsführern sind automatisch Gegenstand der abendlichen Nachrichtensendung des nationalen Fernsehens. Auch Ablauf und Art und Weise der Diskussion sind anders. Der Staatsführer hört sich zunächst die Beiträge der Deputierten an und gibt anschließend ein zusammenfassendes Statement ab. Um den Erfolg der Diskussion zu garantieren, erfolgt eine minutiöse Vorplanung, bei der zehn oder mehr Sprecher bestimmt werden. Bei deren Auswahl wird auf Geschlecht, Herkunft, Stellung und Profession geachtet, sodass unterschiedliche Personengruppen vertreten sind, als da sind: Bürgermeister, Dorfvorsteher, Eisenbahnarbeiter, Unternehmer, Professoren etc. Jede Bevölkerungs- und Berufsgruppe muss berücksichtigt werden. Die Redemanuskripte werden vorab mehrfach redigiert. Auch die Redezeit ist strikt reglementiert, maximal zehn Minuten.

Befinden sich unter den Delegierten Vertreter ethnischer Minderheiten, so haben diese ihre Nationaltracht zu tragen.

Der Beginn der Diskussion war auf zwei Uhr nachmittags angesetzt. Punkt halb zwei versammelten sich die Deputierten in der Großen Halle des Volkes. Beim Eintritt in den Konferenzraum herrschte unter den Deputierten noch angeregte Unterhaltung, um ein Uhr fünfzig trat allgemeine Stille ein: Man erwartete die Ankunft des Staatsführers.

Es wurde zwei, und er erschien nicht. Im Allgemeinen sind Staatsführer pünktlich, aber sie haben eine volle Agenda, so kommt es gelegentlich zu Verspätungen. Man wartete daher in Ruhe ab. Als er jedoch um halb drei noch immer nicht erschien, erhob sich in der Versammlung leise Unruhe. Der Provinzgouverneur Zhu Qingjian klopfte gegen seine Teetasse, um die Anwesenden zur Geduld zu mahnen. Um zwei Uhr fünfundvierzig öffnete sich die Tür, jedermann erwartete das Erscheinen des Staatsführers und schickte sich an zu applaudieren, doch es war nur ein Mitarbeiter des Tagungssekretariats, der sich eiligen Schritts zum Provinzgouverneur begab und ihm etwas ins Ohr flüsterte. Dessen Miene fiel in sich zusammen, und als der Mitarbeiter des Sekretariats den Raum verlassen hatte, sagte er:

»Es ist kurzfristig etwas dazwischengekommen, er wird an der Nachmittagssitzung nicht teilnehmen. Wir beginnen jetzt ohne ihn.«

Durch die Reihen ging ein Raunen. Aber am Entschluss des Staatsführers gab es nichts zu rütteln, die Sitzung musste daher ohne ihn beginnen. Eine Sitzung ohne Vertreter der Staatsführung verläuft anders als eine Sitzung in seiner Anwesenheit. Man arbeitet in derselben Provinz, man kennt sich, es wäre daher unnatürlich, sich strikt an die festgelegte Rednerliste und die vorbereiteten Redemanuskripte mit ihren hochtrabenden Wendungen zu halten. Der Gouverneur schlug daher eine Änderung des Prozedere vor, jeder sei frei, sich zu äußern, jeder, der etwas zu sagen habe, könne das Wort ergreifen. Sofort hob sich ein Dutzend Hände, die Atmosphäre im Raum lockerte sich spürbar. Auch wenn die Wortmeldungen nun spontan erfolgten, boten sie doch keinerlei Überraschungen. Jeder Sprecher brachte seine volle Unterstützung des »Rechenschaftsberichts der Regierung« zum Ausdruck, wiederholte in geraffter Form die darin geäußerten Forderungen, setzte sie in Beziehung zur Situation vor Ort bzw. zur Situation der eigenen Behörde oder des eigenen Betriebs, wies auf die noch zu erfüllenden Aufgaben und vorhandene Mängel hin, zählte einige Maßnahmen zu deren Behebung auf und bekundete den Willen, sich mit Eifer der Sache zu widmen.

Nach sechs Wortmeldungen war es Zeit für eine Pause. Der Gouverneur wollte sie gerade verkünden, als sich die Tür erneut öffnete. Zur allgemeinen Überraschung betrat ein anderes Mitglied der Staatsführung den Saal. Ihm folgte eine größere Anzahl von Fernsehkameras, der Raum wurde in Scheinwerferlicht getaucht. Die Anwesenheit dieses Vertreters der Staatsführung war nicht im Protokoll vorgesehen, man war daher über sein plötzliches Auftauchen höchst erstaunt. Nach einem Moment perplexen Schweigens besann man sich, und im Saal brandete donnernder Applaus auf. Mit einem rosigen Strahlen im Gesicht winkte der Vertreter der Staatsführung in die Menge und brachte dann mit einer Geste den Applaus zum Schweigen.

»Ich komme gerade aus der Sitzung einer anderen Delegation und wollte nur kurz hier vorbeischauen.«

Erneut donnernder Applaus.

Der Vertreter der Staatsführung begab sich raschen Schritts in die Mitte des Saales und ließ sich auf dem Sessel neben dem Gouverneur nieder. Während er sich mit dem von einer Hostess gereichten warmen Handtuch das Gesicht abwischte, sagte er zum Gouverneur: »Qingjian, macht einfach weiter, ich bin hier, um zuzuhören.«

An die Anwesenden gewandt: »Damit das klar ist, heute habe ich nur meine Ohren dabei, keinen Mund. Ich werde nicht reden.«

Der Gouverneur lachte herzlich. Alle Anwesenden lachten herzlich. Das Erscheinen des Vertreters der Staatsführung unterband die Pause, man tagte weiter. Das geänderte Prozedere wurde erneut geändert, man kehrte zur ursprünglich vorgesehenen Form zurück. Die vorbestimmte Rednerliste trat wieder in Kraft, die vorgesehenen Redner bereiteten sich auf ihren Auftritt vor. Der Vertreter der Staatsführung entnahm der ihm vom Sekretär gereichten Aktenmappe ein Notizheft, um sich zu den Wortmeldungen Notizen zu machen. Auch die Redner zogen ihre Manuskripte hervor. Das machte einen seriöseren Eindruck, auch wenn es sich um gründlich vorbereitete und aus hochtrabenden Phrasen bestehende Texte handelte. Doch wich der eine oder andere während des Vortrags vom Manuskript ab und berichtete über die Situation vor Ort bzw. die Situation der eigenen Behörde oder des Betriebs. Das steigerte das Interesse des Vertreters der Staatsführung, der gelegentlich nickte und etwas in sein Notizbuch kritzelte. Der Gouverneur registrierte das Interesse des Vorgesetzten und ließ die Redner gewähren. Als alle vorgesehenen Redner ihre Vorträge beendet hatten, sagte er: »Und nun bitte ich den Genossen der Staatsführung um Anweisung.«

Die Scheinwerfer leuchteten wieder auf. Ohrenbetäubender Applaus erschütterte die Halle.

Der Vertreter der Staatsführung lächelte. »Qingjian, ich habe doch angekündigt, heute nicht zu sprechen.«

Der Applaus steigerte sich. Der Vertreter der Staatsführung lächelte erneut. »Na, ihr lasst mir wohl keine Wahl.«

Allgemeines Gelächter. Der Vertreter der Staatsführung warf sich in Positur und begann seine Ansprache. Nun war das Auditorium an der Reihe, sich Notizen zu machen.

Der Vertreter der Staatsführung sprach zunächst über den »Rechenschaftsbericht der Regierung«, zitierte die dort aufgeführten Erfolge und Mängel, führte die Planungen und Budgetansätze für das kommende Jahr auf und hieß sie gut. In bedeutungsschwerem Ton forderte er dazu auf, den wirtschaftlichen Aufbau ins Zentrum aller Überlegungen zu stellen, die Reform des ökonomischen Systems voranzutreiben, die schrittweise Reform des politischen Systems nicht zu vernachlässigen, die Führung durch die Partei zu optimieren, Demokratie und Rechtssystem zu stärken, die Einheit zu festigen, alle zur Verfügung stehenden Kräfte zu mobilisieren, Eigeninitiative und das Gefühl für die Dringlichkeit der Aufgaben zu fördern und auf diese Weise die reiche Ernte der materiellen und geistigen Zivilisation des Sozialismus einzubringen. Hier angelangt, verließ er wie einige der Vorredner das Manuskript und wandte sich Themen außerhalb des Rechenschaftsberichtes zu. Zunächst befasste er sich mit der außenpolitischen Lage, über Nordamerika und Europa kam er auf Lateinamerika und Afrika zu sprechen, wo er ein wenig ausführlicher verweilte, weil er gerade von einem Staatsbesuch dort zurückgekehrt war. Schließlich kam er auf Asien zu sprechen, um von dort zur heimischen Situation zurückzukehren. Er sprach vor allem über die aktuelle ökonomische Situation des Landes. Von der urbanen Entwicklung kam er auf die ländliche zu sprechen, von der Industrie auf die Landwirtschaft, am Ende auf den Dienstleistungssektor und die Hochtechnologie – kein Bereich blieb ausgespart. Im Saal war außer seiner Stimme nur das Kratzen der Stifte zu vernehmen, man hätte eine Nadel fallen hören. Zusammenfassend erklärte er: »Keine Frage, die Gesamtentwicklung ist für uns positiv. Ich will im Folgenden auf einige Mängel hinweisen.«

Er begann offenherzig über bestehende Mängel zu sprechen und vermittelte den eifrig mitschreibenden Deputierten den Eindruck pragmatischer Aufrichtigkeit. Über Mängel bei der Arbeit kam er auf Mängel im Arbeitsstil der Funktionäre zu sprechen, auf Mängel der öffentlichen Moral, auf Korruption und Degeneration. Schließlich deutete er auf die Fernsehkameras und sagte: »Was ich jetzt sage, ist nicht für die Öffentlichkeit bestimmt.«

Sofort erloschen die Scheinwerfer.

»Korruption, Degeneration und der Verfall moralischer Normen sind unsere größten Probleme. Zugleich sind sie die wichtigste Ursache für Unzufriedenheit und Proteste in der Bevölkerung. Die Situation verschlimmert sich von Tag zu Tag, die Leute reden von nichts anderem. Wasser kann ein Boot tragen, aber es kann ein Boot auch zum Kentern bringen. Wenn wir dieses Krebsgeschwür nicht ausmerzen, stürzen unsere Partei und unser ganzes Land früher oder später in den Abgrund.«

Solch eindringliche Worte ließen die Versammlung in Ernsthaftigkeit erstarren.

»Unsere Partei verfügt über die Macht in diesem Land, und sie verlangt von uns, dass wir den Interessen der Bevölkerung immer und überall Vorrang geben. Aber es gibt Leute, die das nicht beherzigen. Korruption, Degeneration, moralischer Verfall, all das ist Ausdruck einer Haltung, die den eigenen Nutzen über den der Partei und der Bevölkerung stellt. Warum wird jemand Funktionär? Doch um Diener des Volkes zu sein. Aber für viele scheint das nicht zu gelten. Sie werden Funktionäre, um den Chef zu spielen, um Vermögen anzuhäufen, um sich Mätressen zuzulegen. Jeder der aufgedeckten Fälle versetzt die Bevölkerung in Staunen und Schrecken. Ich möchte all jene, die diesen Weg beschreiten, dringend warnen: Haltet ein, zügelt euch! Der Vorsitzende Mao hatte recht, als er sagte: ›Zahllose Märtyrer der Revolution haben für das Volk ihr Blut vergossen und ihr Leben geopfert. Welches Privatinteresse kann angesichts dessen noch von Bedeutung sein?‹ Habe ich recht, Genossen?«

»Ja!«, scholl es ihm im Chor entgegen.

Der Vertreter der Staatsführung nahm einen Schluck Tee und wandte sich an den Provinzgouverneur: »Hör mal, Qingjian, der Kreis XY gehört doch zu eurer Provinz, oder?«

Der Gouverneur, im Unklaren, worauf der Staatsführer hinauswollte, sah vom Notizbuch auf und wirkte ein wenig nervös. Doch da der Kreis XY tatsächlich zur Provinz gehörte, nickte er hastig. »Ja, in der Tat.«

Der Vertreter der Staatsführung setzte die Tasse ab. »Heute Vormittag hat sich etwas höchst Eigenartiges ereignet. Eine Frau ist mit ihrer Beschwerde bis in die Halle des Volkes vorgedrungen. Sie stammt aus diesem Kreis, hat mir mein Sekretär mitgeteilt. Weißt du über die Sache Bescheid, Qingjian?«

Dem Gouverneur brach der kalte Schweiß aus. Da war doch tatsächlich jemand aus einem Kreis seiner Provinz mit einer Beschwerde bis in die Große Halle des Volkes vorgedrungen, und das ausgerechnet zum Zeitpunkt der Tagung des Volkskongresses. Das war ein politischer Zwischenfall erster Ordnung. Aber da er wirklich keine Ahnung hatte, worum es ging, schüttelte er hastig den Kopf.

»Na ja«, sagte der Vertreter der Staatsführung, »ich kann dir auch nicht viel sagen. Sie wurde von den Sicherheitskräften für eine Terroristin gehalten und festgenommen. Was stellt sich bei der Befragung heraus? Es handelt sich um eine Scheidungsangelegenheit. Eine Bauersfrau trägt ihren Scheidungsfall bis in die Halle des Volkes, ist das nicht höchst eigenartig? Wie gerät eine so triviale Angelegenheit in die Halle des Volkes? Wollte sie sich wichtigmachen? Keineswegs. Der wirkliche Grund ist, dass die zuständigen Behörden und Beamten sich keinen Deut um die Sorgen und Nöte der einfachen Leute kümmern. Keiner nimmt sich der Sache an, jeder schiebt sie ab, jeder baut neue Hindernisse auf. Es geht ihr wie eben gerade mir bei meiner Ansprache: Es bleibt ihr keine Wahl. Aus einem Sesamkorn wird eine Melone, aus einer Ameise ein Elefant. Da will sich eine Frau scheiden lassen, eigentlich eine Angelegenheit zwischen Eheleuten, jetzt führt sie Beschwerde gegen sieben, acht Personen, vom Bürgermeister ihrer Stadt bis zum Kreisvorsteher, Gerichtsvorsitzenden,

Richter und so weiter. Wahrhaftig ein ›Kleiner Kohlkopf‹ unserer Tage[5]. Was die Sache im Vergleich zum Kleinen Kohlkopf der Qing-Dynastie jedoch noch merkwürdiger macht, ist die Tatsache, dass sie sogar gegen sich selbst Beschwerde führt. Ich muss sagen, ich bewundere ihre Courage. Nach meinen Informationen wurde sie von den lokalen Behörden wegen ihrer Beschwerde eingesperrt. Auf diese Weise treibt man die Leute doch zum Äußersten! Wer so etwas macht, ist kein Kommunist, das sind Blutsauger der arbeitenden Bevölkerung, Leute, die sich auf Kosten des werktätigen Volkes Posten erschleichen und die Taschen vollstopfen.«

Der Vertreter der Staatsführung hieb an dieser Stelle mit eisiger Miene auf den Tisch. Keiner der Anwesenden wagte, den Kopf zu heben. Der Gouverneur war vom Scheitel bis zur Sohle schweißgebadet.

Der Vertreter der Staatsführung fuhr fort:

»Nicht genug mit so viel Unrecht an diesem ›Kleinen Kohlkopf‹. Dass sie ihre Beschwerde bis in die Halle des Volkes trägt, verfolgt außerdem den Zweck, vom Ruf einer Pan Jinlian befreit zu werden. Um eine Beschwerde zu verhindern, schrecken manche Leute vor Ort nicht davor zurück, Dinge in ein schiefes Licht zu rücken, aus Gerade Krumm zu machen, Gerüchte in die Welt zu set-

5 Berühmter Kriminalfall der Qing-Dynastie (1644–1911) aus dem Jahr 1873. Die wegen ihrer Vorliebe für die Farben Weiß und Grün ihrer Kleidung als »Kleiner Kohlkopf« bezeichnete Bi Xiugu (?–1930) wurde zu Unrecht verdächtigt, gemeinsam mit ihrem angeblichen Liebhaber ihren Eheman vergiftet zu haben. Beide wurden gefoltert und zum Tode verurteilt, nach einem langen, bis an den Kaiserhof gehenden Revisionsprozess jedoch freigesprochen. Der Fall diente als Vorlage zahlreicher Filme und Fernsehserien.

zen und den Ruf anderer zu ruinieren, indem sie ihnen moralische Verfehlungen anhängen. Auf so einen ›Kleinen Kohlkopf‹ muss man noch eine Pan Jinlian draufsetzen! Wie soll so eine arme Frau das verkraften? Und wohin soll sie sich wenden, wenn nicht ans Parlament? An die UNO? Und wer hat sie so weit gebracht? Doch nicht wir Kommunisten, sondern diese Leute, die der arbeitenden Bevölkerung das Blut aussaugen, die sich auf Kosten des werktätigen Volkes Posten erschleichen und die Taschen vollstopfen.«

Er wandte sich an den Gouverneur: »Qingjian, was meinst du, wollen wir solche Herrschaften als Beamte?«

Der Gouverneur, grün im Gesicht, nickte wie ein Körner pickendes Huhn. »Nein, auf keinen Fall.«

Der Vertreter der Staatsführung milderte seinen Tonfall. »Wir sollten uns bei meinem Sekretär bedanken. Er zumindest hat sich in der Sache vorbildlich verhalten. Die Sicherheitsleute haben die Frau als Terroristin festgenommen, er kam zufällig vorbei, hat sich kundig gemacht und dafür gesorgt, dass sie freigelassen wird. Sie hat, wie mir berichtet wurde, zu Hause ein drei Monate altes Baby. Mein Sekretär hat der öffentlichen Moral einen unschätzbaren Dienst erwiesen. Es geht hier nicht um die Behandlung einer einfachen Bäuerin, sondern um unsere Haltung gegenüber den Volksmassen. Wir führen doch hier gerade den Kongress der Volksvertreter durch. Nun denn, wen vertreten wir? Sind es nicht gerade die Leute, die wir fälschlich als ›Terroristen‹ verhaften? Wer sind denn die wahren Terroristen? Doch nicht diese Frau aus dem werktätigen Volk, sondern diese korrupten, moralisch degenerierten Personen, die sich als Herren aufspielen und sich nicht um die Nöte der Bevölkerung kümmern!«

Er redete sich wieder in Rage. Glücklicherweise öffnete sich in diesem Moment erneut die Tür zum Konferenzsaal, ein Mitarbeiter eilte auf ihn zu und flüsterte ihm etwas ins Ohr. Der Vertreter der Staatsführung ließ ein mehrfaches »Ach so« und »Ja, ja« vernehmen, gewann die Fassung zurück und sagte in versöhnlichem Ton: »Na ja, ich habe mich ein wenig hinreißen lassen, ich kann mich auch nicht für die Richtigkeit der Sache verbürgen. Ich wollte nur Stoff zum Nachdenken geben.«

Er erhob sich und verzog das Gesicht zu einem Lächeln. »Ich habe noch einen ausländischen Gast zu empfangen und muss es heute dabei bewenden lassen.«

Er winkte der Versammlung einen Abschiedsgruß zu und verschwand.

Der Gouverneur saß wie versteinert da. Alle im Saal sahen sich an. Plötzlich wurde ihnen bewusst, dass sie zu applaudieren vergessen hatten. Dem Gouverneur fiel ein, dass er auf die Ansprache des Vertreters der Staatsführung nicht reagiert hatte, auch wenn sich ihm keine Gelegenheit dazu geboten hatte, da dieser fluchtartig den Raum verlassen hatte, um einen ausländischen Gast zu empfangen.

In dieser Nacht fand der Gouverneur keinen Schlaf. Frühmorgens um vier rief er den Generalsekretär der Provinzregierung zu sich. Beim Eintreten sah dieser den Gouverneur auf dem Teppich seines Empfangszimmers auf und ab marschieren. Das war ihm vertraut, vor jeder folgenschweren Entscheidung pflegte der Gouverneur auf und ab zu marschieren. Diese Gewohnheit teilte er mit dem ehemaligen Verteidigungsminister Lin Biao[6], es fehlte nur die Generalstabskarte an der Wand. Im Alltag war der Gouverneur eher wortkarg. Wortkarge Menschen neigen zu gründlichem Nachdenken. Beim Verfassen wichtiger Dokumente pflegte er ein paar Stunden auf und ab zu laufen. Im Gehen stieß er dann ab und zu einen Satz hervor. Für Leute, die ihn nicht gut kannten, war es schwierig, dem Lauf seiner Gedanken zu folgen. Nie wusste man, mit welchem Aspekt einer Angelegenheit er sich gerade beschäftigte, wenn er plötzlich einen seiner Sätze hervorstieß. Er gab keinerlei Erklärungen ab, man war vollständig auf die eigene Intuition angewiesen.

Solange er Reden vom Blatt ablas, hatte niemand ein Problem. Doch im direkten Gespräch hatten seine Zuhörer zumeist keine Ahnung, wovon er gerade sprach. Es war, als irrte man in einem Nebelmeer herum. Der Generalsekretär leistete ihm glücklicherweise schon über zehn Jahre seine Dienste und war in der Lage, den sprunghaften Sequenzen seiner Gedanken zu folgen. Dass der Gouverneur mehrere Stunden am Stück auf und ab lief, war nicht ungewöhnlich, aber dass er vom Abend des vorigen bis zum Morgengrauen des folgenden Tages auf und ab marschierte, hatte der Generalsekretär noch nie erlebt. Er verstand, dass es sich um eine ungewöhnlich schwerwiegende Angelegenheit handeln musste. Bei seinem Eintreten hatte ihn der Gouverneur weder eines Wortes gewürdigt

6 Lin Biao (eigentl. Lin Yurong, 1907–1971), 1959–1971 Verteidigungsminister, enger Weggefährte Mao Zedongs, zu Beginn der »Kulturrevolution« (1966–1976) zu dessen Stellvertreter und Nachfolger ernannt, 1971 nach einem angeblichen Putschversuch auf der Flucht per Flugzeug in der Mongolei abgestürzt.

noch seinen Marsch unterbrochen. Mehr als zehn Minuten geschah nichts, dann blieb er abrupt am Fenster stehen und sah in die Dunkelheit hinaus. »Diese Sache gestern, da steckt etwas dahinter.«

Der Generalsekretär erriet, dass er von der gestrigen Sitzung sprach.

Der Gouverneur nahm seinen Marsch wieder auf und warf dem Generalsekretär einen Blick zu. »Das hatte er sich vorab zurechtgelegt.«

Der Generalsekretär erriet, dass die vom Vertreter der Staatsführung als Beispiel angeführte Bäuerin gemeint war, ihre Beschwerde und ihr Eindringen in die Halle des Volkes.

Der Gouverneur setzte seinen Marsch fort. »Man will uns am Zeug flicken.«

Der Generalsekretär geriet ins Schwitzen. Er erriet, was der Gouverneur sagen wollte. Hinter dem Auftritt des Vertreters der Staatsführung stand eine Absicht. Sein plötzliches Erscheinen war kein Zufall gewesen, auch wenn er diesen Anschein hatte erwecken wollen. »Ich wollte nur kurz hier vorbeischauen.« Seine Anwesenheit war protokollwidrig gewesen, laut Tagesordnung war nicht er für diese Sitzung vorgesehen. Der Generalsekretär wusste, dass sich der Gouverneur an einem entscheidenden Wendepunkt seiner Karriere befand. Wie es hieß, sollte er zum Parteisekretär einer anderen Provinz aufsteigen. Andererseits war ihm zu Ohren gekommen, dass die Führung sich in der Frage dieser Beförderung uneins war. All das führte dazu, dass der Generalsekretär mit offenem Mund dastand und kein Wort herausbrachte.

Der Gouverneur nahm seinen Marsch wieder auf und verharrte erneut vor dem Fenster. Draußen lag Peking im Schlaf, es begann zu dämmern.

»Antrag ans Provinz-Parteikomitee: Alle feuern.«

Der letzte Schweißausbruch war noch nicht getrocknet, als dem Generalsekretär erneut der kalte Schweiß über den Rücken lief. Er erriet, was der Gouverneur vorhatte: Alle, die mit der Beschwerde dieser Frau zu tun gehabt und sie nicht angemessen behandelt hatten, die sie dazu gebracht hatten, in die Halle des Volkes einzudringen, alle, die gestern vom Vertreter der Staatsführung genannt worden waren, die ein Sesamkorn in eine Melone, eine Ameise in einen Elefanten verwandelt hatten, also der zuständige Bürgermeister, der Kreisvorsteher, der Gerichtsvorsitzende usw., usw., sie alle sollten ihrer Ämter enthoben werden.

Der Generalsekretär geriet ins Stottern: »Herr Gouverneur, halten Sie es für angemessen, wegen eines Scheidungsfalles all diese Kader zu bestrafen?«

Der Gouverneur unterbrach seinen Marsch und hielt am Fenster inne. »Mein Sekretär hat in meinem Auftrag die Sache bereits überprüft. Der Fall existiert, auch wenn er nicht in allen Details mit der Darstellung des Genossen der Staatsführung übereinstimmt.«

Dann trat er auf den Generalsekretär zu und erklärte mit funkelnden Augen: »Diese Leute haben es so weit kommen lassen und damit die ganze Provinz in ein schlechtes Licht gerückt.«

Zähneknirschend fuhr er fort: »Der Genosse der Staatsführung hat vollkommen recht: Was für Leute sind das? Keine Kommunisten, keine Diener des Volkes, es sind

Blutsauger der arbeitenden Bevölkerung, Leute, die sich auf Kosten des werktätigen Volkes Posten erschleichen und die Taschen vollstopfen. Sie kriegen, was sie verdient haben. Das sind die wahren Pan Jinlians, denen man die Haut bei lebendigem Leib abziehen sollte.«

15. Kapitel

Sieben Tage später ordnete die Provinzregierung an:

Cha Fubang, Bürgermeister der Stadt und des Bezirks XXX, wird seines Amtes enthoben. Der ständige Ausschuss der Volksvertretung der Stadt und des Bezirks wird um nachträgliche Bestätigung auf seiner nächsten Sitzung gebeten.

Shi Weimin, Vorsteher des Kreises XXX im Bezirk XXX, wird seines Amtes enthoben. Der ständige Ausschuss der Volksvertretung des Kreises wird um nachträgliche Bestätigung auf seiner nächsten Sitzung gebeten.

Xun Zhengyi, Vorsitzender des Gerichtshofes des Kreises XXX im Bezirk XXX, wird seines Amtes enthoben. Der ständige Ausschuss der Volksvertretung des Kreises wird um nachträgliche Bestätigung auf seiner nächsten Sitzung gebeten.

Dong Xuanfa, hauptamtliches Mitglied der Urteilskommission des Kreisgerichts XXX im Bezirk XXX, wird seines Postens enthoben. Der ständige Ausschuss der Volksvertretung des Kreises wird um nachträgliche Bestätigung auf seiner nächsten Sitzung gebeten.

Es wird empfohlen, Wang Gongdao, Richter am Gerichtshof des Kreises XXX im Bezirk XXX, eine dienstliche Abmahnung zu erteilen, die in die Personalakte aufgenommen wird.

Die Anordnung traf Bürgermeister Cha Fubang völlig unvorbereitet und versetzte ihn in einen Zustand ratloser Bestürzung. Er wusste nicht einmal, worum es eigentlich ging. Erst auf Nachfragen erfuhr er, dass ein von ihm während der Bemühungen um den Status einer »ideologisch und zivilisatorisch fortgeschrittenen Stadt« fallen gelassener Satz eine Kette von Fehlentscheidungen ausgelöst und zur Inhaftierung der Frau geführt hatte, die vor dem Tor der Stadtregierung einen Sitzstreik durchgeführt hatte. Aufgrund der Beschwerde dieser Frau verlor er nun seinen Posten. Der absurde Verlauf der Angelegenheit schien ihm gleichermaßen lächerlich wie tragisch. Doch als Bürgermeister war er sich im Klaren darüber, dass die Sache tiefere Ursachen haben musste. Im Übrigen war die Entscheidung gefallen und jedes weitere Wort nutzlos.

Ihm entrang sich nur ein tiefer Seufzer: »Was heißt hier unkorrektes Verhalten? Wer verhält sich denn hier unkorrekt? Doch nicht ich.«

Und weiter: »›Kleiner Kohlkopf‹? Der wahre ›Kleine Kohlkopf‹ bin ich.«

Der Kreisvorsteher Shi Weimin und der Gerichtsvorsitzende Xun Zhengyi beklagten sich lautstark über das ihnen zugefügte Unrecht.

Fluchend rieb sich der Kreisvorsteher den Magen. »So mir nichts, dir nichts entlassen? Keine Chance, die Sache richtigzustellen? Morgen gehe ich mich beschweren!«

Dem Gerichtsvorsteher liefen die Tränen übers Gesicht. »Keinen Tropfen hätte ich angerührt, hätte ich das geahnt.«

Gemeint war der Abend seines Zusammentreffens mit Li Xuelian, wo er sie in angetrunkenem Zustand als »Gesindel« beschimpft und zum Teufel gejagt hatte. Nüchtern hätte er anders reagiert.

Richter Wang Gongdao erhielt die mildeste Strafe. Aufgrund seines fehlenden Beamtenstatus machte eine Amtsenthebung keinen Sinn. Er bekam lediglich eine Abmahnung. Aber auch er hatte eine gehörige Portion Wut im Bauch.

»Recht sprechen sollen wir. Und ihr, was macht ihr? Ist das vielleicht Rechtsprechung?«

Das hauptamtliche Mitglied der Urteilskommission Dong Xuanfa war der Einzige, der nicht ins allgemeine Heulen und Zähneklappern einstimmte. Nachdem ihm die Anordnung zur Kenntnis gebracht worden war, drehte er sich um, verließ schnurstracks das Gerichtsgebäude und brummelte bei seinem Abgang: »Bingo! Ich habe die Schnauze längst voll von dem Laden. Ich geh jetzt auf den Markt und schau dem Vieh ins Maul.«

16. Kapitel

Nach ihrer Rückkehr aus Peking begab sich Li Xuelian zunächst zu ihrer ehemaligen Klassenkameradin Meng Lanzhi, um ihre Tochter abzuholen. Anschließend fuhr sie zum Kloster auf den Jietai-Berg, um Buddha ihre Aufwartung zu machen. Sie löste ein Eingangsticket, entzündete Weihrauch, kniete nieder und verbeugte sich tief.

»Gnadenreicher und allgütiger Buddha, du verstehst dein Handwerk. So hart hätte nicht einmal ich zuschlagen können. All diese korrupten Beamten und Rechtsverdreher aus ihren Ämtern zu jagen ist eine noch perfektere Rache, als sie umzubringen.«

Nach dieser Anrufung erhob sie sich, entzündete ein weiteres Bündel Weihrauch, kniete erneut nieder und verbeugte sich tief.

»Buddha, vergiss über den großen Angelegenheiten die kleinen nicht. Du hast diese korrupten und gesetzlosen Beamten bestraft, aber dieser Mistkerl Qin Yuhe läuft noch immer ungeschoren herum. In der Frage, ob ich Pan Jinlian bin oder nicht, hast du noch nichts unternommen.«

Anhang

Die »Internen Informationen über die Lage im Land« brachten die Nachricht, dass die Regierung einer gewissen Provinz aufgrund der Beschwerde einer einfachen Frau eine Reihe von Beamten, vom Bürgermeister einer Bezirkshauptstadt über einen Kreisvorsteher bis zum Vorsitzenden eines Kreisgerichtshofes, ihrer Ämter enthoben habe.

Nach der Lektüre der Notiz rief der Vertreter der Staatsführung, der an der Sitzung der Provinzdeputierten beim Nationalkongress der Volksdeputierten teilgenommen hatte, seinen Sekretär zu sich und fragte, auf die »Internen Informationen« zeigend: »Was ist da los?«

Der Sekretär war bereits im Bilde. »Ich vermute, dass Ihre kritischen Bemerkungen bei der Diskussionsversammlung diesen Sturm ausgelöst haben.«

Der Vertreter der Staatsführung warf die »Internen Informationen« auf den Tisch und sagte: »Das ist doch Unsinn. Ich habe lediglich bestimmte Phänomene kritisiert. Jetzt haben sie diesen Haufen Kader entlassen, das ist doch völlig unverhältnismäßig.«

Der Sekretär fragte: »Soll ich dort anrufen, damit die Sache rückgängig gemacht wird?«

Der Vertreter der Staatsführung überlegte einen Moment, dann winkte er ab: »Das wäre wiederum unverhältnismäßig.« Und seufzend fügte er hinzu: »Nichts ist bequemer als Disziplinarmaßnahmen. Warum greift man immer nach dem nächstliegenden Mittel? Warum ist man unfähig, den tieferen Sinn dieser Angelegenheit zu begreifen? Warum erkennt man nicht ihren Beispielcharakter? Hätte ich das geahnt, hätte ich an der Sitzung nicht teilgenommen. Sie erinnern sich, ursprünglich sollte ich an jenem Nachmittag um vier einen ausländischen Gast empfangen, der dann auf dem Weg zur Halle des Volkes plötzlich Magenschmerzen bekam und zur Untersuchung in die Klinik musste. Deshalb hatte ich ein Zeitfenster. Die Erwähnung dieser Frau war doch nur als Beispiel gedacht.«

Er begann, auf und ab zu gehen, und blieb schließlich stehen. »Ein wenig grobschlächtig, dieser Zhu Qingjian.«

Er verstummte, setzte sich an seinen Schreibtisch und begann, sich mit anderen Dokumenten zu beschäftigen.

Ursprünglich war der Gouverneur Zhu Qingjian zur Versetzung als Parteisekretär in eine andere Provinz vorgesehen. Doch im Folgemonat wurde der Parteisekretär einer anderen Provinz auf diesen Posten befördert. Zhu Qingjian blieb Gouverneur von Li Xuelians Heimatprovinz. Drei Jahre später wurde er Vorsitzender der Politischen Konsultativkonferenz der Provinz, ein ehrenvolles, aber einflussloses Amt, und nach weiteren fünf Jahren trat er in den Ruhestand.

Zweiter Teil

Zwanzig Jahre später

1. Kapitel

Bereits seit fünfundzwanzig Minuten klopfte der Gerichtsvorsitzende Wang Gongdao an Li Xuelians Hoftor. Nichts rührte sich. Er trommelte weiter gegen das Tor und brüllte:

»Schwägerin, ich bin's, Wang Gongdao!«

Nichts rührte sich.

»Mach auf, Schwägerin. Ich seh doch, dass bei dir Licht brennt.«

Nichts rührte sich.

»Es ist schon stockfinster, und ich habe noch nicht zu Abend gegessen. Ich habe eine Schweinshaxe mitgebracht, die muss schleunigst in den Ofen.«

Nichts rührte sich.

Als Li Xuelian im Morgengrauen des nächsten Tages das Hoftor öffnete, versetzte ihr der Anblick des noch immer davor stehenden Gerichtsvorsitzenden einen Schreck. Begleitet war er von etlichen Gerichtsbeamten.

»Habt ihr hier die ganze Nacht gestanden?«

Mit gekränkter Miene deutete der Gerichtsvorsitzende auf seine Frisur. »Und ob! Siehst du den Reif auf meinen Haaren?«

Sie musterte ihn, konnte jedoch nichts entdecken. Der Gerichtsvorsitzende kicherte: »So blöd bin ich nun doch nicht. Gestern, als ich geklopft habe und du so getan hast, als wärst du nicht zu Hause, musste ich unverrichteter Dinge abziehen. Aber heute bin ich in aller Herrgottsfrühe aus den Federn. Irgendwann muss man dich ja erwischen.«

Widerwillig ließ sie ihn eintreten. Aus dem schmächtigen Jungen von vor zwanzig Jahren war ein feister Mittvierziger geworden, die spärlichen Augenbrauen von damals waren inzwischen restlos verschwunden, sein nach wie vor bartloses Gesicht hatte sich in einen Fleischklops verwandelt, die zarte schneeweiße Haut von damals war nun grob und gedunkelt. Nicht nur er hatte sich geändert. Neunundzwanzig war sie damals gewesen, heute neunundvierzig. Ihr ehemals dichtes pechschwarzes Haar war von grauen Strähnen durchzogen. Über das einst blühende Gesicht der jungen Frau zogen sich zahlreiche Runzeln, ihre schwellenden Rundungen hatten sich zu einem tonnenartigen Gebilde verformt.

Sie nahmen im Hof Platz.

»Dass ich heute vorbeikomme, hat keinen besonderen Grund. Ich wollte nur mal sehen, wie es dir geht und ob du was brauchst.«

Sein Gefolge hievte eine Schweinshaxe auf den Tisch unter dem Dattelbaum.

»Wenn's weiter nichts gibt, könnt ihr wieder gehen. Und nehmt die Schweinshaxe mit, mir fehlt es an nichts. Ich esse kein Fleisch, ich bin Buddhistin.«

Sie erhob sich, griff nach dem Besen und begann, den Hof zu fegen.

Der Gerichtsvorsitzende sprang von seinem Hocker auf, um dem Besen zu entgehen, aber auch, um ihr beim Fegen zu helfen.

»Auch wenn's dir an nichts fehlt, Schwägerin, kann ich doch vorbeischauen. Schließlich sind wir verwandt.«

»Bleib mir mit der ›Schwägerin‹ vom Leibe. Gerichtsvorsitzender bist du, wenn ich das Wort nur höre, krieg ich eine Gänsehaut.«

Er stützte sich auf den Besen. »Das sollten wir mal klarstellen: Großgesicht Ma aus Majiazhuang, der vor zwei Jahren gestorben ist, ist mein Onkel, oder etwa nicht?«

»Was fragst du mich? Frag deine Mutter.«

»Die jüngere Schwester der Frau von Großgesicht Ma hat bei den Hu in Hujiawan eingeheiratet. Die Cousine deiner Schwägerin hat den Großneffen aus der Familie ihres Schwiegervaters geheiratet, so gesehen sind wir ziemlich nah verwandt.«

»Gerichtsvorsitzender Wang, wenn weiter nichts ist, dann machen wir jetzt Schluss. Ich muss zu meiner Tochter, ihre Kuh hat gestern Abend geworfen.«

Der Gerichtsvorsitzende legte den Besen beiseite und setzte sich wieder. »Schwägerin, als Verwandte brauchen wir nicht um den heißen Brei herumreden. In zehn Tagen beginnt wieder der Nationale Volkskongress. Wann hast du vor, dich dort zu beschweren?«

»Darum geht es also. Ich verrate dir etwas: Dieses Jahr beschwere ich mich nicht.«

Der Gerichtsvorsitzende zuckte einen Moment zurück, dann lachte er: »Hör mal, Schwägerin, ich mache jetzt keine Witze, also fang du nicht damit an. Seit zwanzig Jahren beschwerst du dich Jahr für Jahr. Und jetzt plötzlich nicht mehr? Wer soll dir das glauben?«

»Dieses Jahr ist es anders.«

»Was ist anders? Erklär mal.«

»Früher war die Angelegenheit für mich nicht erledigt. Jetzt schon.«

»Das nehme ich dir nicht ab, Schwägerin. Mir ist klar, dass du seit zwanzig Jahren dieses Unrecht mit dir herumschleppst. Aber ich muss mal in aller Deutlichkeit sagen, so wie es heute steht, handelt es sich nicht mehr nur um deine Privatangelegenheit. Aus einem Sesamkorn ist eine Melone geworden, aus einer Ameise ein Elefant. Wegen deiner Scheidungsangelegenheit wurde ein Bürgermeister abgesetzt, dazu ein Kreisvorsteher, ein Gerichtsvorsitzender und ein Mitglied der Urteilskommission. So was hat es hierzulande seit der Qing-Dynastie nicht mehr gegeben. Aber sei mal ehrlich, es liegt doch nicht in der Hand von Bürgermeistern oder Kreisvorstehern zu entscheiden, ob deine Scheidung echt oder vorgetäuscht war, ob du deinen Exmann wieder heiraten und dich wieder scheiden lassen kannst. Die haben das doch nicht verhindert. Unrecht ist allen geschehen, dir wie den anderen. Schuld an deinem Fall sind doch nicht diese Beamten, sondern ganz allein dein Exmann. Wären wir noch in der Qing-Dynastie, hätte ich den Dreckskerl längst enthaupten lassen. Aber heutzutage muss alles nach Recht und Gesetz gehen. Ein Kotzbrocken ist das, es reicht ihm nicht, Scheidung und Wiederverheiratung zu verweigern, er muss noch eins draufsetzen und dich eine Pan Jinlian schimpfen. Ganz allein er hat dich in diese ausweglose Lage gebracht. Zwanzig Jahre führst du jetzt schon Beschwerde, die Behörden auf allen Ebenen haben Verständnis für dich. Immer wieder haben sie und wir Gerichtsvertreter auf deinen Exmann eingeredet. Aber er ist störrisch wie ein Maulesel, seit zwanzig Jahren haben wir kein vernünftiges Wort aus ihm rausquetschen können. Kein Funken Einsicht, das ist der Kern des Übels, oder? Wir stehen doch auf deiner Seite. Hör mal, Schwägerin, können wir uns nicht einig werden, dass du dich dieses Jahr nicht beschwerst? Wir versuchen weiter, das Übel bei der Wurzel zu packen, wir reden weiter mit deinem Exmann. Weißt du, was ich denke: Die Jahre schonen keinen, aber sie verzeihen jedem. Euer gemeinsamer Sohn wird dieses Jahr dreißig, er ist selbst schon Vater, euer Enkel besucht die Grundschule. Zwanzig Jahre sind vergangen. Dein Exmann ist schließlich nicht aus Eisen. Selbst ein Steinbrocken schmilzt, wenn man ihn lang genug am Herzen trägt. Wir haben uns genau überlegt, wie wir vorgehen, wir werden ihn uns dieses Jahr wieder vorknöpfen, aber diesmal nicht so direkt und simpel wie bisher, wir gehen die Sache über euren Sohn an oder über dessen Frau, die sollen ihn überreden. Blut ist schließlich dicker als Wasser. Und dann gibt es noch den Enkel, ein verständiges Kerlchen, immerhin geht er schon zur Grundschule. Vielleicht kann ein Wort von Enkel zu Großvater den Knoten lösen. Und dann gibt es noch eure gemeinsame Tochter, ist ja auch kein kleines Mädchen mehr. Nicht nur deinetwegen, auch um ihretwillen sollte sie ihrem Vater gut zureden. Zwanzig Jahre geht das zwischen Vater und Mutter nun schon hin und her, das färbt doch auf den Ruf einer jungen Frau ab. Wenn wir alle an einem Strang ziehen, muss dein Exmann doch zur Vernunft kommen, sich von seiner jetzigen Frau scheiden lassen und dich wieder heiraten. Und die Sache mit der Pan Jinlian löst sich damit von selbst …«

Li Xuelian stoppte seinen Redefluss: »Macht euch keine Mühe mehr, für mich ist die Sache mit Qin Yuhe erledigt, ich werde ihn auch nicht wieder heiraten.«

»Aber wie willst du sonst beweisen, dass eure damalige Scheidung vorgetäuscht war? Und du keine Pan Jinlian bist?«

»Früher war mir das wichtig, jetzt nicht mehr.«

»Zwanzig Jahre hast du darum gekämpft, und jetzt ist es dir plötzlich nicht mehr wichtig? Wer soll dir das glauben?«

»Ich hab's hinter mir, dieses Jahr beschwere ich mich nicht mehr.«

»Hör mal, Tante, was bist du denn so starrköpfig? Ich weiß doch, dass das nicht stimmt. Lassen wir mal die anderen beiseite, reden wir von mir: Ich hab es nicht einfach gehabt diese zwanzig Jahre, schau mich doch an. In deiner Sache habe ich einen Fehler begangen, bin auf die Schnauze gefallen, habe mich wieder aufgerappelt, der Weg zum Gerichtsvorsitzenden war nicht einfach. Wenn du dich wieder beschwerst, ergeht es mir womöglich wie vor zwanzig Jahren dem Gerichtsvorsitzenden Xun. Mein Posten liegt in deinen Händen.«

»Wenn's dir darum geht, kannst du beruhigt nach Hause gehen. Ich habe doch gerade erklärt, dass ich mich dieses Jahr nicht mehr beschwere.«

Der Gerichtsvorsitzende stand kurz vor einem Tränenausbruch. »Tante, warum schwindelst du mich an? Wir gehören doch zu einer Familie, warum sagst du mir nicht einfach die Wahrheit?«

»Wer behauptet, dass ich schwindle? Ich sage die Wahrheit, aber du glaubst mir nicht.«

Sie griff nach ihrer Tasche auf der Einfassung des Dattelbaums. »Macht keinen Sinn weiterzureden, du glaubst mir nicht, egal, was ich sage. Ich muss los zu meiner Tochter. Bleibt, wenn ihr noch bleiben wollt, aber vergesst nicht, das Tor hinter euch zu schließen, wenn ihr geht.«

Damit verließ sie den Hof. Der Gerichtsvorsitzende folgte ihr hastig und redete weiter auf sie ein: »Warum so aufgeregt? Ist doch nur ein Besuch unter Verwandten. Warte auf mich, ich bringe dich mit dem Dienstwagen hin.«

2. Kapitel

Der Kreisvorsteher Chen Zhong hatte sein Amt erst drei Monate zuvor angetreten. Im Unterschied zu seinen Funktionärskollegen in der Kreisverwaltung hatte er Li Xuelians Krallen noch nicht zu spüren gekriegt. Ihr Ruf war ihm natürlich zu Ohren gekommen, schließlich hatte ihre Beschwerde einer Reihe von Leuten, Bürgermeistern, Kreisvorstehern, Gerichtsvorsitzenden, das Amt gekostet. Was er über die Angelegenheit gehört hatte, bestärkte ihn in dem Eindruck, dass die zuständigen Leitungsfunktionäre in eine Art Angststarre verfallen waren. Einmal von einer Schlange gebissen, erschrickt man für immer schon beim Anblick eines Stricks. Ein Schreckgespenst. Wie konnte eine einfache Bauersfrau ganze Bezirks- und Kreisverwaltungen in Angst und Schrecken versetzen? Wie konnten sie sich von einer gewöhnlichen Dörflerin an der Gurgel packen lassen? Einmal an der Gurgel gepackt, zappelten sie hilflos in ihren Händen, Jahr um Jahr versetzte sie alle Welt in Panik. »Gesellschaftliche Stabilität bedarf des Schutzes«, »Soziale Harmonie bedarf der Eintracht« hießen die von oben ausgegebenen Parolen. Der Schutz der Stabilität kennt ebenso wie die Aufrechterhaltung von Harmonie keine unantastbaren Regeln. Man darf wie im Kampf gegen den Terrorismus keinen Schritt zurückweichen. Jedes Nachgeben zieht sofort neue Forderungen nach sich, und immer weiter ohne Ende. Nicht immer führen Verhandlungen zum Ziel. In seinen Augen waren die Behördenvertreter Schwächlinge, man musste zur rechten Zeit Härte zeigen. Eine rauchende Bombe musste man explodieren lassen. Hatten die Terroristen den Finger am Abzugshebel, musste man sie schießen lassen. Zugegeben, die Explosion vor zwanzig Jahren hatte einen Bürgermeister, einen Kreisvorsteher und einen Gerichtsvorsitzenden das Amt gekostet. Aber eben deshalb brauchte man heute nicht ängstlich zu sein. Auf keinem Posten sitzt ein Beamter sicherer als auf dem eines abgesetzten Vorgängers.

Neben diesen theoretischen Überlegungen prägten Kreisvorsteher Chen die Erfahrungen, die er als amtsführender Vizevorsteher eines anderen Kreises gesammelt hatte. Auch dort hatte er es mit einer Beschwerde von unten zu tun gehabt, eine Angelegenheit, die erheblich ernsthafter war als der Fall Li Xuelian. Um einen Industriepark einzurichten, hatte die Kreisregierung mehr als tausend Quadratmeter Ackerland eines Dorfes enteignet. In der Frage der Entschädigung hatte sich die Kreisverwaltung mit den Dorfbewohnern nicht einigen können. Mehr als tausend Dörfler, Männlein wie Weiblein, waren daraufhin vor die Kreisverwaltung gezogen und hatten sich am Eingang zu einem Sitzstreik niedergelassen. Zehn ergebnislose Sitzungen lang hatte der Kreisvorsteher mit den Vertretern der Bauern verhandelt. Die Menge vor dem Eingang wuchs täglich. Der Kreisvorsteher hatte den Bezirksvorsteher um Anweisung gebeten, ob Anwendung von Gewalt zulässig sei. Die Antwort bestand aus zwei Worten: »Angemessen behandeln.«

Derart eingeklemmt zwischen oben und unten war der Kreisvorsteher in eine Depression verfallen und hatte sich in stationäre Behandlung begeben. Damit lud er die Angelegenheit auf die Schultern seines Stellvertreters Chen Zhong ab, der sich im Klaren darüber war, dass die Krankheit seines Chefs nur vorgetäuscht war. Er hatte niemanden um Weisung gebeten, sondern die aufmüpfigsten Anführer der Bauern zu einer elften Verhandlungsrunde in die Kreisverwaltung einberufen. Beim Betreten des Verhandlungsraums sahen sie sich von Polizisten umstellt, die sie ohne Federlesens zu Boden geworfen, ihnen Handschellen angelegt, sie geknebelt und durch die Hintertür der Kreisverwaltung abgeführt hatten. Als sich die Nachricht von ihrer Verhaftung verbreitete, war die tausendköpfige Menge vor dem Eingangstor nicht mehr zu halten gewesen. Die Bauern waren ins Gebäude der Kreisverwaltung eingedrungen, hatten die Fenster zerschlagen, drei vor dem Gebäude parkende Fahrzeuge umgestürzt und in Brand gesetzt. Darauf hatte der Vizekreisvorsteher gewartet. Langsam kam der tobenden Menge zu Bewusstsein, dass das Verwaltungsgebäude auf allen Seiten von Polizisten umstellt war, die begannen, den Kreis immer enger zu ziehen. Immer mehr wurden es, am Ende waren es Hunderte, ein Teil von ihnen mit geschultertem Gewehr, andere mit Schlagstöcken ausgerüstet. Der Vizekreisvorsteher hatte sämtliche Polizisten des Kreises zusammengezogen, mehr als dreihundert. Es war zu Zusammenstößen gekommen. Er hatte angeordnet, Salven in die Luft abzugeben. Beim ersten Schuss waren die Bauern auseinandergestoben. Zwei der fliehenden Bauern wurden von Querschlägern verwundet. Damit war die Ruhe wiederhergestellt. Die Verhandlungsführer wurden freigelassen, sieben oder acht der Aufrührer, die sich bei den Verwüstungen besonders hervorgetan hatten, waren verhaftet und wegen »Störung der öffentlichen Ordnung«, »Behinderung der Sicherheitsorgane« und »mutwilliger Zerstörung öffentlichen und privaten Eigentums« zu mehrjährigen Haftstrafen verurteilt worden. Die Entschädigung für das enteignete Land war in der von der Kreisverwaltung ursprünglich vorgesehenen Höhe ausgezahlt und von den Bauern angenommen worden, keiner hatte mehr gewagt aufzumucken. Die Bauarbeiten für den Industriepark wurden unverzüglich in Angriff genommen. Vizekreisvorsteher Chen hatte eine innerparteiliche disziplinarische Abmahnung erhalten, weil die Anordnung zum Waffengebrauch zu Verletzungen geführt hatte. Der Bezirkschef, dem der Vizekreisvorsteher bisher nicht aufgefallen war, betrachtete ihn jedoch aufgrund dieses Vorfalls mit Wohlgefallen. Das Wohlgefallen galt nicht den durch den Waffengebrauch verursachten Verletzungen, es galt der Tatsache, dass der Vizekreisvorsteher nicht auf Anweisung von oben gewartet, sondern auf eigene Faust zu handeln gewagt hatte. Mit anderen Worten: Er hatte Mut zur Verantwortung gezeigt. Als daher im Jahr darauf der Kreisvorsteher von Li Xuelians Amtsbezirk versetzt wurde, hatte ihn der Bezirkschef trotz der innerparteilichen Abmahnung zu dessen Nachfolger bestimmt. Als der Gerichtsvorsitzende Wang Gongdao dem neuen Kreisvorsteher die Angelegenheit Li Xuelian vortrug und mit bedrückter Miene mitteilte, es sei ungewiss, ob sie auch dieses Jahr wieder Beschwerde führen würde, nahm er die Sache auf die leichte Schulter.

»Zwanzig Jahre geht das nun schon«, klagte der Gerichtsvorsitzende. »Das Frauenzimmer wird immer unberechenbarer. Je öfter sie behauptet, sich dieses Jahr nicht mehr zu beschweren, desto mehr Sorgen mache ich mir. Keine Ahnung, was sie vorhat.«

»Keine Ahnung, und was weiter? Soll sie sich doch beschweren.«

»Kreisvorsitzender, Sie sind neu hier, Sie wissen nicht, was das bedeutet. Sie darf sich auf keinen Fall beschweren.«

»In unserer Verfassung gibt es keinen Paragrafen, der Beschwerden verbietet.«

»Ihre Beschwerde geht aber nicht ans Kreisgericht, damit hätte ich kein Problem. Sie trägt ihre Beschwerde direkt nach Peking. Unter normalen Umständen wäre das auch kein Grund zur Beunruhigung. Aber in Peking eröffnet demnächst der Nationale Volkskongress. Wenn sie wieder in die Große Halle des Volkes stürmt, dann geht es uns allen an den Kragen, dem Bürgermeister, Ihnen, mir. Genau wie damals.«

Der Kreisvorsteher lachte und legte dar, wieso gerade die damaligen Amtsenthebungen eine Sicherheitsgarantie für die jetzigen Posteninhaber darstellten.

Wider Erwarten widersprach ihm der Gerichtsvorsitzende: »Kreisvorsitzender, was ich Ihnen jetzt sage, hören

Sie vielleicht nicht gern, bitte nehmen Sie's mir nicht übel. Ich verstehe auch, dass man den Dingen ihren Lauf lassen muss. Aber genau deshalb ist es für uns genauso schwierig vorherzusagen, was in den Köpfen von denen da oben vorgeht, wie zu erraten, was Li Xuelian vorhat. Glauben Sie ernsthaft, dass da oben jemand Skrupel hat, ein paar Funktionäre abzusetzen? Woran es hierzulande auch fehlen mag, Funktionäre haben wir genug. Man setzt ein paar ab, und wie es sich so trifft, ersetzt man sie durch Leute der eigenen Couleur.«

Die Worte des Gerichtsvorsitzenden machten auf den Kreisvorsteher Eindruck. Er lehnte sich im Stuhl zurück. »Sollen sie mich doch absetzen. Ich habe eh keine Lust mehr.«

Diese Bemerkung alarmierte den Gerichtsvorsitzenden: »Das ist nicht Ihre Privatangelegenheit. Sie wollen nicht mehr, aber was, wenn Ihr Vorgesetzter noch will?« Und mit zu Boden gerichtetem Blick: »Ich will auch noch.«

Angesichts so viel Treuherzigkeit musste der Kreisvorsteher lachen: »Und all diese Leitungsfunktionäre hat eine gewöhnliche Bauersfrau am Wickel?«

»Und ob, seit zwanzig Jahren, Jahr für Jahr. Und was die Sache noch schlimmer macht: Wir haben es nicht mit einer Person zu tun, sondern mit dreien.«

Der Kreisvorsteher blickte ihn verständnislos an. »Was soll das heißen?«

»Für uns ist sie der ›Kleine Kohlkopf‹, ihr Exmann bezeichnet sie als Pan Jinlian, sie selbst betrachtet sich als eine zu Unrecht verfolgte ›Dou E‹. Das macht doch drei, oder? Und alle drei haben Haare auf den Zähnen. Schon einzeln wird man schwer mit ihnen fertig, aber zusammengenommen wird daraus ein Monster mit drei Köpfen und sechs Armen. Und dazu zwanzig Jahre Training, sie beherrscht ihr Metier. Wir haben es uns was kosten lassen, sie bei Laune zu halten in diesen zwanzig Jahren. Von mir allein hat sie siebzehn oder achtzehn Schweinshaxen bekommen. Dass die Bevölkerung den Beamten Geschenke macht, ist selbstverständlich, aber hat man je gehört, dass Beamte einer einfachen Bauersfrau Geschenke ins Haus tragen?«

Und mit Groll in der Stimme sagte er: »Diese Nationalen Volkskongresse nehmen auch kein Ende. Jedes Jahr ein normaler, alle fünf Jahre ein außerordentlicher. Und ausgerechnet dieses Jahr muss es ein außerordentlicher sein, einschließlich Regierungswechsel. Wir müssen unbedingt verhindern, dass sie dort auftaucht. Wir können uns keine Fehler leisten.«

Seufzend fügte er hinzu: »Verkehrte Welt. Eine Bauersfrau, die in der großen Politik mitmischt, wo hat es je so etwas gegeben!«

»Das habt ihr verbockt. Diese üblen Angewohnheiten hat sie doch erst durch euer Verhalten annehmen können.«

»Wie auch immer, so ist die momentane Lage. Ich bin ein kleiner Beamter und kann nichts bewirken. Sie sind ein großes Tier, Herr Vorsteher, am besten reden Sie mal mit ihr.«

Der Kreisvorsteher lachte. Er begriff, dass der Gerichtsvorsitzende kneifen und die Sache auf ihn abwälzen wollte. Hinter seiner zur Schau gestellten Treuherzigkeit verbarg sich Bauernschläue. Der Kreisvorsteher nahm das dem Mann nicht übel, aber er lenkte das Gespräch in eine andere Richtung. »Sollte man nicht mal Nachforschungen anstellen, ob die Frau irgendwelchen Dreck am Stecken hat, Diebstahl, Schlägerei, Glücksspiel oder irgendwas dergleichen?«

Der Gerichtsvorsitzende begriff sofort, worauf der Kreisvorsteher hinauswollte. »Schön wär's. Aber wenn da irgendwas wäre, hätten wir sie doch längst am Wickel. Und ich wäre sie dann auch los, es wäre dann eine Sache der Polizeibehörden.« Er kratzte sich am Kopf. »Ich beobachte sie seit zwanzig Jahren, für ein kriminelles Vergehen bringt so ein Frauenzimmer vom Dorf den Mut nicht auf, selbst wenn sie es wollte. Und fürs Glücksspiel fehlt ihr das Geld.«

»An Mut fehlt es der Frau nach Ihrer Beschreibung nicht, die Person hat Charakterstärke. Na schön, versuchen wir einen anderen Weg. Können wir nicht ihren Exmann bearbeiten, sie wieder zu heiraten? Damit würde doch die ganze Angelegenheit hinfällig.«

»Das versuchen wir seit zwanzig Jahren, ich selbst habe es unzählige Male probiert. Aber ihr Exmann ist stur wie ein Muli, er sagt, nach dem, was er in diesen Jahren durchgemacht hat, würde er sie nicht wieder heiraten, selbst wenn sie die letzte überlebende Frau auf Erden wäre. Hinzu kommt, dass er wieder verheiratet ist, das Kind aus dieser Ehe ist auch schon zwanzig Jahre alt. Er müsste sich erst von der zweiten Frau scheiden lassen, bevor er seine erste wieder heiraten könnte. Noch dazu will Li Xuelian ihn nicht wieder heiraten, um mit ihm zu leben, sondern um sich hinterher wieder scheiden zu lassen. Kurz gesagt, es geht ihr bei dem ganzen Hin und Her nur darum, zu beweisen, dass sie keine Pan Jinlian ist.«

Er seufzte: »Der Leidtragende bei diesem ganzen Gezerre ist nicht ihr Exmann, die Leidtragenden sind wir. Zwanzig Jahre, Herr Kreisvorsteher, zwanzig Jahre! Manchmal bin ich so am Ende, dass ich den Gerichtsvorsitz hinschmeißen und einen Verkaufsstand aufmachen möchte.«

Der Kreisvorsteher brach in Gelächter aus: »Ich sehe schon, was sie mit Ihnen angerichtet hat. Gut, ich werde sie mir mal ansehen.«

Der Gerichtsvorsitzende sprang auf. »Das ist die Lösung. Ihr das Blaue vom Himmel versprechen, ein bisschen Honig ums Maul schmieren. Es geht ja nur um diesen einen Monat, sobald der Volkskongress zu Ende ist, soll sie sich beschweren, wo immer sie will.«

Der Kreisvorsteher schüttelte den Kopf. »Sagen Sie mal, wieso taucht ausgerechnet in unserem Kreis so eine Pan Jinlian auf?«

»Zufall, reiner Zufall.«

Am Vormittag des folgenden Tages begab sich der Kreisvorsteher Chen Zhong in Begleitung des Gerichtsvorsitzenden Wang Gongdao in Li Xuelians Heimatdorf, um ihr einen Besuch abzustatten. Ausschlaggebend dafür waren nicht die Überredungskünste des Gerichtsvorsitzenden vom Vortag gewesen, sondern ein Anruf des Bürgermeisters und Bezirksvorstehers Ma Wenlin, der ihn in Kenntnis gesetzt hatte, dass er in zehn Tagen als Deputierter des Volkskongresses nach Peking fahren werde. Da gebe es in seinem Kreis so eine Bäuerin namens Li Xuelian, die habe vor zwanzig Jahren die Große Halle des Volkes in Aufruhr versetzt und seither Jahr um Jahr Beschwerde geführt. Er möge auf sie ein Auge haben.

»Ich fahre nach Peking, um am Volkskongress teilzunehmen, und möchte Li Xuelian dort nicht begegnen.«

Auf die weitschweifigen Erklärungen eines Gerichtsvorsitzenden zu hören war eine Sache, ein Telefonat des Bürgermeisters und Bezirksvorstehers eine andere. Im Übrigen war er neugierig auf Li Xuelian, er wollte sich selbst überzeugen, ob diese Frau, die seit zwanzig Jahren allen im Genick saß, tatsächlich über drei Köpfe und sechs Arme verfügte. Und nun traf er auf eine ganz gewöhnliche Frau vom Dorf, mit grauen Strähnen im Haar, um die Hüften rund wie ein Waschzuber, die beim Reden nuschelte.

Sie zeigte sich erstaunt über den erneuten Besuch des Gerichtsvorsitzenden. »Du warst doch erst gestern hier, wieso kommst du schon wieder?«

»Schwägerin, gestern ist gestern, heute ist es was anderes.« Er deutete auf den Kreisvorsteher. »Das ist Herr Chen, unser Kreisvorsteher. Ich bin nur ein kleiner Beamter, heute habe ich den Herrn Kreisvorsteher persönlich hergebeten.«

Man ließ sich gemeinsam unter dem Dattelbaum nieder, und der Kreisvorsteher ergriff das Wort: »Gute Frau, ich rede nicht gern um den Brei herum, machen wir's kurz: Demnächst beginnt der Nationale Volkskongress, haben Sie vor, sich dort zu beschweren?«

Li Xuelian deutete auf den Gerichtsvorsitzenden. »Ich hab ihm doch gestern schon gesagt, dass ich dieses Jahr nichts mehr unternehme.«

Genau wie der Gerichtsvorsitzende am Vortag fragte der Kreisvorsteher: »Und warum nicht?«

Li Xuelians Antwort war die gleiche wie am Vortag: »Früher war die Angelegenheit für mich nicht erledigt. Jetzt schon.«

Der Gerichtsvorsitzende schlug die Hände zusammen. »Diese Begründung nehme ich dir nicht ab. Das heißt, du wirst dich doch beschweren.«

Der Kreisvorsteher hielt ihn mit einer Bewegung zurück. »Der Gerichtsvorsitzende glaubt Ihnen nicht, ich dagegen schon. Da können Sie mir doch jetzt eine schriftliche Garantie geben, dass die Sache für Sie erledigt ist.«

Sie erschrak. »Was für eine schriftliche Garantie?«

»Eine Garantie, dass Sie sich nicht beschweren werden. Mit Ihrer Unterschrift.«

»Eine Unterschrift? Wozu?«

»Na, wenn Sie sich trotzdem beschweren, müssen Sie die rechtlichen Konsequenzen tragen.«

»So was schreibe ich nicht.«

»Aber warum haben Sie Angst davor, wenn Sie sich nicht mehr beschweren wollen?«

»Ich habe keine Angst. Aber da ist diese Sache, und die ist nicht in Ordnung, da wurde die Wahrheit verdreht. Ich kann von mir aus darauf verzichten, das mir angetane Unrecht vor Gericht zu bringen, aber so eine Garantie schreibe ich nicht. Das sieht so aus, als hätte ich was falsch gemacht. Einmal was falsch zu machen mag ja noch angehen, aber zwanzig Jahre lang, das geht zu weit.«

Der Kreisvorsteher war verblüfft. Das war offenbar keine gewöhnliche Bauersfrau. An diesen Aspekt der Angelegenheit hatte er nicht gedacht.

Eilig sagte er: »Gute Frau, es handelt sich nur um eine Formsache, das hat kein so großes Gewicht.«

Sie schüttelte den Kopf. »Heute ist es eine Formsache, wenn morgen was passiert, holt ihr das Papier raus und packt mich damit.«

Jetzt erst begriff der Kreisvorsteher, mit wem er es zu tun hatte. Ihren Ruf hatte sie nicht zu Unrecht. Sie hatte die von ihm gestellte Falle sofort durchschaut.

Hastig erklärte er: »Ich will doch nur jedermann Sicherheit geben. Wir können doch unsere Vereinbarung nicht nur auf ein paar gesprochene Worte gründen.« Der Gerichtsvorsitzende zog aus seiner Aktentasche ein eng beschriebenes offizielles Dokument. »Schwägerin, wir haben einen Vertragstext für dich aufgesetzt. Unterschreib das bitte hier in Anwesenheit des Kreisvorstehers.«

Er zog aus seiner Brusttasche einen Füllfederhalter. »Unterschreib das, ich garantiere, dass ich dich künftig nie wieder damit behellige.«

Zu aller Verblüffung warf Li Xuelian den Füllfederhalter zu Boden. »Eigentlich hatte ich vor, mich dieses Jahr nicht mehr zu beschweren. Aber wenn ihr mich so unter Druck setzt, dann überlege ich's mir anders. Dann muss ich mich dieses Jahr doch beschweren.«

Der Kreisvorsteher war sprachlos. Der Gerichtsvorsitzende hob seinen Füller vom Boden auf, klopfte auf die Garantie in seinen Händen und sagte: »Da schau her, jetzt rückst du endlich mit der Wahrheit raus.«

3. Kapitel

Der Kreisvorsteher Chen Zhong wurde vom Bürgermeister und Bezirksvorsteher Ma Wenlin von Angesicht zu Angesicht abgekanzelt. Er habe den Konflikt zwischen den Behörden und Li Xuelian unnötig verschärft. Die Vorgehensweise, mit der er als Vizekreisvorsteher die Belagerung der Kreisverwaltung durch die Bauern geregelt habe, sei in dieser Situation kontraproduktiv gewesen. Damals sei es richtig gewesen, den Konflikt zuzuspitzen, doch im vorliegenden Fall sei das ein Fehler gewesen. Wenn so eine Bäuerin nach zwanzig Jahren der Beschwerdeführung plötzlich erkläre, dieses Jahr darauf verzichten zu wollen, müsse das, unabhängig davon, ob es ehrlich gemeint sei oder nicht, als positiver Faktor betrachtet werden. Egal, ob sie es ehrlich gemeint habe oder nicht, schimmere darin doch der Wunsch durch, Gegenstand und Methode der Beschwerdeführung zu überprüfen und zu korrigieren. Wenn jemand einen solchen Wunsch erkennen ließe, dann müsse man sich bemühen, ihn auf dem rechten Pfad zu halten. Der Frau ständig zu unterstellen, dass sie die Unwahrheit sage, habe auf sie dagegen die Wirkung einer kalten Dusche gehabt, und das Beharren auf einer schriftlichen Garantie habe ihr die rechtliche Verantwortung aufgenötigt. Mit welchem Ergebnis? Eine positive Wendung der Dinge oder zumindest eine positive Absicht sei damit im Keim erstickt worden. Sie seien davon ausgegangen, dass der Frau nicht zu trauen sei. Wie solle umgekehrt sie jemandem Vertrauen entgegenbringen, der ihr nicht vertraue? Ein in die Enge getriebenes Karnickel springe am Ende über die Mauer, herausgekommen sei am Ende das Gegenteil. Womöglich fühle sich der Kreisvorsteher jetzt bestätigt und glaube, sie hätte die Katze aus dem Sack gelassen. Aber das weitere Vorgehen sei dadurch erheblich erschwert worden. Erst wenn die Person tatsächlich die verkehrte Richtung einschlage, müsse man dagegenhalten und sie wieder auf den richtigen Weg bringen. Die dazu erforderliche Mühe sei jedoch nicht dieser Bauersfrau, sondern den eigenen Leuten abzuverlangen. Mit deren Vorgehensweise sei grundsätzlich etwas nicht in Ordnung. Doch stelle dies nur die Oberfläche des Problems dar. Der Kern liege in ihrer Haltung der Bevölkerung gegenüber. Dass man sich nicht als Diener des Volkes begreife, sondern sich vom Volk absondere, es sich auf seinem Beamtenstuhl bequem mache und den großen Herrn spiele. Der entscheidende Fehler sei jedoch, dass man bei der Behandlung der Angelegenheit die Gesamtsituation aus den Augen verloren habe. In knapp einem halben Monat eröffne der Nationale Volkskongress. Die Frau sei eine Bäuerin, gewiss, aber seit ihrem mysteriösen Eingreifen in die große Politik sei sie keine gewöhnliche Bauersfrau mehr. Als eine solche hätten der Kreisvorsitzende und seine Leute sie jedoch behandelt. Vor zwanzig Jahren sei sie in die Halle des Volkes eingedrungen und habe damit bewirkt, dass eine Reihe von Amtsvorgängern auf Bezirks- und Kreisebene ihre Posten verloren hätten. Damals hätten die Amtsvorgänger sich ihr gegenüber in gleicher Weise verhalten. Aus dieser blutigen Erfahrung müsse man Lehren ziehen. Am allerwichtigsten sei jedoch der politische Aspekt. Der diesjährige sei kein gewöhnlicher Volkskongress, sondern der Beginn einer neuen Legislaturperiode, verbunden mit einem Regierungswechsel. Die Blicke des ganzen Landes, ja der ganzen Welt seien darauf gerichtet. Vor zwanzig Jahren sei das Frauenzimmer in einen gewöhnlichen Volkskongress eingedrungen, die Konsequenzen seien nicht auszudenken, wenn ihr das wieder gelänge, diesmal in einen außerordentlichen … Ein politischer Supergau, dessen Auswirkungen bei Weitem das überträfen, was vor zwanzig Jahren geschehen sei. Die Wirkung der Medien sei heute eine andere als damals, es gäbe das Internet und die Blogger. Es sei nicht auszuschließen, dass innerhalb kürzester Zeit die ganze Welt davon erführe. Dass man selbst seinen Posten verlieren würde, sei da noch das geringste Übel. Der gesamte Staat würde vor den Augen der Weltöffentlichkeit das Gesicht verlieren …

Trotz seiner harschen Worte erlosch während dieser Gardinenpredigt das Lächeln auf dem Gesicht des Bürgermeisters nicht für eine Sekunde. Das war typisch für ihn. Er war kleinwüchsig, etwa einen Meter sechzig groß. Bei Ansprachen vom Rednerpult hatte er Schwierigkeiten, das Mikrofon zu erreichen, wenn es auf einem Stativ angebracht war. Daher mussten jedes Mal, wenn sein Vorredner das Podium verlassen hatte, die Techniker auf die Bühne eilen, um die Höhe des Mikrofons zu regulieren. Von kleinem Wuchs, dazu mager, Brille mit Goldfassung, vermittelte er das Bild eines Stubengelehrten. Er redete leise, lächelte, bevor er anhob zu sprechen, und wiederholte dieses Lächeln in regelmäßigen Abständen. Doch Überzeugungskraft ist nicht an Lautstärke gebunden. Während andere nur eine Seite einer Angelegenheit erfassten, beleuchtete er sie von allen Seiten. Positives erstrahlte aus seinem Munde in noch hellerem Licht. Negatives kritisierte er in so ätzender Form, dass man das Gefühl bekam, die Haut werde einem bei lebendigem Leibe abgezogen. Ging es allerdings um die Besetzung von Funktionärsstellen, konnte sich seine gewöhnlich leise Stimme plötzlich zu erheblicher Lautstärke steigern. In diesen Fragen äußerte er Zu- und Abneigung in unmissverständlicher Form. Schlug er jemanden zur Beförderung vor, wagte kaum jemand zu widersprechen. Jedem Gegenargument begegnete er mit dreien, darin war ihm keiner gewachsen, und damit war die Angelegenheit mit einem Schlag erledigt. Nicht anders verhielt es sich, wenn er jemanden seines Postens entheben wollte. Alle Funktionäre zitterten vor ihm. Auch jetzt zeigte er sein typisches Verhalten: Er lächelte unentwegt, während er den Kreisvorsteher mit harschen Worten abkanzelte.

Dem Kreisvorsteher brach kalter Schweiß aus. Weniger aus Furcht vor der Kritik eines Vorgesetzten, sondern weil er den Eindruck hatte, jeder Satz von dessen Kritik enthielte die nackte Wahrheit. Sie machte deutlich, dass der Bürgermeister die Angelegenheit aus einem weit höheren

Blickwinkel betrachtete als er selbst. Was bedeutet Distanz? Genau das: Der Mann hatte Niveau, das war es, deshalb war er Bürgermeister und er selbst nur Kreisvorsteher.

Nachdem der Bürgermeister seine Gardinenpredigt beendet hatte, sagte der Kreisvorsteher mit von Herzen kommender Aufrichtigkeit: »Sie haben völlig recht, Herr Bürgermeister. Ich habe es mir zu einfach gemacht, habe die Bedeutung der Angelegenheit nicht erkannt. Mir fehlte es am Verständnis für die Gesamtsituation, für die politischen Aspekte und an der Einsicht in die Erfordernisse unserer Zeit. Sofort nach meiner Rückkehr schreibe ich eine Selbstkritik.«

Der Bürgermeister winkte lächelnd ab. »Nicht nötig, es genügt mir, dass Sie das einsehen. Manchmal wird mir deutlich, wie überaus tiefsinnig einige unserer alten Sprichwörter sind. Zum Beispiel: ›Eine Ameise kann einen Damm von tausend Li zum Einsturz bringen‹ oder ›Katastrophen beginnen mit kleinen Fehlern‹ oder ›Ein großes Werk durch eine Kleinigkeit verderben‹. In jedem dieser Sprichwörter geht es um das Wort ›klein‹. Die meisten Menschen stolpern über Kleinigkeiten. Weil sie die wirkliche Bedeutung des Wortes ›klein‹ nicht begriffen haben.«

Der Kreisvorsteher nickte. »Stimmt. Ich habe die wirkliche Bedeutung des Wortes ›klein‹ nicht erkannt.«

»Es gibt ein weiteres Sprichwort: ›Wer weiß, wofür der Verlust des Pferdes gut ist?‹ Einmal auf die Nase fallen und daraus die Lehre für einen Neuanfang ziehen, darin besteht Fortschritt.«

»Sobald ich zurück bin, mache ich mich ans Werk und rede noch einmal mit der Frau.«

Der Bürgermeister lächelte. »So, wie Sie diesen Karren festgefahren haben, wird es nicht einfach sein, ihn wieder aus dem Dreck zu ziehen.« Er klatschte auf die Sessellehne. »Nur noch wenige Tage bis zur Eröffnung des Nationalen Volkskongresses. Ich nehme die Sache selbst in die Hand. Vereinbaren Sie einen Termin mit der Frau, ich lade sie zum Essen ein.«

Dass der Bürgermeister eine Frau vom Dorf wegen einer Angelegenheit, die er, der Kreisvorsteher, verbockt hatte, zum Essen einladen wollte, verursachte Chen Unbehagen. »Bürgermeister, ich bereite Ihnen Scherereien, weil ich die Sache falsch angepackt habe.«

Der Bürgermeiste winkte ab. »Begegnung mit den Massen gehört zu meinen Aufgaben.« Und lachend fuhr er fort: »In den drei Jahren, die ich hier im Amt bin, habe ich den ›Kleinen Kohlkopf‹ noch nie persönlich getroffen. Auch die Pan Jinlian nicht und, wie Sie gerade erwähnten, auch nicht die ›Dou E‹, dieses Monster mit drei Köpfen und sechs Armen. Das ist nicht recht, auch ich habe mich des Bürokratismus schuldig gemacht.«

Der Kreisvorsteher spürte, dass sich die Situation entspannte. Er stimmte eilfertig in das Lachen ein:

»Auf der Bühne sind der ›Kleine Kohlkopf‹, Pan Jinlian und ›Dou E‹ Schönheiten, aber hier haben wir es mit einer grauhaarigen Alten zu tun.«

Als der Termin für die Essenseinladung feststand, äußerte der Bürgermeister sein Missvergnügen über das Restaurant, das sein Generalsekretär nach Rücksprache mit dem Kreisvorsteher gewählt hatte. Routinemäßig gab es drei Lokale, in die der Bürgermeister Gäste zum Essen einlud: Funktionäre der Provinzführung oder hochrangige Mitarbeiter der Bezirksverwaltung wurden ins Gästehaus der Stadtregierung gebeten. Waren die Gäste potenzielle Investoren, wurden sie im Hotel »Splendid« bewirtet. Ehemalige Kommilitonen oder Freunde wurden nach Hause eingeladen, das Essen im Gästehaus der Stadtregierung zubereitet und angeliefert. Der Generalsekretär ordnete die Einladung einer Bäuerin in die Kategorie »Arbeitsessen« ein und bestellte einen Tisch im Gästehaus der Stadtregierung. Li Xuelian sollte mit einem Dienstwagen abgeholt werden.

Als er dem Bürgermeister Bericht erstattete, runzelte dieser die Stirn. »Ich will Sie nicht kritisieren, aber Sie sollten verstehen, wie man Vertreter der Massen auf richtige Weise empfängt. An der Art der Essenseinladung wird das sichtbar. Lässt man die Vertreter der Massen zu sich kommen? Nein, man geht zu ihnen hin!«

Der Generalsekretär sah seinen Fehler ein: »Sie haben recht, selbstverständlich. Wir müssen in den Kreis fahren.«

Sobald er das Büro des Bürgermeisters verlassen hatte, rief er den Kreisvorsteher an. Der bestellte darauf das Essen im »Überirdischen Pfirsichblütengarten«, dem luxuriösesten Etablissement am Ort. Obwohl weit von der Küste entfernt mitten im Binnenland gelegen, wurden dort neben anderen Köstlichkeiten alle Arten von Meeresfrüchten serviert. Kam der Bürgermeister auf Inspektionsreise durch den Kreis, wurde er im »Überirdischen Pfirsichblütengarten« bewirtet. So sollte es auch dieses Mal geschehen. Der Kreisvorsteher informierte den Generalsekretär, dieser den Bürgermeister, doch der runzelte erneut die Stirn.

»Ich habe doch gesagt, man solle aus Erfahrung lernen! Warum ist das so schwierig? Jemanden aus dem Volk in den ›Überirdischen Pfirsichblütengarten‹ einladen, Kronleuchter und Kerzenlicht, Meeresfrüchte und Wildbret? Damit verschreckt man so jemanden doch, noch bevor das Essen begonnen hat. Wenn sie den Eindruck bekommt, dass wir täglich so speisen, wird das zusätzlichen Grimm erzeugen und alles nur noch schwieriger machen. Es muss doch möglich sein, einen Ort zu finden, wo sie sich behaglich und entspannt fühlt. Zum Beispiel irgendein Wirtshaus für Lammsuppe in der Kreisstadt, man isst geröstete Fladen und dazu eine Schale ofenheißer Lammsuppe, bis einem der Schweiß ausbricht, das schafft doch eine ganz andere Atmosphäre!«

Der Generalsekretär sah ein, dass er erneut einen Fehler gemacht hatte, und nickte eifrig. »Sie haben völlig recht, selbstverständlich. Wir fahren in die Kreisstadt und essen Lammsuppe.« Doch er fügte besorgt hinzu: »Diese Wirtshäuser sind nicht sehr hygienisch.«

Der Bürgermeister winkte ungeduldig ab. »Ich bin schließlich auch auf dem Land aufgewachsen, ich habe kein Problem damit. Wenn es euch stört, dann bleibt hier.«

Der Generalsekretär nickte hastig. »Kein Problem für uns.«

In sein Büro zurückgekehrt, rief er erneut den Kreisvorsteher an. Auch der begriff sofort den begangenen Fehler, und seine Bewunderung für den Bürgermeister stieg ins Unendliche. Der Mann achtete auf jede Kleinigkeit. Noch immer hatte er selbst die wirkliche Bedeutung des Wortes »klein« nicht begriffen. Was bedeutet Distanz? Genau das.

Entsprechend den Wünschen des Bürgermeisters suchte der Kreisvorsteher ein Wirtshaus für Lammsuppe.

Am Abend des folgenden Tages bat der Bürgermeister Li Xuelian auf eine Lammsuppe ins Wirtshaus »Zum Alten Bai« im Gemeindeflecken Krummweg. Die Gaststätte lag am Westrand des Ortes und starrte gewöhnlich vor Dreck, innen wie außen. Plötzlich, von einem Tag auf den anderen, strahlte sie vor Sauberkeit. Noch am Vormittag voller Schmutz, hatte sie sich am Nachmittag wie von Zauberhand verwandelt: Der Boden war gefegt, die Tische mit heißem Wasser abgeschrubbt, die Löcher im Dach provisorisch mit Zeitungspapier gestopft, aus jeder Ecke und jedem Winkel der Küche hatte man das alte Fett mit dem Spachtel abgekratzt. Die Gaststätte »Zum Alten Bai« erstrahlte rundum in frischem Glanze. Der Verkaufsstand für Lamminnereien links neben dem Wirtshaus musste auf Geheiß des Gemeindevorstehers für den Nachmittag den Verkauf einstellen, der alte Xu, der rechts vom Wirtshaus einen Trödelladen betrieb und dort auch Zähne zog, wurde ebenso vertrieben. Links und rechts vor dem Eingang wurde gründlich gefegt, und plötzlich erschien das Wirtshaus um einiges geräumiger und freundlicher.

Begleitet wurde der Bürgermeister vom Generalsekretär der Stadt- und Bezirksverwaltung, dem Kreisvorsteher Chen Zhong und dem Gerichtsvorsitzenden Wang Gongdao. Fünf Personen an einem Tisch. Das übrige Gefolge, bestehend aus Mitarbeitern der Stadt- und Bezirks-, der Kreis- und Gerichtsverwaltung, wurde vom Gemeindevorsteher in der Kantine der Gemeindeverwaltung verköstigt, um Li Xuelian nicht durch allzu großspuriges Auftreten einzuschüchtern. Die Frage, wer ihr die Einladung überbringen sollte, hatte dem Kreisvorsteher einiges Kopfzerbrechen bereitet. Weil sie erst kürzlich mit ihr aneinandergeraten waren, scheuten er und der Gerichtsvorsitzende das Risiko, sie erneut zu reizen. Die Last der Aufgabe fiel daher auf die Schultern des Gemeindevorstehers. Das war ein kleiner, fetter Mann Anfang vierzig, der keinen Satz zu Ende brachte, ohne drei obszöne Schimpfwörter einzuflechten. War er betrunken, neigte er dazu, seine Untergebenen zu verprügeln. Im Zustand der Volltrunkenheit gab er dem Fahrer seines Santana 3000 gern vom Rücksitz aus Anweisungen, wie er fahren sollte. Fuhr der Wagen zu schnell, geriet er leicht in Panik und schlug dem Fahrer mit der flachen Hand auf den Hinterkopf. »Du Wichser, ist dein Alter krepiert, oder was? Hast es wohl eilig, zur Beerdigung zu kommen.«

Fuhr der Wagen langsam, regte er sich ebenso auf und schlug dem Fahrer auf den Hinterkopf. »Du Wichser, glaubst du, du fährst deinen Alten spazieren? Das ist ein Auto, kein Maultierkarren.«

Auf diese Weise hatte er bereits fünf Fahrer verschlissen. Unter den mehr als vierzig Mitarbeitern der Gemeindeverwaltung und den mehr als zwanzig Dorfvorstehern seiner Gemeinde gab es keinen, der von ihm nicht schon einmal beschimpft worden war, keinen, den er nicht mit Fußtritten traktiert hatte. Trotzdem war er seit fünf Jahren Gemeindevorsteher, und Li Xuelians Heimatdorf gehörte zu seiner Gemeinde. Jahr für Jahr hatte sie Beschwerde geführt, doch er hielt sich achtungsvoll von ihr fern. Jahr um Jahr wurde die Gemeinde Krummweg auf der

Jahresversammlung der Gemeindevorsteher kritisiert, sie sei ihrer Aufgabe, die »soziale Stabilität zu wahren«, nicht nachgekommen. Nie erschien sie auf der Liste der »fortschrittlichen Gemeinden«. Und nie verabsäumte es der Gemeindevorsteher, wenn er von der Jahresversammlung zurückkehrte und den Mitarbeitern der Gemeindeverwaltung Bericht erstattete, zu betonen, dass er lieber auf diesen »Fortschritt« verzichte, als Li Xuelian an ihrer Beschwerde zu hindern. Die Sache würde an ihm hängen bleiben, das Hornissennest ihm auf die Füße fallen.

»Die Arbeit in unserer Gemeinde erfordert, dass wir, wo notwendig, auch krumme Wege gehen.«

Nun aber zeigte es sich, dass der grobschlächtige Gemeindevorsteher seine sensible Seite besaß. Als der Kreisvorsteher ihn beauftragte, Li Xuelian die Einladung zu überbringen, stöhnte er zwar innerlich auf, doch abzulehnen wagte er den Auftrag nicht. Er, der jeden, der ihm über den Weg lief, mit Schimpfworten und Schlägen traktierte, setzte vor Li Xuelian eine zuckersüße Miene auf und redete sie ständig mit »Cousine« an, was sie ein wenig verwirrte. Seit sie begonnen hatte, sich zu beschweren, war die Zahl ihrer Verwandten unaufhörlich gewachsen.

»Der Gerichtsvorsitzende nennt mich Schwägerin, das ist schon an den Haaren herbeigezogen. Jetzt bin ich deine Cousine, wenn ich euch so reden höre, kriege ich eine Gänsehaut.«

Der Gemeindevorsteher machte Plüschaugen. »Dass dich der Gerichtsvorsitzende ›Schwägerin‹ nennt, ist klar aus der Luft gegriffen. Ich dagegen hab von der Seite meiner Großmutter her Grund, dich ›Cousine‹ zu nennen.

Meine Großmutter mütterlicherseits stammt nämlich aus Yanjia. Der Bruder meiner Mutter ist also mein Onkel. Und der hat die Nichte des alten Chai aus Chaijia geheiratet …« Er begann seine Verwandten an seinen gespreizten Wurstfingern abzuzählen.

Sie bremste ihn: »Red nicht um den Brei herum. Worum geht's? Wenn du mir auch wegen meiner Beschwerde kommst, brauchen wir nicht weiterzureden.«

»Hat nichts mit deiner Beschwerde zu tun. Hör mal, Cousine, ich arbeite jetzt seit fünf Jahren in der Gemeinde, habe ich dich jemals auf deine Beschwerde angesprochen?«

Li Xuelian überlegte und nickte. »Stimmt, hast du nicht.«

»Siehst du! Seit altersher gilt das eherne Gesetz, dass Rache geübt und Unrecht verfolgt werden muss. Ich halte niemanden von Beschwerden ab. Heute bin ich gekommen, um dich zum Essen einzuladen. Das heißt, nicht ich lade dich ein, sondern unser Bürgermeister. Du bist eine wichtige Persönlichkeit, Cousine.«

Auf ihrem Gesicht erschien sofort eine Zornesfalte. »Egal, ob Bürgermeister oder Kreisvorsteher, dahinter steckt sicher eine Teufelei, die wollen mir doch nur ans Leder. So eine Einladung plötzlich aus dem Nichts? Demnächst eröffnet der Nationale Volkskongress, ist es nicht so?«

Damit drehte sie sich um und wollte den Hof verlassen. Der Gemeindevorsteher sprang mit einem Satz vor sie hin und versperrte ihr den Weg.

»Hör zu, Cousine, du hast völlig recht. So ein hohes Tier bittet niemanden grundlos zum Essen, schon gar nicht unter diesen besonderen Umständen. Aber selbst wenn es sich um eine Falle handelt, hingehen musst du, ob du willst oder nicht.«

Sie stutzte. »Was meinst du damit? Willst du mich in Ketten legen?«

»Würde ich nicht im Traum wagen. Ich bitte Euer Ehren darum, ich flehe dich an, um meinetwillen! Eigentlich habe ich mit der Sache nicht das Geringste zu tun, heute früh haben sie mich aus heiterem Himmel damit beauftragt, dir die Einladung zu überbringen. Klar, ich kapiere auch, dass der Bürgermeister dich wegen deiner Beschwerde treffen möchte. Das passt weder dir noch mir. Ob es dir passt, ist deine Sache, ob du hingehst, ist auch meine. Nur hingehen sollst du, was du dann dort machst, ob du dich mit ihnen herumzankst, das geht mich nichts an. Hör mal, Cousine, deine Angelegenheit ist zu groß für einen kleinen Beamten wie mich, du bewegst dich in den höheren Kreisen. Mich haben sie nur wegen dieser Essenseinladung mit da reingezogen. Ich habe Eltern und Kinder zu versorgen, mein Vater, dein Onkel, ist über achtzig, hatte einen Hirnschlag, sabbert und schielt, liegt den ganzen Tag auf dem Ofenbett, keine Ahnung, wie lange er es noch macht, Cousine, hab Erbarmen mit mir oder wenigstens mit meinem alten Vater. Ich bin nur ein Nichts von einem Gemeindevorsteher, mit 'ner Zukunft nicht größer als ein Tautröpfchen, das im Nu verdunstet, wenn du nicht Gnade walten lässt.«

Er wackelte mit dem Hintern und versperrte ihr mit seinem massigen Körper das Tor, dann begann er, vor ihr Bücklinge zu machen.

Sie musste lachen und verpasste ihm einen Schlag auf den Kopf. »Gemeindevorsteher willst du sein? Ein Strolch bist du. Na gut, ist ja nur ein Essen. Ich gehe hin, und wenn es meine Henkersmahlzeit ist.«

Schläge waren in der Gemeinde das Privileg des Vorstehers, niemand, der nicht lebensmüde war, hätte gewagt, ihm welche zu verpassen. Doch er rieb sich nur den Kopf und lachte. »Meine liebe Cousine, so ist's recht. Wie man so sagt, mit dem Fallbeil zum Buddha befördert werden.«

Überglücklich expedierte der Gemeindevorsteher sie in seinem Santana 3000 in den Gemeindeflecken.

Beim Zusammentreffen mit dem Bürgermeister zeigte sie sich weit höflicher. Nicht, weil er Bürgermeister war, sondern wegen seiner Brille mit Goldfassung. Gebildet und gut erzogen, sprach er mit ausgesuchter Höflichkeit, lächelte, wenn er eine Pause machte, sprach erneut, lächelte erneut und verbreitete ein Gefühl von Herzlichkeit und Nähe. Man scheute sich unwillkürlich, in eine so kultivierte Atmosphäre Unruhe zu tragen. Hinzu kam, dass das, was er sagte, Hand und Fuß hatte. Sieht jemand nur eine Seite der Dinge, kann er sich irren. Er hingegen beleuchtete sie von allen Seiten, immer mit guten Argumenten. Er erwähnte zunächst die Beschwerde nicht, sondern sprach über alltägliche Dinge, fragte ohne Herablassung nach häuslichen Angelegenheiten, wie groß die Familie sei, was sie so machte, forschte ihr Privatleben aus, ohne auf Antworten zu dringen. Zunächst sprach er von sich, und mit Blick auf die Wirtsstube erzählte er, dass er selbst ein Bauernkind sei und aus ärmlichen Verhältnissen stamme. Sein größter Wunsch als Kind sei gewesen, eine Schale Lammsuppe im Wirtshaus des Gemeindefleckens zu essen, doch dafür seien sie zu arm gewesen, jeden Tag nach der Schule sei er zum Wirtshaus gelaufen und habe durch einen Türspalt in den Schankraum gespäht. Einmal habe da so ein Riesenkerl drei Schalen hintereinander verschlungen, in der letzten sei ein Rest übrig geblieben, der Kerl habe ihm einen Wink gegeben, er sei hingelaufen, und der Kerl habe ihm gesagt: »Wenn du drei Mal bellst wie ein Hund, lass ich dich die Schale austrinken.«

Er habe dreimal »Wau Wau Wau!« gebellt, der Kerl habe ihm die Essschale zugeschoben, und er habe den Rest ausgetrunken.

Alle lachten, auch Li Xuelian. Danach gab es Fladen und Lammsuppe, bis alle ins Schwitzen gerieten und die Atmosphäre noch familiärer wurde.

Ein braves Kind sei er gewesen, erzählte der Bürgermeister weiter, nie habe er die Unwahrheit gesagt, sein jüngerer Bruder sei flinker gewesen, habe ihn schikaniert und seine Ehrlichkeit ausgenutzt. Wenn der Bruder heimlich genascht habe, sei er dafür bestraft worden, wenn ihnen beim Schafehüten ein Tier abhandengekommen sei, habe der Bruder ihm die Schuld zugeschoben. Ihm sei das Reden schwergefallen, dem Mundwerk des Bruders habe er nichts entgegensetzen können, daher habe jedes Mal er die väterlichen Prügel abgekriegt. Am meisten habe ihm jedoch zu schaffen gemacht, dass ihm die Wahrheit als Lüge ausgelegt worden sei, den Lügen seines Bruder dagegen habe jeder geglaubt.

Gefangen von seinem Charme und seinen Worten brach es an dieser Stelle ungewollt aus Li Xuelian heraus:

»Genau deshalb führe ich Beschwerde, wie kann es sein, dass aus einer Lüge Wahrheit wird? Was ich sage, ist die reine Wahrheit, wieso glaubt mir keiner?«

Da sie das Thema von sich aus ansprach, ergriff der Bürgermeister die Gelegenheit, die Frage der Beschwerde anzuschneiden. Doch kam er zunächst nicht darauf zu sprechen, sondern begann mit einer Kritik am Kreisvorsteher und am Gerichtsvorsitzenden. Genau deshalb habe er sie hergebeten. Er kritisierte ihren groben Arbeitsstil, sie hätten sich den Massen entfremdet, hätten vergessen, dass sie Diener des Volkes seien, machten es sich in ihren Beamtensesseln bequem und spielten die großen Herren. Schwerer noch wiege, dass sie kein Vertrauen in die Massen hätten. Wenn es schon am Vertrauen fehle, dann müsse man doch zumindest menschlich in der Lage sein, sich in die Situation eines anderen zu versetzen. Würde jemand, dem nicht schweres Unrecht zugefügt worden sei, zwanzig Jahre lang unermüdlich Beschwerde führen, die Blüte seiner Jugendjahre opfern, bis die Haare darüber ergraut seien? Wer würde das freiwillig auf sich nehmen?

Li Xuelian war gerührt, zum ersten Mal in ihrem Leben begegnete sie einem Gleichgesinnten. Wer behauptete, dass es keine anständigen Beamten gäbe? Hier war einer.

Kreisvorsteher und Gerichtsvorsitzender saßen mit hochrotem Kopf da wie begossene Pudel, nickten und beteuerten: »Wir üben Selbstkritik, auf der Stelle schreiben wir eine Selbstkritik.«

Das wurde selbst Li Xuelian zu viel. »Ist nicht nur ihre Schuld. Sie sind nun mal Beamte, haben's auch nicht leicht.«

Der Bürgermeister schlug auf den Tisch. »Da seht ihr's, eine Bauersfrau hat ein höheres Bewusstsein als ihr!«

Beide nickten eifrig. »Ein höheres Bewusstsein. Ein höheres Bewusstsein.«

Auch diesmal ergriff der Bürgermeister die Gelegenheit beim Schopf und meinte lachend: »Gute Frau, ich muss Sie was fragen, Sie müssen nicht antworten, wenn Sie nicht wollen. Als Sie letztes Mal erklärt haben, dass Sie sich nicht mehr beschweren würden, haben die beiden Ihnen nicht geglaubt und Sie vor den Kopf gestoßen. Wären Sie bereit, uns zu sagen, wie Sie jetzt dazu stehen, also, können wir noch mal drüber reden? Wenn nicht, will ich Sie nicht unter Druck setzen.«

Wieder war Li Xuelian gerührt. »Herr Bürgermeister, wenn's so steht, will ich nicht stur sein. Ich kann's wiederholen.« Sie deutete auf den Kreisvorsteher und den Gerichtsvorsitzenden. »Ich hab's ihnen zweimal gesagt, ich will mich dieses Jahr nicht mehr beschweren, sie haben mir nicht geglaubt.«

»Genau wie es mir als Kind erging: Man sagt die Wahrheit, aber die Großen glauben einem nicht.«

Alles lachte. Er fuhr fort: »Gute Frau, darf ich noch was fragen? Sie haben sich zwanzig Jahre beschwert, warum jetzt plötzlich nicht mehr?«

Die gleiche Frage, die auch der Kreisvorsteher und der Gerichtsvorsitzende gestellt hatten.

Sie gab die gleiche Antwort: »Früher war die Sache für mich nicht erledigt, dieses Jahr schon.«

Lachend fragte der Bürgermeister: »Können Sie mir erklären, wieso die Sache in diesem Jahr für Sie erledigt ist?

Was war es denn konkret, das Sie veranlasst hat, die Sache als erledigt zu betrachten? Natürlich gilt, was ich gesagt habe: Sie müssen nicht antworten, wenn Sie nicht wollen.«

Diese Frage hatten Kreisvorsteher und Gerichtsvorsitzender vergessen zu stellen. Sie hatten sich blind auf das Ergebnis gestürzt, ohne zu fragen, wie es zustande gekommen war. Sie hatten nicht nach den Gründen geforscht, deshalb hatten sie ihr nicht geglaubt. Im Unterschied zu ihnen dachte der Bürgermeister an jedes Detail, wieder zeigte sich hier die Bedeutung des »Kleinen«, und erneut zeigte sich seine geistige Überlegenheit. Die beiden nickten bewundernd.

Li Xuelian antwortete: »Nichts Konkretes, ich habe auf die Kuh gehört.«

Diese Antwort brachte alle aus der Fassung, sie war so absurd, dass alle für einen Moment perplex waren. Auch der Bürgermeister brachte nur stotternd hervor: »Kuh? Welche Kuh?«

Der Kreisvorsteher fand als Erster seine Fassung wieder und sagte hastig: »Wir reden über Menschen, was lenkst du jetzt ab und redest über Kühe?«

»Zwanzig Jahre hat mir kein Mensch auf dieser Welt geglaubt, nur die Kuh hat mir geglaubt. Ich habe jedes Mal auf sie gehört. Jedes Jahr habe ich sie gefragt, ob ich mich beschweren soll, und wenn sie ›ja‹ gesagt hat, habe ich mich beschwert. Als ich sie dieses Jahr gefragt habe, hat sie ›nein‹ gesagt, daher beschwere ich mich nicht mehr.«

Die Anwesenden saßen da, wie vom Donner gerührt.

Auch der Generalsekretär begann zu stottern: »Redest du von einer echten Kuh, oder machst du Witze?«

»Ich mach keine Witze, ich habe sie selbst aufgezogen.«

Der Bürgermeister hatte sich wieder gefasst und fragte: »Können Sie uns diese Kuh mal zeigen und mit uns reden lassen?«

»Geht nicht.«

»Und warum nicht?«

»Sie ist vor ein paar Tagen gestorben.«

Die Anwesenden wussten nicht, ob sie lachen oder weinen sollten. Der Kreisvorsteher begann sich zu erregen.

»Gevatterin, da ist der Bürgermeister mit den besten Absichten den weiten Weg hierhergekommen, um dich zu treffen, er will dir helfen, das Problem zu lösen. Du darfst uns nicht für dumm verkaufen und dich in dieser Weise über uns lustig machen.«

Seine Aufregung war ansteckend, auch Li Xuelian geriet in Wallung: »Da seht ihr's wieder, genau wie bei meiner Scheidung: Ich sage die Wahrheit, und ihr erklärt sie zur Unwahrheit!«

Der Bürgermeister hielt den Kreisvorsteher zurück und sagte lächelnd zu ihr: »Gute Frau, wir glauben, dass die Kuh echt ist. Und wenn wir alle dieser Kuh glauben, verständigen wir uns darauf, dass Sie sich dieses Jahr nicht beschweren werden. Einverstanden?«

»Da gibt es einen Unterschied.«

»Was für einen?«

»Auf die Kuh höre ich, auf euch nicht.«

»Wieso?«

»Die Kuh sagt ›nein‹, weil sie der Meinung ist, dass die Beschwerde nichts bringt. Ihr dagegen wollt verhindern, dass ich mich beschwere, ich soll das Unrecht schlucken. Das ist was anderes.«

Der Bürgermeister stutzte. »Aber wir sind doch gekommen, um Ihnen zu helfen, den Fall zu lösen.«

Da brach sie in Tränen aus. »Macht mir doch nichts vor. Wenn ihr wirklich glauben würdet, dass mir Unrecht angetan worden ist, hättet ihr meinen Fall längst gelöst und müsstet nicht herkommen.« Und mit einem Blick auf den Kreisvorsteher und den Gerichtsvorsitzenden fügte sie hinzu: »Ihr seid doch alle gleich. Ihr kommt, um mir Sand in die Augen zu streuen. Weil ihr Angst habt, dass ich nach Peking gehe und mich beschwere und ihr eure Posten verliert. Wenn ihr wirklich die Absicht gehabt hättet, mir zu helfen, wärt ihr längst gekommen. Jetzt, wo der Volkskongress vor der Tür steht, kommt ihr einer nach dem anderen angeschlichen, um mich für ein paar Tage ruhigzustellen, und danach bleibt alles beim Alten.«

Der Bürgermeister runzelte die Stirn. Erst jetzt begriff er, wen er vor sich hatte. Er war gekommen, um das Problem aus der Welt zu schaffen. Stattdessen amüsierte sich die Frau auf seine Kosten, selbst Kühe brachte sie zum Sprechen. Sie hatten die Schwerter gekreuzt, und er war ihr ins offene Messer gelaufen. Wenn er das geahnt hätte, hätte er sich die gründliche Befragung sparen können. Andererseits, wie hätte er sonst die richtige Arznei für die Krankheit finden sollen? Klar war nun, er war ihr auf den Leim gegangen, und herausgekommen war eine Kuh. Nicht, weil er sich vor ihr fürchtete, hatte er diese Begegnung herbeigeführt, sondern um der Sache auf den Grund zu gehen. Jetzt hatte ihm eine Kuh begreiflich gemacht, dass die Situation ausweglos war. Diese Frau erklärte, sich nicht beschweren zu wollen, aber sie würde sich beschweren, ihre Forderungen waren unerfüllbar. Der Kreisvorsteher und der Gerichtsvorsitzende hatten mit ihrer Einschätzung der Sachlage richtiggelegen. Nicht, dass der Bürgermeister vor ausweglosen Situationen zurückscheute. Es war wie bei der Verwendung von Funktionären. Wenn sie Fehler machten, waren sie in zwei Kategorien einzuteilen: in kurierbare und nicht kurierbare Fälle. Mit denen, die kurierbar waren, konnte man reden, an die, die nicht kurierbar waren, verschwendete man am besten kein Wort.

Der Generalsekretär sah, wie der Bürgermeister die Stirn runzelte, und erhob sich hastig. »Wir müssen für heute Schluss machen, der Herr Bürgermeister hat in der Stadt noch Termine.«

Der Bürgermeister erhob sich ebenfalls und lächelte übers ganze Gesicht. »Gute Frau, ich habe leider noch zu tun, ich muss mich verabschieden. Sie machen es, wie Sie es für richtig halten. Tun Sie sich bitte keinen Zwang an.«

Damit marschierte er aus der Tür. Generalsekretär und Kreisvorsteher folgten ihm eilig.

Nur der Gerichtsvorsitzende blieb zurück, um den Scherbenhaufen zusammenzukehren. Mit zitternden Händen sagte er: »Schwägerin, wie kannst du so einen Unsinn daherreden. Was hat eine Kuh mit deinem Fall zu tun? Wolltest du ihn lächerlich machen?«

Unter Tränen antwortete sie: »Ich habe niemanden lächerlich gemacht.«

»Menschen mit Vieh zu vergleichen, wie nennst du das sonst?« Er fuchtelte am ganzen Leib zitternd mit den

Händen und sagte: »Auf ein Stück Vieh zu hören statt auf die Regierung, damit gibst du doch zu verstehen, dass für dich die Vertreter der Obrigkeit noch unter dem Vieh rangieren!«

»Warum glaubt ihr mir nicht, egal, was ich sage? Warum verdreht ihr mir jedes Wort im Mund und unterstellt mir üble Absichten? Wenn das so ist, dann gehe ich mich dieses Jahr wieder beschweren.«

»Siehst du, jetzt rückst du endlich mit der Wahrheit heraus!«

4. Kapitel

Schweigend saß der Bürgermeister auf der Rückfahrt von Krummweg in seinem Dienstwagen. Die Unterredung mit Li Xuelian bei Lammsuppe und Fladen hatte desaströs geendet. Neben ihm saß der Kreisvorsteher und vorne auf dem Beifahrersitz der Generalsekretär. Solange der Bürgermeister stumm blieb, wagten auch die anderen nicht, den Mund aufzumachen. Die Landstraße war holperig und gewunden, draußen herrschte finstere Nacht, man sah nur das Auf und Ab der Scheinwerfer. In tiefem Schweigen rumpelte der Wagen in Richtung Autobahn. Als sie die Auffahrt erreichten, trennten sich die Wege, der Bürgermeister wollte in die Bezirksstadt, der Kreisvorsteher zurück in die Kreisstadt. Der Kreisvorsteher verließ das Fahrzeug, um in den eigenen Wagen, der ihnen mit seiner Begleitung gefolgt war, umzusteigen. Vom Straßenrand aus sahen sie dem entschwindenden Auto des Bürgermeisters nach. Vor der Mautstelle hielt der Wagen jedoch plötzlich an und machte kehrt. Eilig rannte der Kreisvorsteher ihm entgegen. Der Bürgermeister kurbelte das Wagenfenster herunter und blickte weiter wortlos in die ferne

Dunkelheit. Der Kreisvorsteher stand wartend neben dem Schlag. Der Bürgermeister richtete den Blick auf die Autobahn und die vorbeihuschenden Scheinwerfer.

Nach einer endlosen Pause sagte er: »Ich bin von dieser Bäuerin gründlich enttäuscht.«

Den Kreisvorsteher überlief ein Zittern. Ihm war bewusst, dass dieser Satz aus dem Munde des Bürgermeisters für einen Funktionär das Ende seiner Karriere bedeutet hätte. Aber Li Xuelian war keine Funktionärin, sie war eine Bäuerin, die Beschwerde führte und der kein Funktionär in der Kreis- oder Bezirksverwaltung beikommen konnte.

Der Blick des Bürgermeisters kehrte aus der Ferne zurück, und seufzend sagte er: »Sieht so aus, als hätten wir sie alle unterschätzt.«

Der Kreisvorsteher wusste nicht, was er antworten sollte. Zustimmung würde nicht nur ihn, sondern auch den Bürgermeister treffen. Sie alle waren Zeuge gewesen, wie die Bäuerin sich über ihn lustig gemacht bzw. ihn verspottet hatte. Aber ein triftiges Gegenargument fiel ihm auf die Schnelle nicht ein. Daher klappte er den Mund einmal auf und zu.

Der Bürgermeister warf ihm einen Blick zu und rüttelte an seiner goldgefassten Brille. »Wie die Dinge stehen, werden wir nach Ihrer Methode vorgehen müssen.«

Auch jetzt wusste der Kreisvorsteher nicht, wie er reagieren sollte. Zu fragen, was mit »seiner Methode« gemeint war, wagte er nicht. Plötzlich kam ihm in den Kopf, wie er damals die Belagerung der Kreisverwaltung durch die Bauern bewältigt hatte: mit direkter Konfrontation.

Er glaubte verstanden zu haben, was der Bürgermeister beabsichtigte, und sagte: »Sobald ich zurück bin, lasse ich sie festnehmen. Ein Grund wird sich schon finden.«

Doch er hatte den Bürgermeister gründlich missverstanden. Der runzelte die Stirn. »Eine willkürliche Verhaftung kommt nicht infrage. Ohne stichhaltige Begründung stiftet das mehr Schaden als Nutzen. Dass man sie vor zwanzig Jahren verhaftet und in Polizeigewahrsam genommen hat, war doch der ausschlaggebende Grund für den Rauswurf all dieser Leute. Sie können die Frau schließlich nicht für den Rest ihres Lebens einsperren. Hinzu kommt, dass ihr Name mit unserem ehemaligen Staatsführer in Verbindung gebracht wird. Auch wenn der alte Herr inzwischen von uns gegangen ist, darf man das nicht unterschätzen. Sie ist und bleibt der ›Kleine Kohlkopf unserer Tage‹. Eine Berühmtheit. Uns beide kennt kein Mensch außerhalb des Bezirks oder des Kreises, aber jedermann im Lande weiß, dass wir hier einen Kleinen Kohlkopf unter uns haben. In Wahrheit ist sie weder ein Kleiner Kohlkopf noch eine Pan Jinlian, auch keine Dou E, sie ist ein echtes Monster, ein wahrhaftiger Sun Wukong[7]. Dass ihr immer gleich ans Verhaften denkt. Was Besseres fällt euch nicht ein.«

Er redete sich in Rage, und der Kreisvorsteher geriet ins Schwitzen. Er bereute, den Mund aufgemacht zu haben, bevor er herausgefunden hatte, was sein Vorgesetzter vorhatte. Der würde nun den ganzen Frust des missglückten Abends an ihm auslassen.

7 Der Affenkönig Sun Wukong, Hauptfigur des populären klassischen Romans *Die Reise nach dem Westen*, verfügt über übermenschliche Klugheit und gewaltige magische Kräfte.

Glücklicherweise war der Bürgermeister gut erzogen, er unterdrückte seinen Zorn. »Die Sache liegt anders als damals in ihrem ehemaligen Kreis. Damals belagerte die Menge die Kreisverwaltung. Der Kleine Kohlkopf hat jedoch nichts dergleichen getan. Man darf nicht alles über einen Kamm scheren, verstehen Sie mich?«

Gewöhnlich verfügte der Kreisvorsteher über eine rasche Auffassungsgabe, doch diesmal verspürte er Leere im Hirn, er wusste nicht, wie er antworten sollte. Jedes neue Missverständnis würde den Zorn des Bürgermeisters weiter anfachen.

In diesem Moment lehnte sich der Generalsekretär aus dem Fenster: »Wie der Bürgermeister richtig sagt, muss jede Angelegenheit ihrem Charakter entsprechend auf angemessene und spezifische Weise behandelt werden.«

In scherzendem Tonfall fügte er hinzu: »Da sie nicht die Kreisverwaltung umzingelt, müssen wir, wenn wir die Sache etwas gröber angehen, sie umzingeln.«

Jetzt endlich begriff der Kreisvorsteher, was der Bürgermeister beabsichtigte. Er sollte dafür sorgen, dass sie überwacht und daran gehindert wurde, den Kreis zu verlassen und nach Peking zu fahren. Das war weder neu noch originell. Dass lokale Behörden Leute daran hinderten, Beschwerden bei übergeordneten Stellen vorzubringen, war allgemeine Praxis. Der Kreisvorsteher begriff jetzt, dass sich der Zorn des Bürgermeisters nicht gegen ihn, sondern gegen sich selbst richtete: Dass er wegen der Beschwerde einer einfachen Bäuerin so viel Zeit und Energie geopfert hatte, ohne eine bessere Lösung zu finden als das übliche Verfahren. Er hatte sich einen ganzen Abend abgemüht, nur um am Ende zum primitiven Mittel greifen zu müssen, die Frau an der Fahrt nach Peking zu hindern. Der Bürgermeister schätzte kreatives Handeln, er wollte die Dinge anders regeln als andere. Und nun blieb ihm keine Wahl. Das steckte hinter seinem Ärger.

Um ihm eine Brücke zu bauen, sagte er: »Der Fehler liegt bei uns, wir tragen die Verantwortung. Herr Bürgermeister, Herr Generalsekretär, seien Sie beruhigt, wir werden geeignete Maßnahmen ergreifen und sie davon überzeugen, dass sie hübsch zu Hause bleibt, anstatt nach Peking zu fahren und den Nationalen Volkskongress zu stören.«

5. Kapitel

Li Xuelians Anwesen umfasste knapp zweihundert Quadratmeter, drei Räume im ziegelgedeckten Nordtrakt, eine Küche im Ost- und den Kuhstall im Westflügel. Die drei Räume waren vor zwanzig Jahren, im sechsten Jahr ihrer Ehe mit Qin Yuhe, gebaut worden. Ihr Sohn war damals fünf. Um das alte strohgedeckte Haus durch eines mit Ziegeldach zu ersetzen, hatten sie außer ihrer Kuh drei Mutterschweine gehalten, die Kosten für das Baumaterial wurden zur Hälfte aus dem Verkauf von Kälbern und Ferkeln bestritten. Die andere Hälfte musste ihr Mann durch Einkünfte aus Überstunden aufbringen. Wegen der ständigen zusätzlichen Transportfahrten nach Dienstschluss waren seine Augen rot unterlaufen wie eine Ampel. Bei seinen Nachtfahrten nickte er häufig ein, und einmal war er gegen einen Baum am Straßenrand geprallt. Über zweitausend Yuan hatte die Reparatur gekostet, und sie mussten wieder von vorn anfangen. Auch damals hatte es Streit zwischen ihnen gegeben, aber trotz gelegentlichen Unfriedens zogen sie an einem Strang. Sie zofften sich, aber im Grunde waren sie ein Herz und eine Seele. Doch kaum ein

Jahr nach Fertigstellung des Hauses hatte er sich in eine andere verguckt. Dass sie ihm damals eine vorgetäuschte Scheidung vorgeschlagen hatte, bereute sie, als sich die vorgetäuschte in eine echte Scheidung verwandelte. Statt sich mit ihm zu streiten, prozessierte sie gegen ihn. Noch bitterlicher reute sie, dass der Vorschlag zur vorgetäuschten Scheidung von ihr selbst stammte. Den größten Kummer aber bereitete es ihr, dass die Tochter, deretwegen sie das Scheidungsmanöver vorgeschlagen hatte, jetzt, wo sie erwachsen war, mit ihr im Unfrieden lebte.

Zwanzig Jahre lang Sturm und Regen ausgesetzt, war das Haus baufällig geworden. Die Regengüsse des Sommers und Herbstes hatten die Rückwand des Nordtraktes ausgewaschen, auch die Ziegelverkleidung der drei übrigen Wände bröckelte, und häufig lösten sich Ziegelteile heraus. Von den Innenwänden war der Verputz großenteils abgeblättert. Zwei Jahre zuvor hatte das Dach zu lecken begonnen. Zwanzig Jahre ständiger und vergeblicher Beschwerdeführung hätten vermutlich jedem die Lust genommen, sich um Renovierung und Erhalt eines Hauses zu kümmern. Sie hatte schon in den ersten zehn Jahren das Interesse daran verloren, nicht genug damit, auch der Wunsch, den Haushalt in Ordnung zu halten, war ihr vergangen. Innerhalb wie außerhalb des Hauses sah es aus wie im Schweinekoben. Auch das Bedürfnis, auf sich selbst zu achten, war ihr abhandengekommen, sie wechselte ihre verdreckten Klamotten nicht, ihr Haar war verfilzt wie ein Hühnernest, von Weitem konnte man sie für eine Bettlerin halten. Das passte zu ihrer Rolle als Beschwerdeführerin. Im Lauf dieser zehn Jahre wurde das Beschwerdeführen zu einer Routinebeschäftigung, zu einer alltäglichen Gewohnheit. Gewöhnungsbedürftig waren für sie nicht mehr die endlosen Behördengänge, das ständige Unterwegssein, sondern die häusliche Beschäftigung, wenn sie wegen einer Krankheit das Haus nicht verlassen konnte. Sie wusste dann nichts mit sich anzufangen. Doch am Ende brachte gerade die Alltäglichkeit des Beschwerdeführens sie wieder dazu, sich um sich selbst, das Kind und das Haus zu kümmern. Die Haare wurden geschnitten, die Kleidung gewaschen. Sie brachte sich von Kopf bis Fuß in Ordnung, bevor sie aus dem Haus ging, um ihrer Beschwerde nachzugehen. Für eine gründliche Renovierung des Hauses fehlte das Geld, aber die Löcher im Dach mussten gestopft werden. Sie heuerte Arbeiter an, die das Dach flickten, beschädigte Dachziegel auswechselten, die Risse mit Kalk verputzten, und es hörte auf, durchs Dach zu tropfen. Sie kehrte den überall abgeblätterten Putz zusammen, und obwohl die Wände vernarbt aussahen wie eine Kürbishaut, wirkte das Ganze doch um einiges gefälliger. War sie zu Hause, fegte sie alles, innen wie außen, blitzblank. An der Hofmauer pflanzte sie Kletterrosen. Wer sie nicht kannte, hätte beim Betreten des Hauses nicht vermutet, dass ihr Lebensinhalt aus Beschwerdeführen bestand.

Die drei Räume des Nordtraktes waren durch Trennwände geteilt. Der linke Teil war Getreidespeicher und Abstellraum. Der mittlere diente als Durchgangsraum, und im rechten befand sich ihre Schlafstätte. Vor einundzwanzig Jahren war hier das gemeinsame Schlafzimmer gewesen, jetzt verbrachte sie hier ihre Tage allein. Am Fenstergesims hing ein Grundschulrechenheft. Es enthielt das

Protokoll der zwanzigjährigen Geschichte ihrer Beschwerde. Der Einband war im Lauf der Jahre speckig geworden, schmutzig wie ein alter Scheuerlappen. Doch waren in diesem Drecklappen sämtliche Orte, die sie im Verlauf ihrer Beschwerden aufgesucht, sämtliche Personen, mit denen sie tun gehabt hatte, vermerkt. Das Rechenheft war Zeuge, wie ihr glänzend schwarzes Haar Tag für Tag grauer wurde, ihre gertenschlanke Hüfte sich zu einer Wassertonne verformte. Doch nie verlor sie die Hoffnung, dass es eines Tages dazu dienen würde, Unwahrheit in wahrhaftige Unwahrheit und Wahrheit in wahrhaftige Wahrheit zu verwandeln. Aber nach zwanzigjährigem Kampf galt das Falsche noch immer als wahr, das Wahre noch immer als falsch. Hinzu kam, dass sie es in diesen zwanzig Jahren nicht geschafft hatte, sich vom Ruf einer Pan Jinlian reinzuwaschen. Vor zehn Jahren war sie nahe daran gewesen, verrückt zu werden. Danach gewöhnte sie sich an den Zustand, ebenso wie sie sich ans alljährliche Beschwerdeführen gewöhnte. Die Provinz-, die Stadt- und die Kreisbehörden verfolgten ihre alljährlichen Beschwerden mit äußerster Wachsamkeit, aber die genauen Abläufe und Details gerieten im Laufe der Jahre in Vergessenheit, im Gedächtnis blieb nur »die Beschwerde«. Auch in ihrer Erinnerung verschwammen die Einzelheiten, nur dieses Rechenheft speicherte dauerhaft und akribisch genau jedes Detail. Nicht nur waren, wie im Kontobuch eines Kaufmanns, alle Posten Punkt für Punkt aufgelistet, sie wurden auch statistisch ausgewertet. Neunzehn Mal hatte sie sich in den letzten zwanzig Jahren zum Zeitpunkt der Eröffnung des Nationalen Volkskongresses mit dem Ziel nach Peking aufgemacht, dort ihre Beschwerde vorzubringen. Dabei war sie elf Mal von der örtlichen Polizei und drei Mal unterwegs von der Polizei der Provinz Hebei an der Weiterreise gehindert worden. Fünf Mal hatte sie Peking erreicht, war dort drei Mal von der Polizei ihres Heimatkreises im Hotel aufgespürt und zur Heimkehr »überredet« worden. Von den verbleibenden beiden Malen hatte sie in einem Fall tatsächlich den Tiananmen-Platz erreicht und war dort von der Polizei festgenommen worden. Nur ein einziges, nämlich das erste Mal, war es ihr gelungen, in die Große Halle des Volkes vorzudringen. Dieses eine Mal war der Grund, warum sie an ihrer Beschwerde festhielt. Unverständlich blieb ihr, wieso die Behörden, von der Provinzregierung abwärts bis zur Kreisverwaltung, nach zwanzig erfolglosen Jahren durch ihre Beschwerde noch immer derart in Panik versetzt wurden, dass der Gerichtsvorsteher sie als »Schwägerin« und der Gemeindevorsteher sie als »Cousine« titulierten. Dass es ebendiese neunzehn erfolglosen Versuche waren, die den Behörden der Provinz- bis zur Kreisebene Angst einjagten, kam ihr nicht in den Sinn: hundertmal misslungen, doch was, wenn es einmal glückte? Mit der wachsenden Zahl gescheiterter Versuche wuchs zugleich die Wahrscheinlichkeit eines weiteren Gelingens.

Dieses Jahr hatte sie tatsächlich vorgehabt, nicht mehr nach Peking zu fahren. Sie hatte diese Entscheidung aus eigenem Antrieb getroffen, nicht, weil ihre Beschwerde aussichtslos war, nicht, weil ihr die Behörden einen Schrecken eingejagt hätten, auch nicht, weil ihr nach zwanzigjährigem Mühen noch immer kein Mensch auf dieser Welt

Glauben schenkte. Zudem war das einzige Wesen auf dieser Welt, das ihr geglaubt hatte, gestorben. Dieses Wesen war im Übrigen kein Mensch, sondern die Kuh in ihrem Stall gewesen. In diesem Stall hatte sie vor einundzwanzig Jahren mit ihrem Mann die vorgetäuschte Scheidung abgesprochen. Dort angebunden hatte damals eine Mutterkuh mit ihrem frisch geborenen Kälbchen gestanden, das die Mutter am Euter stupste, weil es hungrig war. Kuh und Kälbchen waren die einzigen Zeugen der Abmachung zwischen Li Xuelian und ihrem Exmann gewesen. Das Fehlen menschlicher Zeugen hatte ihm die Chance eröffnet, auf einen anderen Zug aufzuspringen, die vorgetäuschte Scheidung für echt zu erklären und sich mit einer anderen zusammenzutun. Ohne menschliche Zeugen blieben zwanzig Jahre Beschwerdeführung ohne Erfolg. Vor zehn Jahren war sie darüber fast verrückt geworden, hatte im Gespräch nur unzusammenhängende Sätze hervorgebracht. Alle, die mit ihr zu tun hatten, erklärten sie für geistesgestört. Auch die damals zehnjährige Tochter hielt ihre Mutter für geisteskrank, sie fürchtete sich, die Nacht mit ihr in einem Haus zu verbringen, und schlief bei den Nachbarn. Sogar Li Xuelian selbst hatte das Gefühl gehabt, nicht voll bei Sinnen zu sein, sie kicherte und lachte, wenn sie anderen begegnete, abends begab sie sich in den Stall, um ihrer Kuh das Sprechen beizubringen, in der Hoffnung, die Kuh werde eines Tages das erlittene Unrecht bezeugen. Doch die Kuh verweigerte sich beharrlich allen Bemühungen und starb plötzlich eines Tages. Zurück blieben die Tochter, das ehemalige Kälbchen, inzwischen auch schon elf Jahre alt, ein Jahr älter als Li Xuelians eigene

Tochter. Für eine Kuh war sie in mittleren Jahren, doch beim Anblick der toten Mutter liefen ihr Tränen aus den Augen. Li Xuelian versetzte ihr einen Tritt. »Über den Tod deiner Mutter kannst du weinen, warum weinst du nicht über das Unrecht, das man mir vor zehn Jahren angetan hat und um das sich niemand kümmert?«

Die Kuh hob den Kopf und sah sie an.

»Ach, warum kannst du nicht sprechen! Wenigstens den Kopf schütteln oder nicken. Damals vor elf Jahren warst du dabei, als wir die Scheidung abgesprochen haben. Jetzt sag mal, war das eine echte?«

Zu ihrer Verblüffung schüttelte die Kuh den Kopf.

Li Xuelian stürzte sich auf sie, umarmte sie und ließ ihrem Schmerz lautstark freien Lauf: »Mein Kindchen, endlich jemand, der bereit ist, mir zu glauben.«

Angesichts ihres Gebrülls glaubten die Nachbarn, sie habe vollends den Verstand verloren, und eilten herbei, um sie zu beruhigen. Sie führten ihre Erregung auf den Tod der Kuh zurück.

Nachdem sie wieder gegangen waren, fragte Li Xuelian die Kuh erneut: »Was meinst du, soll ich weiter Beschwerde einlegen?«

Die Kuh nickte.

Das gab Li Xuelian die Kraft und den Mut weiterzumachen. Auch ihr Gemütszustand besserte sich. Zehn Jahre später war die Kuh einundzwanzig Jahre alt, und eines Nachts ging es auch mit ihr zu Ende. Bevor sie starb, heftete sie den Blick auf Li Xuelian, die sie aufgeregt tätschelte.

»Kindchen, du darfst nicht sterben, auf keinen Fall. Ich habe sonst niemanden mehr auf der Welt, der mir glaubt.«

Aus den Augen der Kuh rannen Tränen. Hastig fragte Li Xuelian: »Bevor du stirbst, sag mir: Soll ich diesmal Beschwerde einlegen oder nicht?«

Die Kuh schüttelte den Kopf, schnaufte ein paar Mal heftig und schloss die Augen.

Li Xuelian warf sich heulend über sie. »Du Miststück, nicht mal du glaubst dran, dass ich diesen Prozess gewinnen kann! Das einzige Geschöpf auf Erden, das mir geglaubt hat, ist gestorben. Ich pfeife auf die Beschwerde, ich will nicht mehr.«

Gestorbene Kühe wurden üblicherweise an die Abdeckerei des Gemeindefleckens verkauft. Li Xuelian dagegen schleppte sie ans Flussufer und begrub sie dort neben ihrer Mutter.

Li Xuelian beschloss, dem Rat der Kuh zu folgen. Zwanzig Jahre des Beschwerdeführens hatten Li Xuelian ausgelaugt. Vor dem Menschen selbst stirbt das Herz an Ermattung, mit der Kuh begrub sie auch ihr von Unrast gequältes Herz. Doch nun hatten der Bürgermeister und seine Leute sie erneut zur Lügnerin erklärt, als sie von der Kuh erzählte, ihr sogar unterstellt, sie wolle sich über die Obrigkeit lustig machen. Sie waren im Zorn abgerauscht, der Gerichtsvorsitzende war vor Wut fast geplatzt. Nicht, dass sie der Kuh nicht geglaubt hatten, machte sie ihnen zum Vorwurf, wer auf der Welt glaubt an die Worte einer Kuh? Zornig machte sie, dass ihr noch immer keiner glaubte, auch diesmal nicht. Selbst einer Kuh konnten sie das Wasser nicht reichen.

Doch war es nicht ausschließlich die Kuh, die sie zum Verzicht auf die Beschwerde veranlasst hatte. Mehr Gewicht noch als deren Wort hatte das ihres ehemaligen Mitschülers Großkopf Zhao gehabt. Als sie vor zwanzig Jahren zum ersten Mal nach Peking gefahren war, um sich zu beschweren, hatte sie bei ihm übernachtet. Nachdem sie damals in der Halle des Volkes einen politischen Zwischenfall verursacht hatte, hätte man auch ihn zur Rechenschaft ziehen können. Doch nachdem sich ein Staatsführer für Li Xuelian verwandt hatte, dachte man nur noch an die Verfolgung der Beamten, die Gegenstand der Beschwerde waren, und Großkopf Zhao war unbehelligt geblieben. Er hatte ungestört achtzehn weitere Jahre als Koch in der Pekinger Provinzvertretung gearbeitet, bevor er sich mit fünfzig pensionieren ließ und in seinen Heimatort zurückkehrte. Um sich ein Zubrot zu verdienen, arbeitete er weiter als Koch in einem Restaurant der Kreisstadt. Seine Frau war im Jahr zuvor an Brustkrebs gestorben, sein Sohn hatte geheiratet und war fortgezogen, daher lebte er allein. Er kam häufig mit seinem Fahrrad aus der Kreisstadt, um Li Xuelian zu besuchen. So auch am Tag, nachdem die Kuh gestorben war.

Unter dem Dattelbaum im Hof sitzend, erzählte sie ihm von der Kuh und fragte ihn: »Glaubst du mir, dass die Kuh zu mir gesprochen hat?«

Auch er glaubte nicht an sprechende Kühe. »Ich verstehe, welchen Kummer du mit dir rumschleppst, aber du solltest wirklich aufhören, dir dumme Gedanken zu machen.«

Sie warf ihm einen Blick zu. »Ich weiß schon, dass du mir nicht glaubst. Aber wenn ich dir jetzt sage, dass ich mich von jetzt an nicht mehr beschwere, glaubst du mir das?«

Das kam überraschend, Großkopf Zhao zuckte innerlich zusammen und verstummte. Dann stellte er die gleiche Frage wie der Gerichtsvorsitzende: »Und warum willst du nach zwanzig Jahren damit aufhören?«

»Weil mir die Kuh kurz vor ihrem Tod gesagt hat, ich solle mich nicht mehr beschweren.«

Er klatschte in die Hände. »Keine Ahnung, ob die Kuh so was sagen konnte, aber ich wollte dir das schon lange sagen. Hatte nur Angst, dass du's mir übel nimmst.«

»Was schlägst du denn vor?«

»Das Gleiche wie die Kuh, hör auf, dich zu beschweren. Zwanzig Jahre hast du dich damit rumgeplagt. Und was ist dabei herausgekommen?«

»Nichts, eben deshalb mache ich weiter.«

»Das habe ich nicht gemeint. Zwanzig Jahre hast du dich abgequält, dabei wolltest du doch eigentlich einen anderen quälen. Aber die einzig Leidtragende bist du selbst. Ich frage dich, wer ist denn schuld an dem ganzen Schlamassel?«

»Qin Yuhe, dieser Schuft.«

Erneut schlug Großkopf Zhao die Hände zusammen. »Und was hat es gebracht? Zwanzig Jahre hast du prozessiert, und was ist mit ihm? Hast dich rauf und runter beschwert, hat das irgendwie sein Leben beeinträchtigt? Er hat sich's mit Frau und Kind auf dem Ofenbett gemütlich gemacht, und die einzig Leidtragende bist du. Schau dich an, wie grau deine Haare geworden sind.«

»Aber das ist es doch, was ich nicht hinnehmen will!«

»Dann muss ich dich noch mal was fragen: Warum behauptet er wohl, eure damalige Scheidung wäre echt gewesen?«

»Weil er diese Hure gefunden hat.«

Wieder schlug Großkopf Zhao die Hände zusammen. »Und genau deswegen bist du keinen Schritt weitergekommen. Er hat mit seiner Hure ein neues Leben begonnen, und du krallst dich ans alte. Da kann er natürlich nicht eingestehen, dass eure Scheidung vorgetäuscht war. Und solange er das nicht eingesteht, hat deine Beschwerde keine Chance.«

»Zugegeben, ich bin dem Schuft ausgeliefert. Hätte ich ihn doch nur damals umgebracht.«

»Keine gute Lösung, wenn du mich fragst. Du hättest es genauso machen sollen wie er.«

»Genauso wie er machen?«

Er nickte. »Dir einen Mann suchen, wieder heiraten. Was er kann, kannst du auch. Sogar besser als er. Auf diese Weise deine Wut auszulassen wäre viel effektiver gewesen, als sich mit ihm über die Echtheit eurer Scheidung zu streiten. Du hättest zwanzig Jahre lang ein erfülltes Leben gehabt, tausendmal besser, als übers Prozessieren alt und grau zu werden.«

Erstaunt starrte sie ihn an. Dieser Schlappschwanz aus Mittelschultagen, der es im Leben zu nicht mehr als zum Koch gebracht hatte, fand im entscheidenden Moment als Einziger die richtigen Worte. Als Mittelschüler hatte er sie nicht gefunden, auch nicht als Koch, zwanzig Jahre lang nicht, aber jetzt fand er sie. Vor zwanzig Jahren war sie selbst auf diesen Gedanken gekommen und hatte deshalb ihren Exmann in der Düngemittelfabrik aufgesucht. Ein aufrichtiges Wort aus seinem Munde hätte genügt, und sie hätte ihn in Ruhe gelassen, einen Schlussstrich unter die Vergangenheit gezogen und ein neues Leben begonnen. Doch er hatte es vorgezogen, sie als Pan Jinlian zu beschimpfen, und sie damit auf den Beschwerdeweg gezwungen. Heute, zwanzig Jahre später, empfand sie einen Anflug von Reue: Hätte sie ihn damals in den Wind geschossen und sich mit Hurra einen anderen gesucht, sie hätte womöglich ein glückliches und zufriedenes Leben geführt. Zwanzig Jahre Wasser geschöpft und am Ende nichts als ein leerer Eimer.

»Ist nun mal so gekommen. Heute darüber zu reden, bringt nichts.«

»Doch. Es ist nicht zu spät, du kannst noch immer einen finden.«

Sie spuckte aus: »Neunundvierzig Jahre, graues Haar, so eine nimmt doch keiner mehr.«

»Ich schon.«

Darauf war sie nicht gefasst. Sie glaubte, er mache einen Witz, aber in seinem Gesicht las sie pure Aufrichtigkeit. Diese Wendung traf Li Xuelian unvorbereitet. Nicht, dass eine Heirat mit Großkopf Zhao für sie unvorstellbar war. Aber zwanzig Jahre hatte sie nichts im Kopf gehabt als ihre Beschwerde und die fixe Idee, ihren Exmann erneut zu heiraten und sich anschließend wieder von ihm scheiden zu lassen. Nichts, als um sich zu schlagen, bis alles in Scherben lag. Nie war ihr der Gedanke gekommen, stattdessen einen anderen zu heiraten. Sein unvorbereiteter und ihr mitten ins Gesicht geschleuderter Heiratsantrag verletzte außerdem ihr Schamgefühl. Sie verpasste ihm einen Tritt.

»Mir geht's schon dreckig genug, du musst nicht noch auf mir rumtrampeln.«

»Ich trample nicht auf dir rum, wir sind doch beide freie Menschen und passen zusammen.«

»Ich bin eine Pan Jinlian, wie allgemein bekannt ist.«

»Pan Jinlian gefällt mir, ich steh auf freizügige Frauen.«

Sie verpasste ihm einen weiteren Tritt. »Siehst du, du trampelst doch auf mir rum.«

Kichernd wich er ihr aus. »Ich gebe nichts aufs Gerede anderer Leute. Für mich heißt du nicht Pan, in Ordnung?« Und ganz ernst fügte er hinzu: »Denk drüber nach. Ist doch viel besser, als sich zu beschweren.«

Nachdem er gegangen war, dachte sie eine ganze Nacht lang gründlich darüber nach. Am nächsten Morgen war sie zum Schluss gekommen, dass das, was Großkopf Zhao gesagt hatte, substanzieller und praktikabler war als die Äußerung der verstorbenen Kuh. Die Kuh hatte ihr nur geraten, sich nicht weiter zu beschweren, aber nichts darüber, was sie stattdessen tun sollte. Mit seinem Vorschlag, sie zu heiraten, hatte Großkopf Zhao ihr einen anderen Weg gewiesen. Wenn sie wieder heiratete, brauchte sie sich nicht mehr zu beschweren. Mit der Heirat hatte sich der Grund der Beschwerde erledigt. Hinzu kam: Eine Pan Jinlian, die einen anderen heiratete, hörte auf, eine Pan Jinlian zu sein. Doch eine Ehe mit Großkopf Zhao kam für sie zu plötzlich. »Plötzlich« war nicht das richtige Wort: Er war ihr ja nicht erst gestern über den Weg gelaufen, sie kannten sich seit vielen Jahren. Vor dreißig wie vor zwanzig Jahren war er ein Schlappschwanz gewesen, aber heute hatte er Mut gezeigt und ihr ins Gesicht gesagt, dass er sie heiraten wollte. Er hatte keine Angst vor einer Pan Jinlian. Das war nicht mehr der Großkopf Zhao vergangener Zeiten. Aber der Sprung von der Beschwerdeführerin zur Ehefrau war nicht leicht, nichts, was sich mit einem Wort erledigen ließ. Sie hatte das Gefühl, sich auf ungesichertem Gelände zu bewegen, und benötigte eine Übergangszeit. Daher hatte sie dem Bürgermeister gegenüber nur von der Kuh als Grund für ihren Beschwerdeverzicht gesprochen und die mögliche Heirat mit Großkopf Zhao nicht erwähnt. Wegen dieser Unterlassung hatte das Abendessen im Zorn geendet und bei den Beamten den Eindruck geweckt, Li Xuelian wolle sich über sie lustig machen. Am Ende war auch Li Xuelian selbst wütend geworden. Hätte man sie in Ruhe gelassen, sie wäre den Ratschlägen der Kuh und Großkopf Zhaos gefolgt und hätte auf ihre Beschwerde verzichtet. Als aber der Gerichtsvorsitzende, der Kreisvorsteher und der Bürgermeister sie drängten, sich nicht zu beschweren, und zwar, wie sie sofort durchschaute, nicht um ihr zu helfen, sondern nur aus Angst, dass sie nach Peking fahren und sie um ihre Posten bringen würde, revidierte sie ihre Entscheidung. Die Heirat konnte warten, angesichts von zwanzig Jahren war eine kleine Verzögerung kein großes Unglück. Diese Last musste sie loswerden, bevor sie entschied, ob sie Großkopf Zhao heiraten würde. Und wenn es das letzte Mal war, dieser Wut musste sie Luft machen. Anders als bei den bisherigen Beschwerden richtete sich die Speerspitze ihres Zorns nicht mehr gegen ihren Exmann, sondern gegen den Gerichtsvorsitzenden, den Kreisvorsteher und den Bürgermeister.

6. Kapitel

Am frühen Morgen des folgenden Tages standen vier Polizisten rings um Li Xuelians Anwesen und bewachten es rund um die Uhr. Sie waren in Zivil, rauchten und liefen unablässig auf und ab. Für Li Xuelian war das nichts Neues. Seit zwanzig Jahren stand ihr Haus jedes Mal, wenn sich der Zeitpunkt der Eröffnung des Nationalen Volkskongresses näherte, unter Bewachung. Manchmal waren es drei, manchmal vier Bewacher. Fiel der Zeitpunkt mit einem Wechsel der Bezirks- oder der Kreisleitung zusammen, waren es zwei bis drei. Für beide Seiten war es ein Routinevorgang. Man grüßte sich, wenn man sich begegnete. Da es sich um keinen Kriminalfall handelte, verhielten sich beide Seiten friedlich und zuvorkommend. Die Polizisten behandelten Li Xuelian höflich und nannten sie im Scherz »Mütterchen«. Unter den Bewachern waren fast immer ein oder zwei, die bereits in den Vorjahren dabei gewesen waren.

Wenn Li Xuelian ihnen begegnete, sagte sie: »Na, so sieht man sich wieder.«

Der Angesprochene lachte dann. »Ich spiel mal wieder deinen Leibwächter, Mütterchen.«

Solange sie sich innerhalb ihres Anwesens aufhielt, kümmerten sich ihre Aufpasser nicht um sie. Sobald sie den Hof verließ, folgten sie ihr.

»Ich muss in meinen vorigen Leben einen Haufen gute Taten angesammelt haben, dass ich von so vielen beschützt werde.«

Aus der Schar der Bewacher kam die Antwort: »Na, und ob. Diese Behandlung kriegt sonst nur der Präsident von Amerika.«

Bekamen die Aufpasser während der Überwachung Durst, kamen sie ins Haus und baten um Wasser. Sie gab ihnen dann aus ihrer Thermosflasche zu trinken.

Dieses Jahr bestand die Truppe aus zwei Altgedienten und zwei Neulingen. Einer davon war der Sohn des Metzgermeisters Hu, der sich zwanzig Jahre zuvor davor gedrückt hatte, Li Xuelian bei der Ermordung ihres Exmannes behilflich zu sein. Er war jetzt gelähmt und verbrachte seine alten Tage zu Hause. Sein Sohn hatte eine Stelle als Aushilfspolizist auf dem Gemeinderevier gefunden. Dass sich unter ihren Bewachern der Sohn von Metzgermeister Hu befand, erfuhr sie erst am folgenden Tag. Der alte Hu war klein, fett und dunkelhäutig, sein Sohn dagegen ein schmucker Kerl mit feinen Gesichtszügen und Gliedmaßen. Schon nach wenigen Worten stellte sie fest, dass es mit seiner Dienstauffassung nicht weit her war.

»Also du bist der Sohn vom alten Hu? Wie geht's deinem Vater?«

»Nicht besonders, liegt den ganzen Tag auf dem Bett, wird wohl bald den Löffel abgeben.«

»Dieses Jahr bist du an der Reihe, auf mich aufzupassen.«

»Verdammter Mist, das. Ich hab mich vorigen Monat mit unserem Revierchef in die Wolle gekriegt, und der hat mir jetzt diesen Scheißjob aufgebrummt.«

»Was ist schlecht daran? Besser als Leute verhaften.«

»Du hast leicht daherreden, du kriechst nachts in die warmen Federn und schläfst bis zum frühen Morgen. Wir stehen in der Kälte da draußen rum. Ist zwar schon Frühlingsanfang, aber immer noch saukalt.«

»Hab ich euch angeschafft, mich zu bewachen?«

»Nimm's nicht krumm, Mütterchen. Ist nicht deine Schuld und meine auch nicht. Schuld ist dieser Nationale Volkskongress.«

Sie musste lachen.

Trotz allen Geplauders und Gelächters, sie hatte an ihre Beschwerde zu denken. Dazu musste sie der Bewachung entkommen, anders würde sie nicht nach Peking gelangen.

Sieben Tage waren es noch bis zur Eröffnung des Nationalen Volkskongresses. Zu früh durfte sie es auch nicht angehen. Auch in den vergangenen Jahren hatte sie versucht, ihren Bewachern zu entkommen, in der Regel nachts, manchmal mit Erfolg, manchmal ohne. Als Großkopf Zhao sie mit dem Fahrrad besuchen kam, bemerkte er die vier Posten rund ums Haus. Einen davon kannte er und rief ihm einen Gruß zu.

Beim Eintreten sagte er: »In ganz China gibt's nur zwei Orte, die so streng bewacht werden.«

»Welche?«

»Zhongnanhai, wo unsere Regierung sitzt, und dein Haus.«

Sie ließen sich unter dem Dattelbaum nieder.

»Hast du darüber nachgedacht?«

»Worüber?«

»Über unsere Heirat.«

»Hör mal, Großkopf, egal, was ich darüber denke, wir müssen die Angelegenheit verschieben.«

»Warum?«

»Ich muss erst nach Peking mich beschweren, bevor wir eine Entscheidung treffen.«

Er war enttäuscht. »Das letzte Mal hast du gesagt, dass du der Kuh folgst und dich nicht mehr beschwerst. Wenn du schon nicht auf die Kuh hörst, dann hör wenigstens auf mich.«

Sie erzählte ihm vom Abendessen mit dem Bürgermeister, berichtete im Detail, wie es zum Zusammenstoß gekommen war, wie man im Zorn auseinandergegangen war.

»Diesmal haben sie's zu weit getrieben.« Erneut stieg der Zorn in ihr hoch. »Eigentlich hatte ich beschlossen, mich nicht mehr zu beschweren. Als ich ihnen das mitgeteilt habe, haben sie mir nicht geglaubt und mich als Lügnerin behandelt. Ich hab ihnen erklärt, dass ich auf die Kuh höre, und sie haben gedacht, dass ich sie verscheißern will. Du hast es kapiert, als ich's dir erzählt habe, wieso sie nicht? Warum drehen sie mir jedes Wort im Mund herum? Dass sie mir die Polizei auf den Hals schicken, zeigt doch, dass sie mich für einen schlechten Menschen halten! Sie setzen mich unter Druck, bis mir keine andere Wahl bleibt. Wenn ich jetzt auf die Beschwerde verzichte, würde ich als Versagerin dastehen. Wenn ich mich nicht beschwere, glauben sie, dass mir die Polizisten den Schneid abgekauft haben. Am Anfang ging es gegen meinen Exmann, jetzt geht es gegen dieses korrupte Beamtenpack. Sie sollen erleben, was es heißt, sich mit einem schlechten Menschen anzulegen. Nicht mal einer Kuh können sie das Wasser reichen.«

Auch Großkopf Zhao hielt das Vorgehen der Behörden für töricht. Sie hatten den Konflikt neu entfacht, nachdem Li Xuelian bereits entschieden hatte, auf die Beschwerde zu verzichten. Noch ärgerlicher war, dass sie damit seinen Zukunftsplänen im Wege standen.

Er kratzte sich nachdenklich am Kopf. »Kümmere dich einfach nicht um sie, und wir machen's wie besprochen. Du lässt die Beschwerde fallen, und wir führen ein ruhiges Leben.«

»Ausgeschlossen. So, wie sie mich behandelt haben, kann ich das nicht schlucken. Solange ich das nicht erledigt habe, finde ich keinen Frieden, auch wenn wir heiraten.«

Er begriff, dass es kein Zurück mehr gab, und wurde ein wenig melancholisch. »Ich hatte gedacht, die Sache ist geritzt, und jetzt ist wieder alles wie zuvor.«

»Großkopf, ich hab eine Bitte an dich.«

»Worum geht's?«

»Draußen stehen vier Mann, um mich zu bewachen. Für meine Beschwerde muss ich hier rauskommen. Allein schaffe ich das nicht, ich brauche deine Hilfe.«

Damit hatte er nicht gerechnet. »Soll ich mich mit ihnen prügeln?«

»Mit Prügeln oder ohne, das ist mir egal. Ich muss jedenfalls hier raus.«

Bekümmert antwortete er: »Mit vieren von denen werde ich nicht fertig. Und außerdem, sich mit den Behörden anzulegen kann ernste Folgen haben.«

Wider Willen wurde sie ärgerlich: »Ich hab mich zwanzig Jahre mit ihnen herumgeschlagen, und du bist nicht bereit, mir ein einziges Mal zu helfen? Heiraten willst du mich, aber wenn zwei nicht an einem Strang ziehen, dann wird das nichts, selbst wenn sie sich zusammentun.«

Er geriet ins Schwimmen. »Reg dich nicht auf, ich muss erst mal nachdenken, oder darf ich das auch nicht?«

Sie musste über seine Aufgeregtheit lachen. »Die Zeit der Prüfung ist gekommen, Großkopf. Vor zwanzig Jahren habe ich den Gemeindemetzger Hu auf die Probe gestellt, und er hat sie nicht bestanden. Mach's besser als er.«

»Ich bin nicht wie Metzger Hu. Aber ich muss mir erst was ausdenken.«

»Na gut, denk nach. Wir haben noch eine Woche bis zur Eröffnung des Volkskongresses. Ich gebe dir drei Tage, mir hier rauszuhelfen.«

Drei Tage vergingen, ohne dass sich Großkopf Zhao blicken ließ. Auch er hatte die Probe nicht bestanden, hatte wie der Metzgermeister zwanzig Jahre zuvor nur die angenehmen Seiten der Verbindung im Auge gehabt, den damit verbundenen Ärger jedoch gescheut und sich aus dem Staub gemacht, sobald es ernst wurde.

Ohne Großkopf Zhaos Hilfe hatte Li Xuelian keine Chance zu entkommen. Nur bei Nacht hatte eine Flucht Aussicht auf Erfolg, doch heute war der fünfzehnte Tag des Frühlingsfestes, der Mond hing strahlend hell am Himmel. Die Uhr zeigte ein Uhr, drei Uhr, fünf Uhr, sie spähte vom Abtritt in der Hofecke nach draußen, die vier Bewacher marschierten rauchend auf und ab. Aussichtslos. Wenn sie über die Mauer kletterte, würde man sie entdecken, sie war neunundvierzig, die Polizisten zwischen zwanzig und dreißig, sie war allein, die anderen zu viert, sie hatte nicht die geringste Chance, ihnen zu entkommen. Ein Fluchtversuch würde ihre Wachsamkeit verdoppeln, vermutlich wären sie tags darauf zu siebt oder acht, ihre Chancen würden noch geringer. Sie harrte bis zum Morgengrauen aus, ohne einen Versuch zu wagen. Nach Sonnenaufgang, im hellen Licht des Tages, war eine Flucht vollends unmöglich.

Der Tag verging ereignislos. Abends wartete sie auf die Dunkelheit, aber es war immer noch zu hell, der Himmel wolkenlos. Bei Einbruch der Nacht stieg wieder ein strahlender Mond empor. Sie fluchte, selbst der Himmel war gegen sie. Jemand klopfte ans Hoftor, vermutlich ein durstiger Posten, der um Wasser bat, sie öffnete das Tor, davor stand Großkopf Zhao mit seinem Fahrrad, auf dem Gepäckträger ein großer Karton.

Sie empfing ihn misslaunig. »Ich dachte, du traust dich nicht mehr her. Wieso kommst du?«

Er schob das Fahrrad auf den Hof, lud den Karton vom Gepäckträger, öffnete ihn und zog drei Brathühner, vier in Soja geschmorte Schweinsfüße sowie fünf in Salzlauge eingelegte Karnickelhirne heraus, schließlich, mit leisem Klirren, sechs Flaschen Schnaps der Marke »Lao Baigan«.

Sie starrte ihn entgeistert an, begriff plötzlich, fasste mit beiden Händen seinen Kopf und drückte einen Kuss darauf. »Großkopf, du bist ein Prachtkerl, und ich hab schon geglaubt, du hast keinen Mumm! Ich dachte schon, du bist ein Holzkopf, aber du bist ein ganz Schlauer, hast dir was ausgedacht.«

Er wehrte ab. »Schnell, mach Feuer und koch was Gutes.«

Als die Vorbereitungen für das Festmahl getroffen waren, ging er hinaus zu den Bewachern. Trotz des Frühlingsbeginns war es bitterkalt. Die vier Polizisten hatten ein paar dürre Zweige aufgelesen und an der Westseite des Hofes ein Feuerchen entfacht, sie hockten mit ausgestreckten Händen davor, um sich zu wärmen.

Großkopf Zhao rief seinem Bekannten zu: »Hallo, Xing, du erfrierst ja da draußen, komm rein und wärm dich mit einem Schnäpschen.«

Der Angerufene erhob sich und lachte. »Keinen Tropfen, bin im Dienst.«

»Du bist doch hier zur Bewachung. Diejenige, die du bewachen sollst, sitzt da drin. Drinnen habt ihr sie noch besser unter Kontrolle als da draußen.«

Die vier sahen sich an.

»Außerdem gibt's da gar nichts zu bewachen.«

»Was soll das heißen?«

»Ihr seid doch hier, um zu verhindern, dass sie sich beschwert. Aber dieses Jahr ist es anders, sie beschwert sich nicht mehr.«

Der Polizist stieß ein kaltes Lachen aus. »Wer nimmt ihr das ab.«

»Wir werden heiraten. Heute feiern wir unsere Verlobung. Wenn sie heiratet, kann sie sich schließlich nicht über eine Scheidung von gestern beschweren.«

Die vor dem Tor sahen sich an. »Ist das wahr?«

»Damit spaßt man nicht! Ich rede nicht von mir, aber eine anständige Frau wie sie macht keine solchen Späße. Diesmal bewacht ihr sie umsonst.«

Xing schüttelt den Kopf. »Klingt alles gut und schön. Aber wenn wir da drinnen mit euch trinken, macht uns der Revierchef die Hölle heiß, wenn er davon erfährt.«

Unerwartet sprang der Sohn von Metzger Hu als Erster vom Feuer auf und marschierte auf den Hof. »Seid doch nicht bescheuert, die feiern da drin ihre Hochzeit, und wir frieren uns hier draußen den Arsch ab.«

Die drei anderen sahen einander an und folgten ihm dann zögernd.

Sie tranken von abends acht bis drei Uhr morgens. Zu Beginn waren sie befangen und vorsichtig, vor allem Xing scheute vor dem Alkohol zurück. Doch als sie Li Xuelian freudestrahlend das Essen zubereiten sahen, bemerkten, wie sie sich, nachdem aufgetischt war, an Großkopf Zhao schmiegte und sich von ihm mit einem Schweinefuß füttern ließ, verschwanden ihre Zweifel. Nach den ersten Schlucken floss der Alkohol in Strömen. Zunächst stieß man an, dann begannen sie zu knobeln. Drei Brathühner, vier Schweinsfüße, sechs Karnickelhirne verschwanden wie von Zauberhand in ihren Mägen, von den Gerichten, die Li Xuelian zubereitet hatte, blieb nur ein Rest Hühnerbrühe. Der Inhalt von sechs Flaschen fünfundsiebzigprozentigem »Lao Baigan« rann durch die Kehlen der fünf Männer, pro Kopf mehr als ein Liter. Großkopf Zhao mit seinem lebenslangen Training als Koch steckte das ohne Weiteres weg, die Polizisten Xing und Hu sackten unter den Tisch und schlummerten dort friedlich ein. Der dritte Polizist begab sich auf den Abort und sank dort zu Boden. Auch den letzten drückte die Blase, doch gaben ihm auf dem Weg zum Abort die Beine nach, und er schaffte es nicht mehr aufzustehen.

Li Xuelian und Großkopf Zhao packten in aller Ruhe ihre Sachen, Großkopf Zhao sammelte die Mobiltelefone der Polizisten ein, stopfte sie in einen Beutel und warf sie aufs Dach. Das Fahrrad neben sich herschiebend, verließen sie den Hof, schlossen hinter sich das Tor ab und nutzten den hellen Mondschein, sich auf den Weg zu machen. Der letzte noch wach gebliebene Polizist begriff endlich, was passiert war, wollte hinter ihnen herrennen, doch versagten ihm seine Beine den Dienst. Er kroch auf den Hof, schlug gegen das Hoftor und rief mit schwerer Zunge: »Zurückkommen! Auf der Stelle zurückkommen!«

Doch da waren die beiden schon einen Kilometer entfernt, Großkopf Zhao trat in die Pedale, Li Xuelian saß auf dem Gepäckträger und umschlang seine Hüfte.

7. Kapitel

Li Xuelians Flucht löste im Kreis und im Bezirk ein Erdbeben aus. Das heißt, zunächst nur im Kreis, weil sich der Kreisvorsteher, von Panik über die Nachricht von ihrer Flucht ergriffen, zunächst scheute, die Information an den Bürgermeister weiterzugeben. Er hoffte, Li Xuelian mithilfe der örtlichen Polizei noch innerhalb seines Amtsbezirks ausfindig machen zu können. Dass sie nach Peking unterwegs war, stand für ihn außer Frage. Er mobilisierte sämtliche Kräfte, ließ alle Busstationen innerhalb des Kreises überwachen, ebenso den Bahnhof und alle Haltepunkte der Eisenbahnlinie, die durch den Kreis führte. Bummelzüge hielten dort, Schnellzüge nicht. Darüber hinaus gab es Kontrollen an jeder Kreuzung der Straße, die nach Peking führte. Mehr noch, da Peking im Norden lag, wurden an sämtlichen Kreuzungen der nach Norden führenden Straßen, egal, ob es sich um Autobahnausfahrten, um Provinz-, Bezirks-, Kreis-, ja sogar Dorfstraßen handelte, Kontrollen durchgeführt. Vierhundert Polizisten waren im Einsatz, aber am Ende des Tages hatten sie keine Spur entdeckt. Zu diesem Zeitpunkt wusste der Bürgermeister, von den Polizeibehörden in Kenntnis gesetzt, bereits von Li Xuelians Flucht.

Er rief den Kreisvorsteher an und leitete das Gespräch mit den Worten ein: »Wie ich höre, sind Sie sehr beschäftigt.«

Der Kreisvorsteher begriff, dass es zwecklos war, weiter Versteck zu spielen, und antwortete hastig: »Ich wollte Ihnen gerade Bericht erstatten.«

»Und worüber? Alles, was ich wissen will, ist: Haben Sie mit Ihrem Massenaufgebot die Bäuerin gefunden oder nicht?«

Wahrheitsgemäß antwortete der Kreisvorsteher: »Noch nicht.«

Der Bürgermeister explodierte. »Wie oft habe ich Ihnen gesagt: ›Eine Ameise kann einen Damm von tausend Li zum Einsturz bringen‹, ›Katastrophen beginnen mit kleinen Fehlern‹ oder ›ein großes Werk durch eine Kleinigkeit verderben‹. Immer sind es die kleinen Dinge, die die großen Probleme hervorrufen. Nicht mal eine Bäuerin zu bewachen, seid ihr imstande. Natürlich hat die Polizei Fehler gemacht, aber die tiefere Ursache, so, wie ich es sehe, liegt bei uns Führungsfunktionären. Haben wir den Ernst der Lage begriffen? Ist mangelndes Verantwortungsbewusstsein im Spiel? In dieser Hinsicht bin ich etwas enttäuscht.«

Das Wort »enttäuscht« aus dem Munde des Bürgermeisters signalisierte das Ende der Karriere des Betreffenden. Trotz des davorgesetzten »etwas« brach dem Kreisvorsteher der kalte Schweiß aus, ganz zu schweigen vom »mangelnden Verantwortungsbewusstsein«.

»Ja, wir haben unserer Verantwortung nicht genügt, Herr Bürgermeister. Aber seien Sie beruhigt, wir werden die Lehre beherzigen, ich garantiere, sie innerhalb von zwei Tagen ausfindig zu machen.«

Zwei Tage, das war die Frist bis zur Eröffnung des Nationalen Volkskongresses. Bei den Worten des Kreisvorstehers lachte der Bürgermeister, aber dieses Lachen ließ einem das Blut in den Adern gefrieren.

»Und worauf stützen Sie Ihre Garantie? Die Frau ist kein Felsbrocken, der irgendwo in den Bergen darauf wartet, von Ihnen abtransportiert zu werden. Sie hat zwei Beine und daran zwei Füße, und Sie haben keine blasse Ahnung, wohin sie laufen wird. Wie wollen Sie die Frau denn in zwei Tagen finden?«

Damit nagelte er den Kreisvorsteher fest. Der hatte lediglich seinen Eifer unter Beweis stellen wollen und wurde nun beim Wort genommen. Auf diese Weise von einem Vorgesetzten festgenagelt zu werden ließ einem Untergebenen nicht den geringsten Spielraum. Wie ein halb toter Fisch hing der Kreisvorsteher am Telefon und brachte kein Wort hervor. Auch der Bürgermeister hatte offensichtlich kein Interesse an der Weiterführung des Gesprächs.

»Übermorgen fahre ich nach Peking. Ich hoffe, dass mir während der Tage des Volkskongresses der Anblick des ›Kleinen Kohlkopfs‹ erspart bleibt.« Und nach einer Pause fügte er noch hinzu: »Der Ruf unseres Bezirks mit allem, was daran hängt, liegt in Ihren Händen, Kreisvorsteher Chen. Ich empfehle mich.«

Noch eine ganze Weile nachdem er aufgehängt hatte, stand der Kreisvorsteher, den Telefonhörer in der Hand, hilflos und wie erstarrt da. Als er wieder zu sich kam, entdeckte er, dass Hemd und Hose völlig durchnässt waren. Der letzte Satz des Bürgermeisters war durchtränkt von Sarkasmus, aber dahinter verbarg sich eine handfeste Drohung. Er packte die Teetasse auf dem Tisch und schmetterte sie zu Boden. Dann griff er nach dem Telefonhörer und beorderte den Polizeichef des Kreises herbei.

Der Polizeichef hatte einen anstrengenden Tag hinter sich, er hatte weder fürs Mittag- noch fürs Abendessen Zeit gefunden. Kaum hatte er das Büro betreten, fiel der Kreisvorsteher über ihn her. »Einen vollen Tag wart ihr zugange, habt ihr sie gefunden?«

»Noch nicht«, antwortete der Polizeichef mit einem Zittern in der Stimme.

Für den Kreisvorsteher bot sich endlich die Gelegenheit, seinen Frust abzuladen. Er fixierte den Polizeichef, und aus seinen Augen sprühten Funken. »Wozu verschwenden wir unser Geld? Ihr taugt weniger als ein Hund. Nicht mal jemanden bewachen könnt ihr! Findet ihr sie morgen im Lauf des Tages, bringt sie her. Wenn nicht, bringen Sie mir Ihr Kündigungsschreiben!«

Der Polizeichef wagte keine Widerrede und hastete aus dem Büro, um weiter nach der Verschwundenen zu suchen. Während er die Polizeikräfte verstärkte, beorderte er die vier Polizisten, die Li Xuelian bewacht hatten, mitsamt dem Chef des Gemeindereviers von Krummweg ins Gefängnis. Nicht als Verbrecher, für eine Strafverfolgung reichte es nicht aus, jemanden, dem keine Straftat angelastet wurde, entwischen zu lassen, sondern als Gefängnisaufseher. Gefängnisaufsicht war der meistgehasste Job innerhalb der Sicherheitsbehörden. Der Polizeichef beschimpfte sie zunächst mit den genau gleichen Worten, womit ihn der Kreisvorsteher beschimpft hatte: »Wieso verschwenden wir unser Geld an euch? Ihr taugt weniger als ein Hund, nicht mal jemanden bewachen könnt ihr!«

Dann fügte er hinzu: »Ihr habt verlernt, wie man auf jemanden aufpasst. Na, dann fangt noch mal von vorn damit an. Zehn Jahre Gefängnisaufsicht werden eurem Gedächtnis aufhelfen.«

Der Revierchef bejammerte das ihm angetane Unrecht und beschimpfte seine vier Untergebenen mit den unflätigsten Worten. Die beklagten einerseits ihr Pech, dankten andererseits ihrem Glück: Es war ihnen gelungen, das Besäufnis in Li Xuelians Haus geheim zu halten. Sie gestanden lediglich ein, ihr durch Unaufmerksamkeit zur Flucht verholfen zu haben. Hätte man herausgefunden, dass sie während des Dienstes Alkohol getrunken hatten, wäre das eine »Missachtung der Dienstvorschriften« und damit ein wesentlich schwerwiegenderes Vergehen gewesen.

Der Gerichtsvorsitzende Wang Gongdao blieb als Einziger während des Aufruhrs ruhig und entspannt. Sein Gerichtshof hatte zwar die Zuständigkeit für den Fall Li Xuelian, aber ihre diesmalige Flucht konnte damit nicht in Verbindung gebracht werden. Ihre Bewachung war Angelegenheit der Polizei, die dem Amt für Öffentliche Sicherheit unterstand und damit außerhalb der Zuständigkeit der Justizbehörde lag.

8. Kapitel

Li Xuelian und Großkopf Zhao hatten nach ihrer erfolgreichen Flucht keineswegs den Weg nach Norden eingeschlagen. Ihr Ziel war Peking. Peking lag im Norden, sie hätten sich daher nach Norden wenden müssen. Aber Li Xuelian war durch ihren zwanzigjährigen Kampf mit der Polizei gewitzt: Ihr Dorf lag im östlichen Teil des Kreises, egal, ob nach Norden, Süden oder Westen, um die Kreisgrenze zu überschreiten, hätten sie mehr als hundert Kilometer zurücklegen müssen. Im Osten lag sie dagegen lediglich dreißig Kilometer entfernt. Gelang es ihr, den Kreis zu verlassen, war sie außerhalb der Reichweite der Kreispolizei. Daher dirigierte sie Großkopf Zhao nicht nach Norden, sondern nach Osten und ließ damit die Fahndung ins Leere laufen. Zu Beginn ihrer Flucht waren beide euphorisch gewesen, aber nachdem sie fünf Kilometer zurückgelegt hatten, erwachten in ihnen Befürchtungen: Was, wenn die betrunkenen Polizisten aus ihrem Rausch erwacht waren? Und der eine, der nicht vollkommen benebelt war, dem nur die Beine versagt hatten? Wenn sie wieder zu sich gekommen waren oder ihre Beine wieder benutzen konnten, würden sie sofort Bericht erstatten. Die Kreisbehörden würden umgehend eine lückenlose Fahndung veranlassen. Großkopf Zhao trat mit aller Kraft in die Pedale. Nach zehn Kilometern war seine Kleidung schweißdurchtränkt, Li Xuelian wollte ihn ablösen, doch er weigerte sich entschieden. Erst als sie drohte, vom Fahrrad zu springen, hielt er an. Die nächsten zehn Kilometer transportierte sie ihn, als er sich erholt hatte, wechselten sie erneut. Schließlich überquerten sie im Morgengrauen die Kreisgrenze. Nach weiteren zwei bis drei Kilometern stiegen sie vom Fahrrad und ließen sich auf einem Brückengeländer am Wegrand nieder, um zu verschnaufen.

»Dank sei Buddha, die erste Etappe ist geschafft.«

»Glänzende Idee von dir, nach Osten zu fahren, statt nach Norden. Jetzt, wo wir draußen sind, brauchen wir uns mit der Fahrt nach Peking nicht zu beeilen.«

»Großkopf, ich muss mich bei dir bedanken, ohne dich hätte ich es nicht geschafft. Wir sind jetzt außerhalb des Kreises, du kannst umkehren, den Rest des Weges schaffe ich allein.«

Wider Erwarten zeigte er sich widerspenstig. »Nein, ich gehe nicht zurück.«

»Und was willst du tun?«

»Ich kann nicht mehr zurück. Überleg doch mal, ich habe dir geholfen, all diese Polizisten besoffen zu machen, hab dir geholfen zu entwischen, hab mich mit den Behörden angelegt, wenn ich zurückkomme, verhaften sie mich. Glaubst du etwa, die werden sanft mit mir umspringen?«

Das hatte sie nicht bedacht.

Er fuhr fort: »Mir war das von Anfang an klar. Ich habe

alle Brücken hinter mir abgebrochen.« Lachend fügte er hinzu: »Du willst doch nach Peking, um dich zu beschweren. Ich kenne mich dort viel besser aus als du, hab schließlich dreißig Jahre da zugebracht.«

Damit hatte sie nicht gerechnet. Tief gerührt umarmte sie ihn. »Wenn ich diese Beschwerde hinter mir habe, Großkopf, heiraten wir.«

Ihre Umarmung weckte auch seine Gefühle. »Mir ist jetzt alles egal. Wenn du mich heiratest, kannst du dich ruhig weiter beschweren, wenn du willst, ich begleite dich jedes Mal.«

Nach einer kurzen Rast machten sie sich wieder auf den Weg und erreichten mittags einen Marktflecken im Nachbarkreis. Beide waren erschöpft, eine ganze Nacht und einen halben Tag waren sie nun unterwegs. Zugleich befürchteten sie, dass die Polizei nach erfolgloser Suche im eigenen Kreis die Fahndung auf die benachbarten Kreise ausdehnen würde. Tagsüber waren sie ein leicht identifizierbares Ziel. Nach einem einfachen Mahl in einem Imbiss am Ortsrand fanden sie in einer abgelegenen Gasse ein kleines Hotel, wo sie ausruhen wollten, um sich abends wieder auf den Weg zu machen. Ohne weitergehende Absichten, lediglich aus Sparsamkeit und weil sie sich gegenseitig nicht mehr als Fremde empfanden, mieteten sie ein gemeinsames Zimmer. Doch zu ihrer Überraschung umschlang Großkopf Zhao sie, sobald sie die Tür hinter sich geschlossen hatten, mit aller Kraft. Eine Umarmung konnte sie hinnehmen, schließlich hatte sie ihn selbst kurz zuvor auf der Straße umarmt. Doch er ließ sie nicht mehr los, schleifte sie zum Bett und begann, sie auszuziehen.

Sie stieß ihn mit aller Kraft von sich und strampelte sich frei. »Großkopf, mach keinen Unsinn. Ich werde sauer, wenn du mich nicht loslässt.«

Als sie ihn dreißig Jahre zuvor auf dem Dreschplatz umgeworfen hatte, war er in Panik davongerannt. Vor zwanzig Jahren, als er in Peking nachts ins Zimmer geschlichen kam, hatte ein Satz von ihr: »Tu, was du nicht lassen kannst!«, genügt, um ihn einzuschüchtern. Sie musste jedoch feststellen, dass der Großkopf Zhao von heute nicht mehr der Großkopf Zhao von damals war. Er ließ sich von ihrer Drohung nicht abschrecken, im Gegenteil, er drückte sie aufs Bett und zerrte ihr die Kleidung vom Leib.

»Liebling, darauf habe ich so lange warten müssen.«

Nach der stundenlangen Flucht war sie zu Tode erschöpft und nicht mehr in der Lage, sich gegen ihn zu wehren. Er verblüffte sie: Woher nahm er die Kraft, er war schließlich genauso lange wie sie unterwegs gewesen? Hinzu kam, dass er versprochen hatte, sie nach Peking zu begleiten, und dass sie sich verständigt hatten zu heiraten. Nach kurzer Gegenwehr ließ sie ihn gewähren. Sie ließ zu, dass er sie auszog. Auch er entkleidete sich. Und ohne jeden Übergang drang er in sie ein. Seit einundzwanzig Jahren hatte sie nicht mehr mit einem Mann geschlafen, und entsprechend verkrampft war sie zu Beginn. Wider Erwarten ging er sehr geschickt und einfühlsam auf ihre Bedürfnisse ein. Ihre anfängliche Verkrampfung löste sich. Ohne sich zunächst zu bewegen, kitzelte er ihre Ohrmuscheln, küsste sie auf Augenbrauen und Mund und leckte schließlich ihre Brüste. Erst als sie sich völlig entspannt hatte, begann er, sich zu bewegen, nicht nach einem Muster, sondern mal heftig, mal zart, mal nach links, mal nach rechts, bis auch in ihr Lustgefühle erwachten, die sie seit einundzwanzig Jahren nicht mehr verspürt hatte. Als er ihre Bereitschaft spürte, wurden seine Bewegungen heftiger, rein und raus, rauf und runter, vorwärts und rückwärts. Und ohne jede Vorwarnung kam sie zum Orgasmus und begann, laut zu schreien. Er hörte nicht auf, stieß weiter, bis sie, wieder spitze Schreie ausstoßend, zu einem erneuten Orgasmus kam. Nie in ihrem Eheleben hatte sie solche Wellen von Lust erlebt. Wer hätte gedacht, dass sich hinter der biederen Maske ein Teufelskerl verbarg, ein mit allen Wassern gewaschener Tausendsassa. Eine derartige Feuersglut, trotz seiner fünfzig Jahre und obwohl er eine ganze Nacht und einen halben Tag unterwegs gewesen war! Schließlich lagen beide erschöpft und nackt ausgestreckt auf dem Bett.

Li Xuelian brach in Tränen aus. »Denk dran, Großkopf, so was nennt man Vergewaltigung.«

Hastig tupfte er ihre Tränen ab und tätschelte ihren Oberschenkel. »Wir haben dreißig Jahre verpasst.« Dann fragte er leise: »Sag mal, hat's dir gefallen?«

Sie wurde plötzlich verlegen. »Am helllichten Tage, so was wie Scham kennst du wohl nicht.«

Damit presste sie ihren Kopf wieder an seine Brust und flüsterte: »So hab ich's noch nie erlebt.«

Diese glückliche Erfahrung führte zu einer radikalen Änderung ihrer Fluchtrichtung und ihres Reiseziels. Er deckte sie beide wieder zu, bis nur noch die Köpfe herauslugten, und griff nach ihrer Hand. »Liebling, ich möchte dich was fragen: Ist man lieber mit jemandem zusammen, den man mag, oder mit jemandem, der einem gleichgültig ist?«

»So eine dämliche Frage. Was soll das?«

»Ist man lieber mit jemandem zusammen, den man liebt, oder mit jemandem, den man hasst?«

»Genauso blöde Frage.«

»Dass du meine Fragen für dumm erklärst, beweist, dass du auch dumm bist.«

»Was?«

»Da du begriffen hast, was es mit Menschen, die man liebt, und solchen, die man hasst, auf sich hat, schlage ich vor, dass du die Beschwerde fallen lässt. Sich beschweren bedeutet, den Menschen, den man liebt, zu verlassen, um sich mit Menschen abzugeben, die man hasst. So eine Beschwerde macht noch Sinn, wenn du deinen Feind damit fertigmachen kannst. Aber du beschwerst dich seit zwanzig Jahren, und herausgekommen ist nichts. Und auch bei deiner diesjährigen Beschwerde wird nichts herauskommen. Weder für dich noch für deinen Todfeind wird sich dieses Jahr irgendetwas ändern.«

»Das ist mir dieses Jahr auch klar geworden, deshalb wollte ich mich anfangs auch nicht mehr beschweren, egal, was die Kuh sagt. Aber diese korrupten Beamten haben mir keine Wahl gelassen, ständig meine Worte verdreht, mich wie eine Kriminelle behandelt. Diesmal richtet sich meine Beschwerde nicht gegen Qin Yuhe, sondern gegen sie.«

»Mir ist auch klar, dass dieses Beamtenpack zehn Mal übler ist als dein Exmann, aber genau deshalb vergeudest du noch mehr deiner Zeit und Energie, wenn du dich mit ihnen anlegst. Und es kommt noch weniger dabei raus.«

Sie setzte sich abrupt auf. »Jedenfalls bin ich nicht bereit, das zu schlucken.«

Er tätschelte sie am Kinn. »Genau davon rede ich. Aus Wut hast du dich zwanzig Jahre lang abgerackert, wenn du noch zwanzig Jahre so weitermachst, sind wir beide Tattergreise. Dass du dich mit denen herumschlägst, ist ja verständlich. Aber lohnt es sich, dafür unser privates Glück zu opfern?«

Er begann wieder ihren Unterleib zu streicheln.

Sie legte sich langsam wieder zurück.

»›Tritt einen Schritt zurück, und das Meer wird weit und der Himmel klar‹, heißt es im Sprichwort. Wenn du dich mit denen anlegst, stehst du als Einzelne gegen ihren ganzen Apparat, du mit leeren Händen, sie mit ihrer ganzen Macht, sie können jederzeit die Polizei mobilisieren, jetzt haben sie uns davongejagt. Wir kommen nicht gegen sie an. Selbst wenn dir das egal ist, bleibt die Frage, ob wir dafür Jahr um Jahr unseres Lebens dreingeben wollen. Wie lange willst du dich noch in diesem Schlammloch herumprügeln? Wir sollten uns am eigenen Schopf daraus herausziehen und ein glückliches Leben führen. Sag mal ehrlich, sind wir nicht glücklich miteinander?«

Ohne die Freuden dieses Tages wäre es nicht zu diesem Gespräch gekommen. Hätte es zu einem früheren Zeitpunkt stattgefunden, wäre sie unbeeindruckt geblieben. Im Lichte der Freuden dieses Tages schien ihr in seinen Worten ein Kern Wahrheit zu stecken. Die Aussicht auf ein glückliches Leben opfern, um sich mit diesem elenden Beamtenpack herumzuschlagen, alles dafür aufgeben? Mit neunundzwanzig Jahren hatte sie hinreichend Zeit dafür gehabt. Jetzt, mit neunundvierzig, weitere Lebensjahre daranzugeben, hieße, das ganze Leben opfern. Er hatte recht, niemand würde ihr zu Hilfe kommen, sie musste sich am eigenen Schopf herausziehen. Anders ausgedrückt: Großkopf Zhaos Worte waren der Zopf, woran sie sich herausziehen konnte. Sie brachte keinen Ton hervor, Tränen traten ihr in die Augen. Es stimmte, zwanzig Jahre hatte sie nur ihren Hass gelebt.

Großkopf Zhao trocknete erneut ihre Tränen. »Wenn du's dir anders überlegt hast, kehren wir um und heiraten. Einmal verheiratet, brauchen wir uns nicht mehr mit Leuten, die uns gleichgültig sind oder die wir hassen, abzugeben. Wenn wir uns nicht mehr mit ihnen anlegen, werden sie uns keinen Strick draus drehen, dass wir gestern die Polizisten besoffen gemacht haben. Die wissen selbst, dass sie sich damit keinen Gefallen tun würden.«

Sie setzte sich erneut auf. »Einverstanden, keine Beschwerde, aber auf der Stelle zurückkehren können wir auch nicht.«

»Weshalb nicht?«

»Sie sollen es ein letztes Mal zu spüren kriegen. Wenn wir zurückgehen, wissen sie, dass ich mich nicht beschweren werde. Wenn wir nicht heimkehren, glauben sie, dass wir nach Peking unterwegs sind. Davor haben sie am meisten Angst. Dann müssen sie auch dorthin, um mich zu suchen. Wir gehen weder nach Peking, noch fahren wir nach Hause, sie sollen mich in Peking suchen.«

Er war sofort einverstanden. »Ja, genau so machen wir's. Einmal noch ärgern wir sie. Sie sollen nach Peking fahren und dort nach uns suchen. Je länger sie nach uns suchen, desto verrückter werden sie. Aber hier können wir auch nicht bleiben, das ist zu nah an unserem Kreis, hier werden sie uns womöglich noch aufspüren.«

»Und wohin sollen wir gehen?«

»Machen wir uns ein paar schöne Tage am Tai-Berg in der Provinz Shandong. Warst du schon mal dort?«

Der Vorschlag elektrisierte sie. »Ich hab zwanzig Jahre lang an nichts als an meine Beschwerde gedacht, bin nur nach Peking gefahren, sonst habe ich nichts gesehen.«

»Die Landschaft am Tai-Berg ist großartig, ich zeig dir den Sonnenaufgang, wenn du das siehst, geht dir das Herz auf.«

Beglückt über ihre Einigkeit, wandte er sich ihr zu und bestieg sie erneut.

Sie schob ihn zurück. »Was denn, noch mal? Wir sind doch keine zwanzig mehr!«

Er griff ihre Hand und führte sie nach unten. »Da, fühl mal, ist der stramm oder nicht?« Damit drang er erneut in sie ein. Während er sich auf und ab bewegte, sagte er: »Hätte ich selbst nicht gedacht, aber mit dir kehrt meine Jugend zurück.«

Am nächsten Tag deponierten sie das Fahrrad im Hotel und nahmen den Überlandbus zum Tai-Berg. An einer Autobahnbaustelle unterwegs wurde die Straße einspurig und war verstopft, der Bus kam nur im Schritttempo voran, und so erreichten sie die Stadt Tai'an am Fuß des Tai-Berges erst um halb sechs abends. Für einen Aufstieg war es zu spät, auch hier fanden sie in einer abgelegenen Gasse ein kleines Hotel. Auch in dieser Nacht ging Großkopf Zhao eifrig zur Sache. Am nächsten Tag standen sie in aller Frühe auf und machten sich nach dem Frühstück an den Aufstieg. Aus Sparsamkeit benutzten sie nicht die Seilbahn, sondern kletterten die gewundenen Treppen hoch, die zum Gipfel führten. Scharen von Leuten waren mit ihnen unterwegs, man hörte Dialekte aus allen Himmelsrichtungen.

Es war die erste Vergnügungsreise ihres Lebens, voller Enthusiasmus kletterte Li Xuelian die Stufen hoch und knüpfte dabei mit anderen Frauen, auf die sie traf, Gespräche an. Großkopf Zhao war von den Aktivitäten der letzten beiden Nächte erkennbar angegriffen, er ruhte sich auf jedem Treppenabsatz aus und hatte keinerlei Interesse an Unterhaltungen, auch nicht mit ihr. Sie musste über seine Kurzatmigkeit lachen und klopfte mit dem Knöchel gegen seine Augenbraue. »Wer es nachts so schlimm treibt, braucht sich tags nicht zu wundern.«

Er ließ das nicht gelten: »Hat nichts mit unseren Nächten zu tun, ich hab den Rheumatismus im Bein.«

Gewöhnlich benötigt man für den Aufstieg einen Vormittag, doch seine mühsame Kletterei ermüdete auch sie. Mittags waren sie erst am Zhongtian-Tor, etwa auf der Mitte des Weges. An der nächsten Kehre erreichten sie ein kleines Kloster.

Großkopf Zhao ließ sich auf den Boden plumpsen und wischte sich den Schweiß von der Stirn. »Steig allein weiter, ich warte hier auf dich.«

Unwillig sagte sie: »Wir wollten zusammen was unternehmen, allein macht es keinen Spaß.«

Doch als sie bemerkte, dass er tatsächlich am Ende war, wollte sie ihn nicht zwingen. »Wir klettern nicht weiter, sondern ruhen uns hier aus und gehen dann wieder nach unten.«

In seiner Stimme schwang Bedauern. »Wir wollten doch auf dem Berg übernachten, um morgen früh den Sonnenaufgang zu sehen.«

Um ihn zu trösten, sagte sie: »Zu Hause müssen wir vor Tagesanbruch aufs Feld, da haben wir jeden Tag Gelegenheit, den Sonnenaufgang zu sehen.«

»Der Sonnenaufgang auf dem Tai-Berg ist was Besonderes.«

»Was soll da besonders sein, ist immer dieselbe Sonne.«

Beide verzehrten die mitgebrachten Tee-Eier, tranken abwechselnd Wasser aus der mitgebrachten Plastikflasche und machten sich anschließend an den Abstieg.

Abwärts ging es wesentlich leichter und schneller, und Großkopf Zhaos Lebensgeister erwachten aufs Neue. »Auf halbem Weg schlappzumachen geht nicht. Wir müssen nächstes Jahr unbedingt wiederkommen.«

»Einmal genügt, wenn wir schon Geld ausgeben, dann lieber woanders.«

Am Fuß des Berges angelangt, aßen beide in einem Nudelimbiss eine Schale Nudeln mit Lammfleisch und kehrten frühzeitig ins Hotel zurück. In dieser Nacht verzichtete er auf jeden Annäherungsversuch. Sie lagen Kopf an Kopf unter der gemeinsamen Bettdecke und unterhielten sich über ihre gemeinsame Mittelschulzeit. Sie wollte von ihm wissen, wann er das erste Mal ein Auge auf sie geworfen hatte.

»Ist doch klar, beim ersten Anblick.«

Sie tat, als wolle sie ihn anspucken. »In der ersten Mittelschulklasse war ich dreizehn. Während der ersten drei Jahre hast du mich überhaupt nicht beachtet.«

Er gestand ein, dass er sich erst im vierten Mittelschuljahr in sie verliebt hatte. »In den ersten drei Jahren warst du ein Küken, erst im vierten hast du dich gemacht.«

Sie wollte wissen, woher er das Geld für die »Weißes Kaninchen«-Bonbons genommen hatte, die er ihr damals zugesteckt hatte. »Von meinem Vater geklaut, für diese Bonbons habe ich 'ne Menge Prügel bezogen.«

Sie lachte, umschlang seinen Kopf und gab ihm einen Kuss. Warum er damals, als sie ihm auf dem Dreschplatz einen Schubs gegeben habe, davongerannt sei?

»Ich war ein Feigling damals. Wenn ich mehr Mut gehabt hätte, müsste unsere Lebensgeschichte neu geschrieben werden. Ich habe dreißig Jahre gebraucht, um so weit zu kommen.«

Erneut tat sie, als wolle sie ihn anspucken. »Du hältst dich wohl jetzt für mutig? Schamlos bist du, nichts sonst.«

Beide lachten. Dann unterhielten sie sich über Mitschüler und ihre Lehrer, die schon fast alle tot waren. An die meisten Mitschüler hatten sie nur undeutliche Erinnerungen. Fünf von ihnen waren ebenfalls bereits gestorben, die übrigen in alle Himmelsrichtungen verstreut. Die meisten waren heute Großväter oder Großmütter, alle waren sie gealtert, ein glückliches Leben war nur wenigen beschert gewesen, die von den Mühen des Lebens und den Sorgen um die Kinder Ausgezehrten waren in der Überzahl. So kamen sie auf die Kinder zu sprechen. Li Xuelian erzählte von ihrer Tochter, die sie allein aufgezogen und die sich als Abtrünnige entpuppt hatte, bis heute herrsche

Unfrieden zwischen ihnen. Nicht, dass sie ihr Ungehorsam vorzuwerfen habe. In Rage versetze sie vielmehr die Anschuldigung der Tochter, sie mit ihren ewigen und hartnäckigen Beschwerden vor aller Welt unmöglich gemacht zu haben. Dass Leute, die die Einzelheiten ihres Falles nicht kannten, mit dem Finger auf sie zeigten, sei verzeihlich. Dass die eigene Tochter, die schließlich die Ursachen und den Verlauf ihres Falles genau kannte, sie nicht verstand, mache sie wütend. Mit neunzehn habe die Tochter dann geheiratet, offenkundig, um ihr aus dem Weg zu gehen. Nach ihrer Heirat gebe es kaum Kontakt zwischen ihnen. Der Sohn dagegen, der bei seinem Vater aufgewachsen sei, habe seine Mutter, der er seinen Namen Youcai, der »Begabte«, verdankte, nie vergessen. Letzten Herbst seien sie sich in der Kreisstadt auf der Straße begegnet. Ein Mann an die dreißig, sie hatten sich viele Jahre nicht gesehen, und sie hatte ihn nicht wiedererkannt. Sie waren bereits aneinander vorbeigegangen, als er sich plötzlich umgedreht habe, zurückgerannt sei und sie festhaltend »Mutter« gerufen habe. Er habe sie lange angeschaut und dann gesagt: »Mutter, du bist alt geworden. Ich weiß, dir ist Unrecht geschehen, aber du darfst deinen Sohn nicht aus deinem Herzen streichen.« Beim Abschied habe er ihr zweihundert Yuan zugesteckt. Als sie das erzählte, wurden ihre Augen feucht.

»Ich finde, Youcai hat recht«, sagte Großkopf Zhao.

Mit einem Seufzer begann er dann von seinem Sohn zu sprechen. Auf der Schule habe der versagt, er habe ihn daraufhin selbst zum Koch ausbilden wollen, aber der Junge habe es vor dem Herd nicht ausgehalten, sei überall herumgestreunt. Jetzt sei er dreißig, habe es zu nichts gebracht, arbeite als Hilfsarbeiter im Amt für Viehwirtschaft und treibe sich mit allem möglichen Gesindel herum. Sein monatlicher Verdienst reiche nicht aus, um seine Familie zu ernähren, ständig liege er ihm auf der Tasche. Was er selbst mit seiner Arbeit als Koch verdiene, genüge auch nicht, um den Taugenichts und seine Familie zu unterhalten. Zum Glück habe er noch seine Pension, so komme er gerade über die Runden.

Er seufzte: »Da zieht man die Bälger groß, und am Ende saugen sie einem das Mark aus den Knochen. Ich habe mich jetzt damit abgefunden, hab wohl eine Schuld aus meinem letzten Leben abzuzahlen.«

Beide schliefen ein. Am nächsten Morgen bummelten sie durch Tai'ans Läden, ohne etwas zu kaufen. Was ihnen gefiel, war zu teuer, was preiswert war, konnten sie nicht gebrauchen. Mittags hatten sie genug und kehrten ins Hotel zurück. Er schlug vor, ins hundert Kilometer entfernte Qufu zu fahren, die Heimatstadt des Konfuzius. Qufu lag in der Ebene, dort mussten keine Berge bestiegen werden. In der Schule hatte sie von Konfuzius gehört, sie wusste, dass er so allerhand schwer verständliches Zeug von sich gegeben hatte, aber begegnet war sie ihm nie. Um nicht weiter sinnlos herumzuhängen, sagte sie: »Na gut, fahren wir hin. Konfuzius brauche ich nicht zu sehen, aber ich habe gehört, es gibt dort erstklassigen Sesamzucker. Den probieren wir.«

»Genau, das machen wir. Mal sehen, ob der Sesamzucker von Konfuzius mit den ›Weißen Kaninchen‹, die ich dir damals geschenkt habe, mithalten kann.«

Sie tat, als wolle sie ihn anspucken. Sie beschlossen, nach Qufu zu fahren, um den dortigen Sesamzucker zu kosten. Er begab sich zum Busbahnhof, um die Fahrkarten zu besorgen, sie packte im Hotel ihre Sachen zusammen. Als das erledigt war, verließ sie das Hotel und beschloss, ihm einen Pullover zu kaufen. Trotz Frühlingsbeginn war es abends noch empfindlich kalt. Sie hatte vor ihrer Flucht einen Pullover eingepackt, aber er hatte nur daran gedacht, die Polizisten betrunken zu machen, und daher lediglich die Kleidung dabei, die er am Leibe trug. Sie hatte bemerkt, dass er vor Kälte gezittert und mehrfach geniest hatte, als sie am Morgen aus dem Hotel gegangen waren. Beim vormittäglichen Bummel hatte sie in einem Kaufhaus einen passenden Pullover gesehen und ihn kaufen wollen. Den Preis von sechsundneunzig Yuan hatte er jedoch zu teuer befunden und sie vom Kauf abgehalten. Doch sie befürchtete, dass er sich unterwegs erkälten würde, die für diesen Fall erforderlichen Medikamente wären kostspieliger als der Kauf eines Pullovers. Sie verließ die Gasse und ging die Straße entlang bis zum Kaufhaus, wo sie am Vormittag den Pullover gesehen hatte. Sie handelte den Preis von sechsundneunzig auf fünfundachtzig Yuan herunter und kaufte ihn. Auf dem Rückweg erstand sie im Vorübergehen noch vier Brote und eine Tüte eingelegtes Gemüse als Wegzehrung. Zurück im Hotel, wollte sie gerade die Tür aufstoßen, als sie drinnen Großkopf Zhaos Stimme hörte. Er war also bereits zurück. Aber mit wem redete er? Dann begriff sie, dass er in sein Mobiltelefon sprach. Daran war nichts Ungewöhnliches, und sie wollte gerade die Tür öffnen, als sie hörte, dass er mit jemandem stritt.

Unwillkürlich blieb sie stehen und hörte, wie er sagte: »Was heißt, ich rufe dauernd an? Ich habe meine Aufgabe erfüllt und möchte jetzt wissen, ob Sie meine Angelegenheit auch geregelt haben.«

Sie verstand nicht, was sein Gegenüber sagte, doch Großkopf Zhao wurde ärgerlich: »Sie denken nur daran, was Sie dem Kreisvorsteher über mich und Li Xuelian berichten, warum verlieren Sie ihm gegenüber kein Wort über die Stelle für meinen Sohn?«

Wieder verstand sie nicht, was auf der anderen Seite gesagt wurde, seine Antwort lautete: »Ich misstraue der Regierung nicht, aber ich möchte Taten sehen.«

Wieder blieb die andere Seite unverständlich.

»Was soll das heißen? Das kann man doch nicht miteinander vergleichen! Was wollen Sie denn für handfeste Beweise? Selbst wenn wir nicht in Shandong, sondern zu Hause wären, könnten Sie schließlich auch nicht neben dem Bett stehen und zusehen, wie ich es mit ihr treibe!«

Wieder eine unverständliche Antwort.

»Damit ist die Sache aus der Welt, ich mache keine halben Sachen. Wir heiraten, sobald wir zurück sind, und damit hat sich die Beschwerde erledigt.«

In Li Xuelians Hirn explodierte eine Bombe.

9. Kapitel

Der Gerichtsbeamte hieß Li, mit dem Vornamen Congming, »der Gescheite«, und war hauptamtliches Mitglied der Urteilskommission am Kreisgericht. Zwanzig Jahre zuvor hatte jemand namens Dong Xuanfa diesen Posten innegehabt und Li Xuelian als »Gesindel« beschimpft. Nach ihrem Auftritt in der Großen Halle des Volkes war er zusammen mit dem Gerichtsvorsitzenden, dem Kreis- und dem Bezirksvorsteher seines Postens enthoben worden. Nach seiner Entlassung hatte er sich als Gutachter auf dem Viehmarkt betätigt, wo er dem Vieh ins Maul sah. Vor acht Jahren hatte er einen Hirnschlag erlitten und war vor fünf Jahren gestorben. All das war längst Schall und Rauch.

Li Congming war zweiundvierzig und seit drei Jahren hauptamtliches Mitglied der Urteilskommission. Ein halbes Jahr zuvor war einer der stellvertretenden Gerichtsvorsitzenden in den Ruhestand getreten, die Stelle war seither vakant, und er hätte sie gerne übernommen. Hierarchisch gesehen, war der Sprung von einem hauptamtlichen Mitglied der Urteilskommission zu einem stellvertretenden Gerichtsvorsitzenden unbedeutend, aber sein gegenwärtiger Posten verschaffte ihm keinerlei Einfluss. Nominell stand er zwar über einem Kammervorsitzenden, aber in der Gerichtspraxis besaß er nicht einmal dessen Wirkungsmöglichkeiten. Um an den Posten des stellvertretenden Gerichtsvorsitzenden zu kommen, musste er mit den Kammervorsitzenden konkurrieren. Am Gerichtshof gab es eine Erste und eine Zweite Strafgerichtskammer, zwei Zivilgerichtskammern, eine Jugendstrafkammer, eine Kammer für Wirtschafts- und eine Kammer für Verwaltungsangelegenheiten usw., insgesamt mehr als zehn Kammern – und damit mehr als zehn Kammervorsitzende. Rechnete man die über zwanzig Strafkammern auf Gemeindeebene hinzu, die es im Kreis gab, waren das über dreißig Kammervorsitzende. Alle dreißig strebten wie Li Congming nach dem Posten des stellvertretenden Gerichtsvorsitzenden. Die meisten von ihnen betrachteten ein hauptamtliches Mitglied der Urteilskommission nicht als ernsthaften Konkurrenten. Wenn sich dreißig Personen um einen Knochen raufen, ergibt das zwangsläufig eine Gemengelage. Der Kampf wogte hin und her, die Stelle war seit einem halben Jahr vakant, und keinem gelang es, sie zu erobern. Während Li Congming und die dreißig Kammervorsitzenden nervös auf die Entscheidung warteten, hatte es der Gerichtsvorsitzende Wang Gongdao damit nicht eilig. Die Traube, um die sich mehr als dreißig Affen balgten, konnte nur einem zufallen. Solange er sie nicht aus der Hand gab, tanzten die Affen um ihn herum. Steckte er sie einem von ihnen in den Mund, würden sich die übrigen schlagartig in alle Himmelsrichtungen zerstreuen. Und auch der eine, dem sie zugefallen war, würde ihm eine Fratze schneiden und aufhören, um ihn herumzutanzen. Heutzutage benahm man sich in der Politik wie auf dem Marktplatz: War der Handel abgeschlossen, war das Geschäft erledigt. Der größte Vorteil, den er aus der Traube zog, solange sie sich in seiner Hand befand, bestand jedoch nicht darin, dass die Affen um ihn herumhüpften, sondern dass sie untereinander wetteiferten, ihm größere und kleinere Geschenke darzubringen. Er selbst war auf diese Weise die Karriereleiter emporgeklettert und erntete nun seinerseits die Früchte seiner Mühen.

Seine amtierenden Stellvertreter hatten gegen diese Praxis keine Einwände, denn auch sie profitierten davon. Die saftigen Pfirsiche gingen an den Gerichtsvorsitzenden, aber ein paar Datteln fielen auch für sie ab. Ein paar Datteln waren immer noch besser als keine, und auch sie wuchsen im Lauf der Jahre zu ansehnlichen Haufen. Und nicht nur der Gerichtsvorsitzende und seine Kollegen profitierten, auch die stellvertretenden Kreisvorsitzenden und der Kreisvorsitzende selbst erhielten ihren Anteil.

Sogar in der Bezirksregierung gab es Nutznießer des Hauens und Stechens unter den Kammervorsitzenden.

Das Gerangel hatte seinen Preis. Als hauptamtliches Mitglied der Urteilskommission konnte Li Congming mit seinen Konkurrenten nicht mithalten. Sein Posten verfügte über keinerlei Einfluss, daher erhielt er kaum je Geschenke von Prozessparteien. Ein Kammervorsitzender besaß Macht, zusätzlich zu den üppigen Nebeneinnahmen aus seiner Gerichtstätigkeit konnte er seine Aufwendungen als Spesen verrechnen. Einem hauptamtlichen Mitglied der Urteilskommission war diese Möglichkeit versperrt. Ohne Nebeneinkünfte und ohne Zugriffsmöglichkeit auf öffentliche Mittel blieb ihm nur sein privates Einkommen. Als hauptamtliches Mitglied der Urteilskommission verdiente er zweitausend Yuan im Monat, seine Frau arbeitete als Krankenschwester mit einem Monatslohn von tausend Yuan, sein Vater verkaufte frischen Ingwer auf dem Markt und verdiente damit ein Zubrot. All das reichte nicht aus, den Vorgesetzten Geschenke zu machen. Er konnte ihnen schließlich nicht mit einer Flasche Erdnussöl, zwei Hühnern oder einem Korb Ingwer kommen. Selbst mit kostspieligeren Gebrauchsgütern war es heutzutage nicht getan, es musste Bargeld fließen. Seine dreißig Konkurrenten wetteiferten in Geldgeschenken, die sie als Spesen abrechneten, er aber war innerhalb kürzester Zeit ausgezehrt. Nach kaum einem halben Jahr hatten sie ihn hoffnungslos abgehängt. Nicht nur abgehängt, ausgeblutet, wie er war, sah er sich außerstande, weitere Geschenke zu machen. Und auch das, was er bisher aufgebracht hatte, konnte er vollends abschreiben, wenn der Posten an einen anderen fiel. Nominell stand er über einem Kammervorsitzenden, wenn es so weit kam, dass ein Kammervorsitzender sein Vorgesetzter würde, war nicht nur der Posten endgültig verloren, sondern auch sein gesamtes Selbstwertgefühl und sein ganzer Stolz dahin. Er war nicht bereit, sich damit abzufinden. Aber Geld kennt kein Erbarmen, seine Verwandtschaft bestand aus armen Schluckern, die ihn selbst oft genug um Hilfe angingen. Er hatte ein Amt ohne Einfluss und daher auch keinen Kontakt zu reichen Leuten.

Wie sehr er sich auch das Hirn zermarterte, er fand keine Lösung. Im Gericht durfte er sich nichts anmerken lassen, nur zu Hause konnte er sich gehen lassen, stöhnen und seufzen. Als sein Vater eines Abends vom Ingwerverkauf zurückkehrte und seinen Sohn Trübsal blasend dasitzen sah, fragte er ihn nach der Ursache und erhielt die missgelaunte Antwort:

»Wegen dir, was sonst!«

»Keine Ahnung, wovon du redest, wofür gibst du mir die Schuld?«

Sein Sohn erläuterte ihm sein aussichtsloses Bemühen, mithilfe von Geldgeschenken an die Stelle des stellvertretenden Gerichtsvorsitzenden zu gelangen, und sagte dann grollend: »Wieso handelst du nicht mit Immobilien statt mit Ingwer? Wenn du auf der Liste der Superreichen stündest, bräuchte ich mir keine Sorgen zu machen.«

Der Alte war ein wenig gekränkt, doch er versuchte, dem Sohn zu helfen. »Gibt es keinen anderen Weg? Muss es Geld sein?«

»Doch. Du wirst Provinzgouverneur statt Ingwerverkäufer. Dann brauche ich kein Geld, die Leute kommen von sich aus, um mir den Posten anzubieten.«

Der Alte war noch gekränkter, aber er nahm sich zusammen. »Ich habe dem alten Bi geholfen, gefälschten Schnaps zu vertreiben, bevor ich mit dem Ingwerverkauf angefangen habe. Da musste ich auch tagtäglich Leute um Gefälligkeiten anbetteln. Aus meinen Erfahrungen beim Schnapsverkauf habe ich gelernt, dass es mehr bringt, Leuten, die du um einen Gefallen bittest, aus einer schwierigen oder brenzligen Lage herauszuhelfen, als sie einfach zu schmieren.«

Dem Sohn ging plötzlich ein Licht auf, und ärgerlich sagte er: »Aha, jetzt verstehe ich, warum du mir vorletztes Jahr dauernd bei all diesen Fällen dazwischengefunkt hast, die mit gefälschtem Schnaps zu tun hatten.«

Dann seufzte er: »Aber diesmal stehen die Dinge anders. Ich habe es nicht mit kleinen Schnapsdealern zu tun, sondern mit Vorgesetzten. Die Schnapshändler kamen zu mir, weil sie Hilfe brauchten. Aber die Vorgesetzten werden kaum mich bitten, ihnen aus einer schwierigen Lage herauszuhelfen.«

Damit verließ er die Wohnung. Doch manchmal weist der Himmel dem Verzweifelten einen Ausweg, und er sollte sehr rasch auf eine schwierige und brenzlige Situation stoßen, die seinen Vorgesetzten Kopfzerbrechen bereitete.

Li Congmings Vater war eng befreundet mit Großkopf Zhao, dem Koch im Restaurant »Zum Glücksschwein«. Der Koch deckte seinen täglichen Ingwerbedarf beim alten Li, aber nicht die geschäftlichen Verbindungen hatten zu dieser Freundschaft geführt, sondern die beiderseitige Lust am Schwatzen. Der alte Li war seit jeher eine Plaudertasche, Großkopf Zhao war dagegen bis zu seinem fünfundvierzigsten Lebensjahr eher einsilbig und mundfaul gewesen, erst danach begann er, am Tratschen Gefallen zu finden. Bei von Geburt an geschwätzigen Personen wird das Reden zur Gewohnheit, bei Leuten, die ursprünglich den Mund ungern aufmachen und erst später Freude am Reden finden, wird das Tratschen zur Sucht. Ein Tag ohne Essen lässt niemanden verhungern, einen Tag lang nicht zu reden, lässt einen Schwätzer schier ersticken. Um Gelegenheit für ein Schwätzchen zu finden, machte Großkopf Zhao gern Besuche, seine nach dem Tod der Frau leere Wohnung und die abendliche Untätigkeit verstärkten diese Neigung. Statt nach Arbeitsende heimzugehen, begab er sich gern auf ein Schwätzchen zum alten Li. Als Li Xuelians Beschwerde im Zusammenhang mit der Eröffnung des Nationalen Volkskongresses wieder hochkochte und zum Stadtgespräch wurde, konnte Großkopf Zhao nicht an sich halten und erzählte brühwarm und detailreich über seine Beziehung zu ihr. Der Sohn des alten Li wurde zufällig Zeuge des Gesprächs, dem er zunächst desinteressiert gefolgt war. Doch plötzlich überkam ihn beim Zuhören eine Eingebung: Vom Gerichtsvorsitzenden über den Kreisvorsteher bis zum Bürgermeister waren alle besorgt und ratlos wegen Li Xuelians möglicher Beschwerde in Peking. War das nicht genau die schwierige und brenzlige Situation, von der sein Vater gesprochen hatte? Wirkungsvoller als jedes Geldgeschenk. Würde er seinen Vorgesetzten da heraushelfen, wäre seine Ernennung zum stellvertretenden Gerichtsvorsitzenden nur noch reine Formsache. Um Li Xuelian von ihrer Beschwerde abzubringen, wäre eine Heirat weit effektiver als gutes Zureden und Hausarrest. Ihr ging es doch darum, die Scheidung von ihrem Exmann für ungültig erklären zu lassen, die Heirat mit einem anderen Mann würde den Fall ein für alle Mal erledigen. Sie wollte sich vom Ruf einer Pan Jinlian rehabilitieren, eine Wiederverheiratung Pan Jinlians war so etwas wie die Rückverwandlung einer Hure in eine Jungfrau, Pan Jinlian wäre keine Pan Jinlian mehr. In seinem Innern machte sich ein Triumphgefühl breit.

Davon ließ er sich jedoch nichts anmerken, als er zu Großkopf Zhao sagte: »Hör mal, so, wie du mit Li Xuelian stehst, wäre das doch eine Gelegenheit, jetzt, wo deine Frau tot ist.«

»Was meinst du damit?«

»Lass nicht locker, nimm sie dir. Ich habe gehört, dass sie in ihrer Jugend eine umwerfende Schönheit gewesen ist.«

»Und ob, sonst hätte ich nicht all die Jahre mit ihr Kontakt gehalten. Schade nur, dass ich im entscheidenden Moment nicht zugegriffen habe.«

»Dafür ist es nicht zu spät.«

Großkopf Zhao schüttelte den Kopf. »Vorbei ist vorbei. Selbst wenn ich wollte, sie hat nichts als ihre Beschwerde im Kopf.«

»Genau deshalb rate ich dir, sie zu heiraten.«

»Was meinst du damit?«

Der Gerichtsbeamte sprach nun Klartext. Ausführlich erläuterte er, wie beunruhigt alle Welt, vom Kreisvorsitzenden bis zum Bürgermeister, über Li Xuelians Beschwerde war. Er wiederholte den ganzen Ablauf der Angelegenheit, obgleich das überflüssig war, nach zwanzig Jahren kannte jedes Kind im Bezirk die Geschichte. Am Ende fügte er hinzu: »Wenn du sie rumkriegst und heiratest, dann wird daraus viel mehr als eine Heirat. Du tust der Kreis- und der Bezirksregierung einen Riesengefallen.«

»Das sind zwei Paar Stiefel: Heirat ist Heirat, und die da oben sind die da oben.« Nach einer Pause: »Was hab ich davon, wenn ich denen da oben helfe?«

»Hilfst du ihnen, helfen sie dir.«

»Und wie?«

»Jeder hat doch seine Schwierigkeiten, du bestimmt auch. Sei nicht bescheiden.«

Großkopf Zhao dachte nach. »Klar, Schwierigkeiten hat jeder. Mein größtes Problem ist dieser Taugenichts von einem Sohn, jetzt Hilfsarbeiter im Amt für Viehwirtschaft, ständig auf der Suche nach einer regulären Arbeit, kriegt aber keine. Jeden Tag, wenn er nach Hause kommt, greift er mir in die Tasche.«

Das hauptamtliche Mitglied der Urteilskommission klatschte in die Hände. »Geritzt! Das Gericht ist für das Amt für Viehwirtschaft nicht zuständig, aber der Kreisvorsteher und der Bürgermeister schon. Wenn du sie rumkriegst und sie aufhört, sich zu beschweren, genügt ein Wink von ihnen, und sie machen ihn womöglich zum Referatsleiter.«

Großkopf Zhao erstarrte.

Der Gerichtsbeamte fuhr fort: »Du schlägst zwei Fliegen mit einer Klappe, was überlegst du noch?«

»Was ist, wenn ich das schaffe, aber sie meinem Sohn keine feste Stelle geben?«

»Wenn nicht, dann kriegst du zumindest umsonst eine Frau, wenn doch, kriegst du die Stelle noch obendrauf.«

Er schüttelte den Kopf. »Mir geht's mehr um diesen verdammten Sohn als um eine neue Frau.«

»Genau deshalb musst du den Versuch wagen. Wann sonst hast du die Gelegenheit, Kreisvorsteher und Bürgermeister auf dich aufmerksam zu machen?«

Noch immer hatte Großkopf Zhao Zweifel. »Probieren kann ich es, aber was ist, wenn sie sich nicht an ihr Versprechen halten?«

In feierlichem Ton erklärte das Mitglied der Urteilskommission: »So wenig Vertrauen hast du in die Obrigkeit? Ich garantiere dir, dass sich die Regierung um deinen Sohn kümmern wird, wenn du ihr hilfst. Das schwöre ich dir als Gerichtsbeamter im Namen des Gesetzes.«

Großkopf Zhao sah ihn misstrauisch an. »Du legst dich ja mächtig ins Zeug, was versprichst du dir denn davon?«

Ein weiteres Mal legte der Gerichtsbeamte die Karten offen auf den Tisch und erzählte Großkopf Zhao von seinen Aspirationen auf das Amt des stellvertretenden Gerichtsvorsitzenden. Er klatschte in die Hände. »Onkelchen, jetzt sind wir auf Gedeih und Verderb aneinander gebunden. Wenn du dir bei denen da oben Verdienste erwirbst, profitiere ich auch davon. Wenn ich stellvertretender Gerichtsvorsitzender werde, dann gehört ab sofort das Gericht uns beiden.«

»Das ist keine Kleinigkeit, ich muss darüber nachdenken.«

Großkopf Zhao verabschiedete sich und kehrte nach Hause zurück. Der Gerichtsbeamte nahm die Sache nicht übermäßig ernst. Ihm entstand kein Schaden, wenn der Koch nicht auf seinen Vorschlag einging. Ließ er sich jedoch darauf ein, bedeutete das doppelten Gewinn. Immer vorausgesetzt, die Sache klappte.

Zu seiner Überraschung meldete sich Großkopf Zhao bereits am folgenden Abend bei ihm und erklärte sein Einverständnis. Er selbst war von der Sache nicht sonderlich begeistert gewesen, aber er hatte sie mit seinem Sohn besprochen, mehr nebenbei und um ein bisschen seine Wichtigkeit hervorzukehren. Wider Erwarten und im Ge-

gensatz zum üblichen Widerstand von Söhnen gegen die Wiederverheiratung ihrer Väter hatte ihn der Sohn nahezu mit Gewalt dazu gedrängt, auf den Vorschlag einzugehen, ihn geradezu zu einer Stiefmutter genötigt. Nun war er zum Ritt auf dem Tiger bereit.

Der Gerichtsbeamte war erfreut. »Gehen wir's an. Gelingt es, sind wir unsere Sorgen los. Wenn nicht, ist es auch kein Beinbruch.«

»So sehe ich es auch.«

Sie trennten sich, und Großkopf Zhao machte sich ans Werk. Wie das Unternehmen ausgehen würde, wusste der Gerichtsbeamte nicht, seine Erwartungen waren eher gering, und er verdrängte die Angelegenheit aus seinem Gedächtnis. Zu seiner Überraschung meldete sich Großkopf Zhao wenig später täglich per Telefon bei ihm, um ihn über die Fortschritte seiner Bemühungen um Li Xuelian auf dem Laufenden zu halten. Wie der Gerichtsbeamte vorausgeahnt hatte, entwickelte sich die Angelegenheit zunächst nicht sonderlich vielversprechend. Großkopf Zhaos Versuche, die Angelegenheit voranzutreiben, stießen auf keine Gegenliebe, die beiden fanden nicht zueinander. Deshalb verzichtete das Mitglied der Urteilskommission zunächst darauf, seinen Vorgesetzten Bericht zu erstatten. Er befürchtete, dass man der Sache allzu großes Gewicht beimessen und er sich in ein ungünstiges Licht setzen würde, falls der Plan scheiterte. Er wagte nicht, den Deckel vom Topf zu nehmen, bevor der Reis gar war. Zugleich befürchtete er, andere Bekannte Großkopfs könnten von der Sache Wind bekommen und sich hinter seinem Rücken mit ihm zusammentun, um seine Lorbeeren zu ernten.

Das Ganze war ursprünglich nur als Versuch mit ungewissem Ausgang gedacht gewesen, eine Flussüberquerung von Stein zu Stein. Wider Erwarten hatte sich Großkopf Zhao erfolgreich zum anderen Flussufer vorgetastet. Als ihn dessen SMS mit der Erfolgsmeldung erreichte, hatte er zunächst gezweifelt und mit einer SMS geantwortet:

»Ist das wirklich wahr?«

Worauf er als Antwort erhielt: »Absolut, haben miteinander geschlafen.«

Jetzt erst war der Gerichtsbeamte überzeugt. Das Blut schoss ihm in den Kopf, und er beeilte sich, seinen Vorgesetzten Bericht zu erstatten. Drei Tage war die Fahndung nach Li Xuelians Flucht erfolglos geblieben, die Leitungsfunktionäre aller Ebenen waren in höchster Aufregung. Der Zeitpunkt der Meldung war perfekt. Doch in der Frage, wem er sie überbringen sollte, zögerte er. Als Mitglied des Gerichtshofes hätte er sich an den Gerichtsvorsitzenden als seinen direkten Vorgesetzten wenden müssen, aber er hatte seine Bedenken, und überdies mochte er Wang Gongdao nicht. Sie hatten sich bei dessen Amtsantritt gestritten, der Gerichtsvorsitzende war nachtragend und bildete das größte Hindernis auf seinem Weg zum stellvertretenden Gerichtsvorsitz. Auch die überreichten Geschenke hatten den angehäuften Groll nicht beiseiteräumen können. Dieser kleinwüchsige Fettwanst ohne Augenbrauen hatte einfach kein Herz. So beschloss Li Congming, an seinem Vorgesetzten vorbei direkt den Kreisvorsteher aufzusuchen. Sich an den direkten Vorgesetzten zu wenden wäre zudem töricht gewesen, da dieser dem Kreisvorsteher Bericht erstatten und die Verdienste für sich einheimsen würde. Und schließlich bedeutete der direkte Kontakt zum Kreisvorsteher einen Tritt vors Schienbein des Gerichtsvorsitzenden. Li Congming hatte etwas zustande gebracht, wozu dieser unfähig gewesen war, das würde seinem Anspruch auf den stellvertretenden Gerichtsvorsitz zusätzlichen Nachdruck verleihen.

Mit klopfendem Herzen eilte das Mitglied der Urteilskommission daher in die Kreisverwaltung, um den Kreisvorsteher zu treffen.

In den drei Tagen seit Li Xuelians Flucht hatte der Kreisvorsteher keine reguläre Mahlzeit zu sich genommen, dafür fehlten die Zeit und der Appetit. Der Stress hatte auf seinen Lippen riesige Blasen hervorgerufen, doch trotz aller Anstrengungen hatte sich bisher keine Spur von Li Xuelian gefunden, und seine Stimmung war auf dem Tiefpunkt. Zu normalen Zeiten hätte ein gewöhnlicher Gerichtsbeamter keine Chance gehabt, ohne Weiteres zum Kreisvorsteher vorzudringen, er wäre schon auf dem Weg dorthin aufgehalten worden. Doch dies waren außergewöhnliche Zeiten, und sobald er zu verstehen gab, dass er in Sachen Li Xuelian gekommen sei, meldete man das unverzüglich dem Kreisvorsteher, der ebenso unverzüglich Anweisung gab, den Besucher vorzulassen. Mit wachsender Verwunderung hörte der Kreisvorsteher sich an, was Li Congming über die Verbindung zwischen Li Xuelian und Großkopf Zhao berichtete. Und nachdem dieser geendet hatte, wich beim Kreisvorsteher die Verwunderung allmählich der Ungläubigkeit. Er reagierte mit der gleichen Frage, die Li Congming Großkopf Zhao gestellt hatte:

»Ist das wirklich wahr?«

Der Gerichtsbeamte zog sein Mobiltelefon hervor und zeigte ihm Großkopf Zhaos SMS. Neben der über den vollzogenen Beischlaf war darunter eine, die Li Congming erst eine Stunde zuvor erhalten hatte: »Sind am Taishan, heiraten nach Rückkehr.«

»Hier steht es schwarz auf weiß, es ist eindeutig. Sie will heiraten, das bedeutet Schluss mit den Beschwerden. Weggerannt ist sie, das stimmt, aber nicht nach Peking, sondern nach Shandong, hier ist der Beweis.«

Der Kreisvorsteher war noch immer nicht völlig überzeugt. »Es geht um eine äußerst schwerwiegende Angelegenheit, bei der wir uns nicht den geringsten Fehler erlauben dürfen.«

»Herr Kreisvorsteher, ich stehe als Parteimitglied dafür gerade, dass die Sache absolut wasserdicht ist. Zwei Jahre Arbeit habe ich investiert, ich wollte nur den Deckel nicht lüften, bevor der Reis gar ist.«

Der Kreisvorsteher war jetzt überzeugt. Ihm fiel ein schwerer Stein vom Herzen, ein Gefühl grenzenloser Erleichterung machte sich in ihm breit. Drei Tage Aufruhr, vierhundert mobilisierte Polizisten, alles in die falsche Richtung. Nach Shandong war das Weibsbild gefahren, während sie alle davon ausgegangen waren, dass sie nach Peking unterwegs war. Ein Mann hatte genügt, den Fall zu lösen, an dem sich vierhundert Polizisten die Zähne ausgebissen hatten.

Der Kreisvorsteher war sich im Klaren darüber, welche Absicht der Mann mit seiner Aktion verfolgte, es ging um die vakante Stelle am Gerichtshof.

»Li, mein Freund, Sie haben der Regierung einen großen Gefallen erwiesen. Soviel ich weiß, ist am Gerichtshof die Stelle eines stellvertretenden Vorsitzenden vakant, wir werden uns darüber unterhalten, sobald diese Angelegenheit erledigt ist.«

Auch der Gerichtsbeamte wurde von Rührung ergriffen. Eigentlich hatte er vorgehabt, die Frage einer regulären Stelle für Großkopf Zhaos Sohn beim Amt für Viehwirtschaft anzusprechen, aber nachdem der Kreisvorsteher von sich aus die Besetzung der vakanten Stelle am Gericht angeschnitten hatte, blieb er stumm, da er befürchtete, dass ein weiteres Anliegen von seinem Anspruch auf den stellvertretenden Gerichtsvorsitz ablenken und zu einem Kuhhandel mit der Personalabteilung führen könne. Daher behielt er die Sache erst einmal für sich, er würde sich darum kümmern, sobald er den stellvertretenden Gerichtsvorsitz in der Tasche hatte.

Der Kreisvorsteher ermahnte ihn: »Sie behalten bitte die Sache für sich.«

»Sie können sich auf mich verlassen«, war die prompte Antwort.

Nachdem der Gerichtsbeamte Li Congming beschwingten Schrittes sein Büro verlassen hatte, überfiel den Kreisvorsteher plötzlich ein Wolfshunger, und ihm wurde bewusst, dass er drei Tage nichts Ordentliches gegessen hatte. Nachdem er telefonisch seinen Sekretär angewiesen hatte, ihm ein Schale Nudeln zu besorgen, beeilte er sich, den Bürgermeister anzurufen.

Drei Tage zuvor hatte er versucht, Li Xuelians Flucht vor dem Bürgermeister geheim zu halten und die Angelegenheit unter der Hand kreisintern zu regeln. Der Bürgermeister hatte davon trotzdem Wind bekommen, von sich aus angerufen und ihn in eine peinliche Lage gebracht. Wutentbrannt hatte der Bürgermeister ihn wissen lassen, dass er »etwas enttäuscht« von ihm sei. Die anschließende dreitägige Fahndung hatte nichts eingebracht als Blasen auf seinem Mund. Er hatte die Sache bereits für verloren gegeben und auf den nächsten zornigen Anruf des Bürgermeisters gewartet, verbunden mit disziplinarischen Konsequenzen. Mit einer derart überraschenden Wendung in dieser hoffnungslos verfahrenen Situation hatte er nicht gerechnet. Er beeilte sich, dem Bürgermeister die gute Botschaft zu überbringen, um den Schatten, den Li Xuelians Flucht auf ihn geworfen hatte, zu vertreiben. Die Eröffnung des Nationalen Volkskongresses hatte heute stattgefunden, der Bürgermeister befand sich in Peking. Der Anruf des Kreisvorstehers erreichte ihn beim Mittagessen. Auch er war zutiefst erstaunt. Nachdem er sich davon erholt hatte, interessierte er sich nicht weiter für Li Xuelian, sondern fragte:

»Wer hat diese Idee gehabt?«

Eigentlich hatte der Kreisvorsteher geplant, das Verdienst für sich selbst zu beanspruchen, aber dann befürchtete er doch, dass nachträglich die Wahrheit ans Licht kommen würde. Drei Tage zuvor war sein Versuch, etwas zu verheimlichen, nach hinten losgegangen, noch einmal wollte er dieses Risiko nicht eingehen, daher antwortete er wahrheitsgemäß:

»Ein ganz gewöhnlicher Mitarbeiter des Gerichtshofes, ein Verwandter des Mannes, mit dem Li Xuelian zusammen ist.«

»›Gewöhnlich‹ ist wohl kaum zutreffend, der Mann ist ein politisches Talent.«

Der Kreisvorsteher erschrak, aber da er nicht erriet, worauf der Bürgermeister hinauswollte, verzichtete er auf jeden Kommentar.

Der Bürgermeister fuhr fort: »Er hat sich dem Fall Li Xuelian von einer anderen Seite genähert als wir. Wir haben ihn immer als Scheidungsfall betrachtet, er dagegen als den Fall einer potenziellen Eheschließung.«

Dieses Lob, auch wenn es von einem anderen ausgesprochen wurde, erfreute den Kreisvorsteher, als gelte es ihm selbst.

Eifrig bemerkte er: »In der Tat. Wie ein General, der dem Feind den Rückzug abschneidet.«

»Das habe ich nicht gemeint. Worauf ich hinauswill, ist: Zwanzig Jahre lang haben wir immer behandelt, was uns gerade wehtat, mal den Kopf und mal die Füße. Es hat gewirkt, aber immer nur für ein Jahr. Unser Mann hat dagegen die Krankheit bei der Wurzel gepackt, er hat Li Xuelian dazu gebracht zu heiraten und so mit einem Schlag sämtliche Probleme gelöst.«

Der Kreisvorsteher pflichtete ihm hastig bei: »In der Tat, sobald sie wieder verheiratet ist, sind alle Probleme gelöst, und wir brauchen uns ihretwegen keine Sorgen mehr zu machen.«

»Wie heißt der Mann?«

Der Kreisvorsteher war sich im Klaren darüber, dass diese Frage nicht absichtslos gestellt wurde: Zu diesem Zeitpunkt gestellt, eröffnete sie dem Namensträger eine glänzende Karriere im Apparat. Damals, als er selbst als

Vizekreisvorsitzender die Belagerung der Kreisverwaltung durch die Bauern geregelt hatte, hatte sich der Bürgermeister in gleicher Weise nach ihm erkundigt. Eigentlich hätte der Kreisvorsteher den Namen lieber verschwiegen, aber er war sich im Klaren darüber, dass der Bürgermeister ihn auf anderen Wegen jederzeit in Erfahrung bringen konnte. In Personalfragen wagte niemand, den Bürgermeister zu hintergehen. Daher antworte er wahrheitsgemäß: »Li Congming heißt er.«

Mit einem anerkennenden Seufzer sagte der Bürgermeister: »Eine interessante Person, sein Name ist kein leeres Versprechen.«

Eilig erklärte der Kreisvorsteher: »Wir beabsichtigen, ihn in nächster Zukunft zum stellvertretenden Gerichtsvorsitzenden zu befördern.«

Ohne darauf zu antworten, hängte der Bürgermeister auf.

Die Affäre hatte ein für alle glückliches Ende gefunden.

Allerdings war das hauptamtliche Mitglied der Urteilskommission Li Congming nicht darauf vorbereitet, dass Großkopf Zhao nach Erfüllung seiner Aufgabe ihn mit Kurznachrichten bombardieren würde, worin er auf die Erledigung des Versprechens bezüglich seines Sohnes drängte. Der Sohn warte darauf. Da der Gerichtsbeamte bei seinem Bericht dem Kreisvorsteher das Anliegen, dem Sohn von Großkopf Zhao eine reguläre Stelle im Viehwirtschaftsamt zu verschaffen, nicht vorgetragen und auf die Zeit nach seiner Beförderung verschoben hatte, war ihm etwas unwohl. Auf seine vollmundige Antwort, die Sache werde »in Kürze« erledigt, erhielt er als Rückfrage, ob »in Kürze« drei oder fünf Tage bedeute. Er antwortete ausweichend und mit einer gewissen Zweideutigkeit. Großkopf Zhao wurde unruhig und rief ihn direkt an, nach ein paar Worten begannen sie zu streiten.

Dieses Telefonat brachte den Topf mit dem gar gekochten Reisbrei zum Zerspringen. Li Xuelian wurde Ohrenzeugin. Er hatte kaum aufgehängt, als sie ins Zimmer stürmte.

»Mit wem hast du gerade gesprochen?«

An ihren zornfunkelnden Augen erkannte er, dass die Geschichte aufgeflogen war, dennoch machte er eine Anstrengung, sie zu vertuschen.

»Der Zhu vom Eselfleischladen in der Kreisstadt schuldet mir zweitausend Yuan, ich hab sie zurückverlangt, da hat er sich aufgeregt.«

Klatschend landete eine Ohrfeige in seinem Gesicht.

»Hör auf, mich anzulügen, ich habe alles mitgehört. Mein Gott, Großkopf, ein Betrüger bist du, und ich habe gedacht, du willst mich ehrlich heiraten. Nicht genug damit, du tust dich hinter meinem Rücken mit diesem korrupten Beamtenpack zusammen, um mich hereinzulegen.«

Sie geriet mehr und mehr in Wut, zog ihren Schuh aus und trommelte ihm damit wahllos auf Kopf und Körper herum. Er versuchte, mit den Armen seinen Kopf zu schützen, kroch unters Bett und stammelte: »Ich hab dich nicht betrogen, ich hab dich nicht reingelegt, ich will dich wirklich heiraten. Hör doch, das hat nichts damit zu tun.«

Sie achtete nicht auf seine Erklärungen, sondern verpasste ihm eine weitere Ohrfeige. »Was bin ich für eine

Idiotin, geschieht mir recht. Mich nach zwanzig Jahren derart betrügen zu lassen!«

Sie begann zu weinen. »Zwanzig Jahre lang hab ich mich beschwert und hab mir nichts vorzuwerfen. Aber jetzt, jetzt hat mich der Kerl vor aller Welt beschlafen und betrogen, wie soll ich jetzt weiterleben?«

Sie stieß einen markerschütternden, qualvollen Schrei aus.

Großkopf Zhao kroch unter dem Bett hervor und war ratlos. Sie würde ihm nicht mehr glauben, egal, ob er mit der ganzen Wahrheit herausrückte oder versuchte, sie weiter hinters Licht zu führen. Selbstkritik war der einzige Ausweg. Er stotterte: »Mir blieb keine Wahl, mein Sohn braucht eine reguläre Stelle im Amt für Viehwirtschaft. Nicht ich hab mir das ausgedacht, es war die Idee von diesem Li Congming vom Gericht.«

Und vollends wirr im Kopf fügte er hinzu: »Nimm's nicht so tragisch, ich kann die Sache mit meinem Sohn sausen lassen, wir heiraten einfach und nichts weiter.«

Sie hörte plötzlich auf zu weinen und packte ihre Sachen zusammen, griff nach ihrem Mantel und der Wasserflasche, stopfte alles wild durcheinander in ihre Reisetasche, nahm sie hoch, trat gegen die Tür und verließ das Zimmer. Er begriff, dass die Sache verloren war.

Er rannte hinter ihr her und schrie: »Bleib doch, lass uns über alles reden.«

Sie achtete nicht auf ihn und marschierte mit großen Schritten aus dem Hotel.

Er hastete hinter ihr her. »Alles mein Fehler, ich hätte dich nicht hintergehen dürfen, bitte, sei nicht mehr wütend. Wir bleiben zusammen und legen sie rein. Was hältst du davon?«

Sie achtete nach wie vor nicht auf ihn, ging die Gasse entlang bis ans Ende, bog nach links auf einen Gemüsemarkt ab. Sie rannte durch die dichtgepackte Menge der Verkäufer und Käufer, immer weiter vorwärts.

Großkopf Zhao gelang es, sie einzuholen. Er hielt sie fest. »Sei ruhig wütend, schlag mich, wenn du magst.«

Sie marschierte zu einem Fleischstand, wandte sich um und ergriff ein scharf geschliffenes Messer zum Abtrennen von Rinderohren. »Ich bring dich um, hast du kapiert?« Damit stieß sie das Messer in Richtung seiner Brust.

Er erschrak zu Tode und machte einen Riesensatz rückwärts. Auch die Leute um sie herum erschraken. Doch hielten sie das Ganze für einen Ehestreit und eilten herbei, um zu schlichten.

Großkopf Zhao rief ihr aus der Menge zu: »Geh nur, wenn es sein muss. Aber sag mir, wohin willst du denn, ohne Bekannte und ohne Unterkunft?«

Sie rief aus der Menschenmenge zurück: »Hör zu, Großkopf: Wäre nicht passiert, was passiert ist, hätte es keine Beschwerde mehr gegeben. Jetzt, wo es passiert ist, muss ich es doch tun. Als sie mich offen unter Druck gesetzt haben, konnte mich das nicht umstimmen. Jetzt, wo ihr mich hinterrücks ausgetrickst habt, mache ich euch den Garaus. Geh nur und verpfeif mich, diesmal gebe ich nicht auf, bevor alles in Trümmern liegt, so wahr ich Li Xuelian heiße!«

10. Kapitel

Li Xuelians hastige Abreise aus Tai'an versetzte die Kreis- und Bezirksbehörden in noch größere Panik als ihre Flucht aus ihrem Heimatdorf. Damals war der Kreis noch in der Lage gewesen, ein Großaufgebot an Polizisten zu mobilisieren, um ihr den Weg zu versperren. Die Abreise aus Shandong bedeutete, dass die Angelegenheit Provinzgrenzen überschritten hatte. Polizeikräfte in die Provinz Shandong zu entsenden erforderte erheblichen Zeit- und Kostenaufwand. Hinzu kam, dass sie den Ereignissen hinterherliefen. Li Xuelian war zwar von Tai'an abgereist, hatte aber mit Sicherheit die Provinz Shandong längst verlassen und befand sich auf dem Weg nach Peking. Eine Beschwerde zu diesem Zeitpunkt war wesentlich kritischer als eine Beschwerde ein paar Tage zuvor, als der Nationale Volkskongress noch nicht tagte. Vor der Eröffnung wäre eine rechtzeitige Rettungsaktion noch möglich gewesen, wenn es ihr jetzt gelingen sollte, in die Große Halle des Volkes vorzudringen, wären die Auswirkungen gravierender als zwanzig Jahre zuvor. Beim ersten Mal war sie zum »Kleinen Kohlkopf unserer Tage« geworden. Gelang es ihr zum zweiten Mal, während einer Tagung des Nationalen Volkskongresses mit einer Beschwerde in die Große Halle des Volkes vorzudringen, würde sie einen mit Osama bin Laden vergleichbaren Bekanntheitsgrad erlangen und unzählige Funktionäre von der Provinz- bis zur Kreisebene um ihre Ämter bringen.

Der Kreisvorsteher stand kurz vor einem Nervenkollaps. Nicht Li Xuelian galt seine erste Sorge, als ihn die Nachricht erreichte, vielmehr beorderte er den Gerichtsvorsitzenden Wang Gongdao und das Mitglied der Urteilskommission Li Congming zu sich und fragte zornbebend: »Was ist hier los?«

Li Congming traf das Scheitern seines Plans gänzlich unvorbereitet, er schlotterte vor Angst am ganzen Leib. Sein Vorgesetzter kochte vor Wut, nicht etwa über die Flucht Li Xuelians, sondern weil sein Untergebener sich eigenmächtig in diese Scheißaffäre eingemischt hatte. Für Li Xuelians erste Flucht waren ausschließlich die Polizeibehörden verantwortlich gewesen, ihre diesmalige würde auch auf den Gerichtshof zurückfallen. Noch wütender jedoch machte ihn, dass sein Untergebener mit seiner Einmischung unverhüllt die Absicht verfolgt hatte, an den Stellvertreterposten zu gelangen. Persönlicher Ehrgeiz war verzeihlich, aber dass er an ihm vorbei den Kreisvorsteher informiert hatte, um die Lorbeeren einzuheimsen und ihn als unfähigen Trottel hinzustellen, raubte ihm vor Zorn fast den Verstand. Dass der Topf mit dem gar gekochten Reis geplatzt und die gebratene Gans davongeflogen war, erfüllte ihn mit Schadenfreude. Als sein Untergebener sich seines Erfolges brüstete, hatte man ihn außen vor gelassen, jetzt, wo die Sache schiefgegangen war und nach Schuldigen gesucht wurde, machte man ihn mitverantwortlich. Aber angesichts des wutschnaubenden Kreisvorstehers zog er es vor, sich auf keine Diskussion einzulassen und den Ausbruch mit gesenktem Kopf schweigend über sich ergehen zu lassen. Dem hauptamtlichen Mitglied der Urteilskommission, das begriff, dass es die Hauptschuld an diesem Schlamassel trug und dass sein Vorgesetzter vor Wut kochte, blieb keine Wahl, als zitternd und bebend die ganze Wahrheit zu beichten: Dass die Heirat beschlossene Sache gewesen war, dass es aber noch diese Abmachung zwischen ihm und Großkopf Zhao gegeben hatte, dessen Sohn eine reguläre Stelle im Amt für Viehwirtschaft zu verschaffen, dass er jedoch versäumt hatte, den Kreisvorsteher über diese Abmachung zu informieren, dass es darüber zwischen ihm und Großkopf Zhao zum Streit gekommen war, den Li Xuelian mitgehört habe, dass sie die Sache daraufhin habe platzen lassen und verschwunden sei.

Seine Beichte brachte das Fass zum Überlaufen. »Warum haben Sie mir von dieser Abmachung nichts erzählt? Sie haben mir entscheidende Tatsachen vorenthalten. Wissen Sie, wie man das nennt? ›Ein großes Werk durch eine Kleinigkeit verderben‹.«

Der Gerichtsvorsitzende nutzte die Gelegenheit, um Öl ins Feuer zu gießen. »Es handelt sich hier nicht um eine Kleinigkeit. Er hat Ihnen diese wesentliche Information vorenthalten, weil er nur die Stelle des stellvertretenden Gerichtsvorsitzenden im Kopf hatte. Aus kleinlichem Eigennutz hat er diese einmalige Gelegenheit verpatzt. Das ist der wahre Grund für Ihre jetzigen Scherereien.«

Tatsächlich fachte er damit die Wut des Kreisvorstehers weiter an. Auf Li Congming deutend sagte er: »Sie tragen Ihren Namen zu Unrecht, wirklich intelligent sind Sie nicht, Sie sind nur oberschlau. Vor lauter Schlauheit haben Sie sich selbst ein Bein gestellt.«

Er wandte sich an den Gerichtsvorsitzenden: »Wo ist sie jetzt?«

»Keine Ahnung.«

Damit brachte er den Kreisvorsteher noch mehr gegen sich auf. Hastig fügte er hinzu: »So, wie es aussieht, ist sie nach Peking unterwegs.«

»Na also, was stehen Sie hier noch herum? Ab nach Peking, bringt sie mir her!«

Der verdatterte Gerichtspräsident stotterte: »Herr Kreisvorsteher, Festnahmen sind Aufgabe der Polizei, damit hat das Gericht nichts zu tun.«

Der Kreisvorsteher explodierte: »Was heißt, ›hat nichts damit zu tun‹? Ihr habt vor zwanzig Jahren in diesem Prozess das Urteil gefällt. Außerdem sind Sie doch verwandt mit ihr, oder?«

»Ach was, davon kann keine Rede sein.«

»Offensichtlich gehören Sie auch zu den Oberschlauen. Ich will Ihnen mal was sagen: Glauben Sie bloß nicht, Sie könnten sich aus der Sache raushalten. Wenn noch mal was passiert, bin ich die längste Zeit Kreisvorsteher und sind Sie die längste Zeit Gerichtsvorsitzender gewesen.«

Er sah den Gerichtsvorsitzenden durchdringend an. »Machen Sie mir doch nichts vor, damals seid ihr vom Gericht auch nach Peking gegangen, um sie zu suchen.«

Der Gerichtsvorsitzende antwortete hastig: »Ich habe

verstanden, Kreisvorsteher. Sofort mache ich mich mit meinen Leuten auf den Weg.«

»Damit ist es nicht getan. Ihr durchkämmt jede Straße und jede Gasse, bis ihr sie ausfindig gemacht habt.«

Die beiden Gerichtsbeamten verließen Hals über Kopf sein Büro. Der Kreisvorsteher atmete tief durch und beschloss, den Bürgermeister anzurufen. Beim letzten Gespräch hatte er ihm mitteilen können, dass durch die Heirat Li Xuelians die Angelegenheit zu aller Zufriedenheit beigelegt sei, und war dafür belobigt worden. Und nun, nur zwei Tage später, musste er ihm mitteilen, dass die Sache geplatzt war. Ihm die Nachricht vorzuenthalten, wagte der Kreisvorsteher nicht, das »etwas enttäuscht« des Bürgermeisters beim letzten Versuch war ihm eine Lehre. Und diesmal war die Lage noch ernster. Bei ihrer ersten Flucht ging es ihr nur um die Beschwerde, diesmal, nach dem Zerwürfnis mit Großkopf Zhao, war sie erfüllt von Hass und Ingrimm. Zum Zeitpunkt der ersten Flucht war der Nationale Volkskongress noch nicht eröffnet, jetzt tagte er. Versäumte er ein weiteres Mal, den Bürgermeister rechtzeitig zu informieren, würde aus dem »etwas enttäuscht« ein »gründlich enttäuscht«, und dann war alles verloren. »Alles«, das hieß: seine Beamtenkarriere. Er nahm den Hörer auf, doch Angst ließ ihn zögern. Nur zwei Tage nachdem er den glücklichen Abschluss der Angelegenheit verkündet hatte, war die Welt plötzlich wieder aus den Fugen geraten. Auch wenn er diesmal rechtzeitig Meldung erstattete, würde ihn der Bürgermeister zusammenfalten, wie er selbst soeben die Vertreter des Gerichts zusammengefaltet hatte. Wieder griff er nach dem Hörer, und wieder legte er auf. Erst beim dritten Anlauf kam ihm eine Idee: Er würde nicht den Bürgermeister, sondern dessen Generalsekretär anrufen, der seinem Chef nach Peking gefolgt war. Bei ihm wollte er erst einmal vorfühlen, um dann zu entscheiden, wie er sich dem Bürgermeister gegenüber verhalten sollte. Er stieß einen Seufzer aus: Was hatten die Versetzung in diesen Kreis und die Begegnung mit Li Xuelian aus dem unerschrockenen Vizekreisvorsteher gemacht, der so glanzvoll die Belagerung der Kreisverwaltung durch die Bauern geregelt hatte? Ein schreckhaftes Nervenbündel, das hinter jeder Ecke Monster lauern sah. Rätselhaft blieb ihm, wieso sämtliche Behörden seit zwanzig Jahren an einem Scheidungsfall herumdokterten, letztlich war das eine Privatangelegenheit. Und dabei immer tiefer im Morast versanken. Wie schaffte es diese einfache Bäuerin ein ums andere Mal, all diese Führungsfunktionäre nach ihrer Pfeife tanzen zu lassen? Wie war es dazu gekommen? Wovor hatten die Leute Angst? Er fand keine Antwort darauf. Aber Seufzen brachte ihn nicht weiter, die Sache drängte und musste in Angriff genommen werden. Egal, wie festgefahren sie war, er musste sie eine Runde weiterdrehen.

Als sich der Generalsekretär am anderen Ende der Leitung meldete, berichtete er ihm wahrheitsgemäß, dass Li Xuelian erneut alle ihre Pläne über den Haufen geworfen hatte.

Der Generalsekretär war perplex: »Aber ich dachte, sie wollte heiraten? Wieso will sie sich nun doch wieder beschweren?«

Der Kreisvorsteher verschwieg, dass der Gerichtsbeamte Li Congming aus Eigennutz und Dummheit die Angelegenheit vermasselt hatte. Es würde auf ihn selbst zurückfallen, wenn er gegenüber einem Vorgesetzten über die Unfähigkeit eines Untergebenen herzog. Stattdessen sagte er: »Eigentlich hatten sie beschlossen zu heiraten, dann kam es zu Meinungsverschiedenheiten zwischen den beiden, und sie ist ihm davongelaufen.«

Damit schob er die Verantwortung auf die beiden ab.

»Das bringt uns in eine ziemlich unangenehme Lage«, sagte der Generalsekretär.

»Ja, unangenehm, in der Tat. Aber für uns nicht vorhersehbar.«

»Mit ›unangenehm‹ meinte ich etwas anderes. Gestern Abend hatte der Bürgermeister ein Essen mit dem Provinzgouverneur, der sich bei Tisch nach dem Stand der Dinge in Sachen des ›Kleinen Kohlkopfs‹ erkundigte. Der Bürgermeister hat ihm die Sache mit der Heirat als komische Anekdote erzählt, und die ganze Runde, einschließlich des Provinzgouverneurs, hat sich köstlich darüber amüsiert. Es dürfte den Bürgermeister in Erklärungsnot bringen, wenn sein Witz sich am Tag darauf selbst als Witz herausstellt.«

Wieder geriet der Kreisvorsteher ins Schwitzen. Die Sache war noch weitaus ernster, als er gedacht hatte, sie zog jetzt Kreise bis hinauf zum Provinzgouverneur. Seine Schwierigkeit, dem Bürgermeister das Hin und Her zu erklären, war bedeutungslos gegenüber der Tatsache, dass der Bürgermeister dem Gouverneur gegenüber in Erklärungsnot geriet. Aus dem »etwas enttäuscht« würde unter diesen Umständen kein »gründlich enttäuscht« mehr, sondern vermutlich eine sofortige Disziplinarmaßnahme. In Fragen der Beurteilung von Funktionären und daraus folgenden

Konsequenzen kannte der Bürgermeister kein Pardon. Seine Beförderung hatte er dem Bürgermeister zu verdanken, aber alles konnte sich abrupt ändern, in die eine wie in die andere Richtung.

Schweißgebadet legte er vor dem Generalsekretär ein Schuldbekenntnis ab. »Ich gebe zu, ich habe durch mein Versagen die Führung in eine extrem peinliche Lage gebracht. Sagen Sie mir, was soll ich tun?« Flehend fuhr er fort: »Ich habe so lange unter Ihnen gearbeitet, Sie dürfen mich jetzt nicht hängen lassen.«

Der Generalsekretär zeigte Verständnis. Nach längerem Nachdenken sagte er: »Offenbar bleibt uns nur die Brechstangen-Methode.«

»Welche Brechstangen-Methode?«

»Mobilisieren Sie ein paar Dutzend Polizisten, stecken Sie sie in Zivilkleider, schaffen Sie sie nach Peking, bevor die Frau dort eintrifft, und lassen Sie sie unauffällig rings um die Halle des Volkes ein Netz spannen. Es gibt natürlich ein eigenes Sicherheitsnetz der Pekinger Polizei, das Ihre muss davorgespannt sein. Wenn die Frau versucht, in die Große Halle des Volkes einzudringen, müssen Sie sie schnappen, bevor sie in die Hände der Pekinger Polizei gerät. Nur die Große Halle des Volkes muss bewacht werden, dort darf auf keinen Fall etwas passieren. Wenn sie anderswo in Peking Unruhe stiftet, ist es weniger schlimm.«

Das Dunkel vor den Augen des Kreisvorstehers begann, sich zu lichten, der Vorschlag erschien ihm ausgezeichnet, er reagierte enthusiastisch: »Im Namen der gesamten Bevölkerung unseres Kreises möchte ich Ihnen für Ihre Nachsicht und Güte danken. Ich werde sofort die Polizeikräfte bereitstellen. Ich möchte Sie nur noch um eine kleine Gefälligkeit ersuchen: Bitte informieren Sie den Bürgermeister vorläufig nicht, Sie kennen sein Temperament. Wir werden alles tun, um die Sache intern und ohne Aufsehen zu regeln. Mir ist natürlich bewusst, dass Sie damit in unserem Interesse eine große Verantwortung auf sich nehmen.«

»Ich sehe zu, was sich machen lässt. Aber das Entscheidende müssen Sie leisten, Ihr Netz muss absolut undurchlässig sein.«

»Seien Sie beruhigt. Wir mögen in der Vergangenheit den einen oder anderen Fehler gemacht haben, diesmal wird sie uns nicht wieder durch die Maschen schlüpfen, und wenn sie sich in eine Motte verwandelt.«

Kaum hatte er aufgelegt, rief er den Polizeichef zu sich und befahl ihm, ein paar Dutzend Polizisten in Zivil nach Peking zu schicken und rings um die Halle des Volkes, außerhalb des Sicherheitskordons der Pekinger Polizei, ein zweites Netz zu spannen, um Li Xuelian abzufangen.

»Das letzte Mal habt ihr sie entwischen lassen, ich gebe euch eine letzte Chance. Wenn ihr sie wieder entkommen lasst, dann sind Sie nicht nur Ihr Amt los, dann loche ich Sie persönlich anstelle von Li Xuelian ein.«

Beim letzten Mal hatte der Polizeichef auf Li Xuelians Flucht reagiert wie ein aufgescheuchtes Huhn. Auf die Nachricht hin, dass die Entflohene heiraten und das Beschwerdeführen aufgeben wollte, hatte er sich etwas entspannt, nur um bei der Nachricht der erneuten Flucht wieder in Panik zu geraten. Auch wenn die zweite Flucht nicht der Polizei angelastet werden konnte, war sie eine

Folge der ersten. Der Blick ins Gesicht des Kreisvorstehers genügte.

»Seien Sie beruhigt, ich schicke auf der Stelle die Leute per Bahn nach Peking.«

Der Kreisvorsteher explodierte erneut: »Es brennt unterm Hintern, und Sie wollen die Bahn nehmen. Die Männer sollen fliegen.«

»Sie werden sofort losfliegen. Auf der Stelle.« Erklärend fügte er hinzu: »Wegen der knappen Mittel haben wir das noch nie gemacht.«

In diesem Moment kam dem Kreisvorsteher eine weitere glänzende Idee: Er würde dem Gerichtsvorsitzenden nichts von diesem zweiten Sicherheitsnetz verraten. Er und seine Leute sollten in Peking die Straßen absuchen. Zwei Pfeile im Köcher waren besser als einer, auch bei der Brechstangen-Methode.

»Das ist ein Geheimauftrag, niemand darf davon erfahren, auch das Gericht nicht.«

»Nicht einmal mein eigener Vater wird davon erfahren.« Damit verließ der Polizeichef fluchtartig das Büro.

11. Kapitel

Drei Tage hielt sich der Gerichtsvorsitzende Wang Gongdao mit seiner vierzehnköpfigen Mannschaft nun schon in Peking auf, ohne eine Spur von Li Xuelian zu finden. Von der Entsendung der Polizeibeamten, die die Große Halle des Volkes bewachten, wusste er nichts, daher ging er davon aus, dass die Last, die Flüchtige ausfindig zu machen, allein auf seinen Schultern lag. Er und seine vierzehn Gerichtsbediensteten bildeten fünf Teams mit jeweils drei Personen und begannen, das Pekinger Stadtgebiet systematisch abzusuchen. Zwei seiner Leute hatten bereits an früheren Suchaktionen in Peking teilgenommen, sie führten die beiden Teams an, die alle kleinen Hotels abgrasten, wo Li Xuelian früher schon einmal abgestiegen war. Die meisten davon lagen versteckt in irgendwelchen verwahrlosten Altstadtgassen oder in den Kellerräumen von Hochhäusern, sie waren schmutzig und übel riechend. Außerdem suchten sie alle in Peking lebenden Landsleute auf, mit denen Li Xuelian Kontakt gehabt hatte, Besitzer kleiner Restaurants, Bauarbeiter, Gemüseverkäufer oder ambulante Lumpensammler, keiner wurde verschont. Drei

Tage intensiver Nachforschung blieben ergebnislos. Die drei anderen Teams verteilten sich auf Pekings Bahnhöfe und Fernbusstationen, in der Hoffnung, sie gleich bei ihrer Ankunft in Peking abzufangen, aber auch in der Annahme, dass sie dort, falls sie sich in Peking kein Hotel leisten konnte, übernachten würde. Doch unter den Menschenmassen, die in diesen drei Tagen an Pekings Eisenbahn- und Fernbusbahnhöfen ein- und ausströmten, fand sich keine Li Xuelian. Nach drei Tagen ergebnisloser Suche entlud sich der Zorn des Gerichtsvorsitzenden über dem Haupt des hauptamtlichen Mitglieds der Urteilskommission Li Congming. Der hatte sich anfangs geweigert, mit nach Peking zu kommen, aber sein Vorgesetzter hatte ihn nach dem Vorbild des Kreisvorstehers angeschnauzt:

»Was soll das heißen, natürlich fahren Sie nach Peking! Ihnen haben wir das alles zu verdanken, ohne Sie hätten wir vom Gericht mit der ganzen Sache nichts zu tun. Aus purem Eigennutz haben Sie dieses Unheil angerichtet, jetzt hat der gesamte Gerichtshof darunter zu leiden. Und da wollen Sie sich drücken? Ich will Ihnen mal was sagen: Nicht, ob Sie nach Peking fahren, steht zur Debatte. Die Frage ist vielmehr, ob Sie die Person finden. Wenn nicht, sind Sie nicht nur Ihren Posten als Mitglied der Urteilskommission los, sondern ich werde bei den Justizbehörden beantragen, Ihnen den Beamtenstatus abzuerkennen. Und zwar noch bevor mich der Kreisvorsteher als Gerichtsvorsitzenden rauswirft.«

Schuldbewusst machte sich das hauptamtliche Mitglied der Urteilskommission auf den Weg. Von der Hoffnung getrieben, seinen Fehler auszubügeln, zeigte er zu Beginn der Suche besonderen Eifer. Doch hängt der Erfolg eines Unternehmens nicht vom Eifer allein ab, mit dem man zu Werke geht. Keiner wusste, ob Li Xuelian bereits in Peking angelangt war, und wenn ja, wo sie sich aufhielt. Diese kopflose Sucherei machte keinen Sinn. Angesichts der Ausdehnung des Stadtgebiets und der Masse ihrer Bewohner war ein Misserfolg nahezu vorprogrammiert und ein Erfolg reiner Zufall. Doch die Suche musste fortgesetzt werden, auch wenn der Ausgang völlig ungewiss war. Jedes Mal, bevor sie ein Hotel, eine Baustelle, einen Markt oder die Wohnung eines Müllsammlers aufsuchten, nahmen sie mit der lokalen Polizeistation Kontakt auf, sie klapperten die Polizeireviere der Bahnhöfe und Fernbusstationen ab und zeigten dort Li Xuelians Foto vor. Doch Pekings Polizei steckte während der Tagung des Nationalen Volkskongresses selbst bis zum Hals in Arbeit, hinzu kam, dass die Stadt voll war mit Leuten aus allen Himmelsrichtungen, die nach irgendjemandem suchten, ähnlich gelagerte Fälle gab es zuhauf, was bedeutete: Keiner hatte Zeit für sie. Schon gar nicht für Leute von auswärts, die sich mit irgendwelchen Hilfeersuchen an die Polizei wandten. Das mitgeführte Empfehlungsschreiben der Kreisregierung half da wenig, andere hatten ähnliche Schreiben ihrer Bezirks- oder sogar Provinzregierungen vorzuweisen, ohne mehr damit zu erreichen. Beim Gerichtsvorsitzenden und seinen Leuten machte sich eine gewisse Entmutigung breit. Einige der Polizisten, die sie um Unterstützung baten, wurden nach einem Blick auf das Empfehlungsschreiben sogar misstrauisch: »Personensuche ist Angelegenheit der Polizei, was macht ihr vom Gericht denn hier?«

In solchen Momenten konnte der Gerichtsvorsitzende nicht mehr an sich halten, er deutete auf das hauptamtliche Mitglied der Urteilskommission.

»Fragt den da!«

Erstaunt blickten die Polizisten auf Li Congming. Der senkte den Kopf wie ein ertappter Verbrecher und hätte sich am liebsten in einem Mauseloch verkrochen. Nicht nur der Gerichtsvorsitzende ließ seinem Groll ihm gegenüber freien Lauf, auch die anderen dreizehn Kollegen nahmen ihm übel, dass sie unverschuldet Opfer seines Ehrgeizes geworden waren. Nach Peking zu fahren, um nach jemandem zu suchen, war keine Vergnügungsreise. Täglich waren sie bis tief in die Nacht unterwegs, die Chance, jemanden in einer Absteige, am Bahnhof oder einer Busstation aufzuspüren, war um diese späte Stunde am größten. Vor Erschöpfung flimmerte es ihnen vor den Augen.

Auch an diesem Tag kehrten sie erst um zwei Uhr morgens hungrig und erschöpft in ihr Hotel zurück, wobei sie unterwegs auf die eine oder andere Weise ihrem Unmut über ihren Gerichtskollegen Luft machten. Um sich ihnen gefällig zu zeigen, lud er sie zu einer nächtlichen Mahlzeit ein. Die mürrische Antwort lautete, wenn damit eine Schale Nudeln gemeint sei, solle er sich die Mühe sparen, dann gingen sie lieber sofort ins Bett. Er versprach ihnen daher ein üppiges Gelage mit allem Drum und Dran, einschließlich ein paar Flaschen Schnaps. Nachdem er sie mit einiger Überredungskunst so weit gebracht hatte, klopfte er beim Gerichtsvorsitzenden an, um ihn dazuzuholen.

Der empfing ihn mit eisiger Miene. »Wir haben sie noch nicht gefunden. Und da wollen Sie essen gehen?«

Es war allzu klar, dass er die Einladung nicht nur ausschlug, weil ihre Suche bisher erfolglos geblieben war, sondern vor allem, um ihn, Li Congming, im Regen stehen zu lassen. Ohne die Anwesenheit des Gerichtsvorsitzenden war das nächtliche Essen wertlos.

Mit jämmerlicher Miene flehte Li Congming ihn an: »Vorsitzender Wang, ich weiß, Sie sind wütend auf mich, aber lassen Sie ein bisschen Großmut walten.« Er versetzte sich selbst eine schallende Ohrfeige und fuhr fort: »Ich will mich nicht rausreden, aber an allem ist mein Vater schuld, er hat mir damals zugeredet, dem Vorgesetzten aus einer schwierigen Lage zu helfen, das war seine Idee.«

Erst daraufhin ließ sich der Gerichtsvorsitzende widerwillig dazu herab, der Einladung Folge zu leisten. Sein einziger Trost war die Tatsache, dass drei Tage erfolgloser Suche zugleich drei Tage ohne Zwischenfall waren. Solange es so blieb, war er bereit, weitere zehn Tage blinden Herumtappens in Kauf zu nehmen. In zehn Tagen war der Volkskongress vorbei, und seine Aufgabe konnte als beendet gelten, selbst wenn sie Li Xuelian nicht gefunden hatten.

Doch als er dem Kreisvorsteher gegenüber am Telefon diese Überlegung äußerte, reagierte dieser unerwartet mit einem erneuten Wutausbruch: »Reden Sie kein dummes Zeug! Mit dieser Einstellung geht mit Sicherheit irgendwas schief! Solange die Frau frei herumläuft, können Sie nicht sicher sein, dass sie zehn Tage lang nichts anstellt. Wir haben gerade erst ein Drittel der Tagungsdauer hinter uns, je länger sich die Sache hinzieht, desto größer die Wahrscheinlichkeit, dass etwas passiert. Keine Sekunde dürfen wir in unserer Wachsamkeit nachlassen. Ich wiederhole, kommen Sie ohne sie zurück, können Sie Ihr Kündigungsschreiben gleich mitbringen.«

Der Gerichtsvorsteher murmelte seine Zustimmung.

Infolge von Übermüdung und nächtlicher Kälte erkrankten am vierten Tag zwei seiner Leute. Tagsüber war es nicht mehr als Husten, nachts stieg ihre Temperatur auf 39,5 Grad, einer von ihnen hustete sogar blutigen Schleim. Er ließ sie ins Krankenhaus schaffen, wo sie an den Tropf gehängt wurden. Doch auch am nächsten Morgen ließ das Fieber nicht nach. Für die Suche dieses Tages fielen nicht nur die beiden aus, er musste einen weiteren Mann abordnen, sich im Krankenhaus um sie zu kümmern. Damit verringerte sich die Zahl der Teams auf vier. Überdies verlangte einer der Männer plötzlich, nach Hause zurückkehren zu dürfen, mit der Begründung, in der folgenden Woche sei der dritte Todestag seiner Mutter. Sein Vater sei früh gestorben, die verwitwete Frau habe ihn unter Mühen großgezogen, der Gedenktag verlange seine Anwesenheit. Mit verkniffenem Mund fügte er hinzu, er sei davon ausgegangen, die Suche sei in spätestens fünf Tagen erledigt, niemand habe damit gerechnet, dass sich die Sache endlos hinziehen werde. Seine Forderung löste allgemeine Unruhe aus.

Der Gerichtsvorsitzende fuhr ihn an: Wie er es wagen könne, private Interessen über berufliche zu stellen? Ein solches Urlaubsgesuch sei unter normalen Umständen kein Problem, der Gerichtsvorsitzende persönlich würde bei der Zeremonie in Erscheinung treten. Aber jetzt tage der Nationale Volkskongress und Li Xuelian sei mit ihrer Beschwerde im Anmarsch. Ob der dritte Todestag der Mutter etwa wichtiger sei als der Nationale Volkskongress? Ein Beamter müsse erkennen, wo die Prioritäten lägen. Niemand sonst als Li Xuelian und ihre Beschwerde seien schuld daran, dass der Nationale Volkskongress mit dem dritten Todestag seiner Mutter kollidiere. An sie müsse er sich wenden, wenn ihm das Ganze gegen den Strich gehe. Er fügte das Versprechen hinzu, er werde dem Parteikomitee des Gerichtshofes seine Beförderung vom Assistenz-Richter zum Richter vorschlagen, vorausgesetzt, er bliebe hier, um Li Xuelian dingfest zu machen. Unter Anwendung von Zuckerbrot und Peitsche gelang es ihm, den Mann zum Bleiben zu bewegen, die allgemeine Unruhe zu besänftigen und die Disziplin wiederherzustellen.

Drei weitere Tage vergingen, Li Xuelian blieb unauffindbar, aber sie verursachte während dieser drei Tage auch keinen Zwischenfall. Das war sein einziger Trost, und er hoffte inbrünstig, daran werde sich auch in der folgenden Woche nichts ändern. Sobald der Nationale Volkskongress seine Tore schloss, waren sie alle, Vorgesetzte wie Untergebene, von dieser Qual erlöst. Gelegentlich argwöhnte er, dass Li Xuelian mit ihnen Katz und Maus spielte, sie ihre Absicht erneut geändert hatte und gar nicht mehr vorhatte, nach Peking zu kommen, sondern sich an irgendeinem anderen Ort aufhielt. Andererseits hatte sie sich zwanzig Jahre lang beschwert, ein alter Straßenköter hört nie auf, Kot zu fressen. Hinzu kam, dass sie sich im Streit von Großkopf Zhao getrennt hatte und es in ihr brodelte. Womöglich wartete sie nur auf den richtigen Moment, hatte sich irgendwo in Peking verkrochen und schmiedete einen

Plan, wie sie am vorletzten Tag, an dem traditionell die Neuwahl der Regierung anstand, in die Große Halle des Volkes eindringen und ihre Beschwerde vorbringen konnte. Diese Vorstellung jagte ihm Angst ein, die harschen Worte des Kreisvorstehers mochten ihre Berechtigung haben.

Als er früh am Morgen des nächsten Tages das Hotel verlassen wollte, tauchte ein Bekannter und Landsmann bei ihm auf, der in Peking ein Esslokal betrieb. Er hieß Bai und hatte einen Unbekannten im Schlepptau. Der Gerichtsvorsitzende war wenige Tage zuvor auf der Suche nach Li Xuelian in seinem Restaurant gewesen. Restaurant war nicht ganz der richtige Ausdruck, der Raum war nur einen Handteller groß, drei, vier Tische, serviert wurden Schnellgerichte wie gefüllte Teigtaschen und einfache Suppen.

Das überraschende Auftauchen der beiden ließ im Gerichtsvorsitzenden die Hoffnung aufflammen, sie hätten eine Spur von Li Xuelian entdeckt und wollten das melden. Entsprechend herzlich war der Empfang.

Doch wider Erwarten deutete der Restaurantbesitzer auf seinen Begleiter und sagte: »Vorsitzender Wang, das ist Direktor Mao, auch ein Landsmann, er möchte Sie einladen.«

Schlecht gelaunt antwortete der Gerichtsvorsitzende: »Geht nicht, ich bin im Dienst.«

Der Kneipier war über den Grund seines Aufenthaltes in Peking im Bilde:

»Machen Sie sich keine Gedanken, es handelt sich um ein Abendessen. Am Abend tagt der Volkskongress nicht, es wäre für Li Xuelian nutzlos, in die Große Halle des Volkes zu stürmen. Sie haben sich jetzt eine Woche lang abgeplagt und ein Gläschen zur Entspannung verdient.«

Er nahm den Gerichtsvorsitzenden beiseite und deutete flüsternd auf dessen Leute: »Die sollen heute Abend mal allein losziehen. Sie sind der Boss und müssen sich nicht um jeden Dreck selber kümmern.«

Hinter seiner groben Ausdrucksweise verbarg sich ein Hintersinn. Der Gerichtsvorsitzende deutete auf seinen Begleiter. »Wer ist das?«

Flüsternd antwortete der Kneipier: »Ich will Ihnen nichts vormachen, ich nenne ihn Direktor, er selbst sagt, dass er im Großhandel tätig ist, in Wahrheit verkauft er in Peking Schweinedärme.«

Der Gerichtsvorsitzende zuckte zurück, ein Abendessen mit einem Schweinedarmhändler schien ihm seiner Stellung wenig angemessen. Dem Kneipier entging seine abwehrende Haltung nicht, und er fügte eilig hinzu: »Er ist kein gewöhnlicher Schweinedarmhändler. Er kontrolliert den gesamten Schweinedarmhandel hier in Peking und macht einen Haufen Geld damit.«

Der Gerichtsvorsitzende nickte, man durfte Leute nicht nach der Art ihres Gewerbes beurteilen. Mit erkennbarem Argwohn fragte er: »Was will er von mir?«

»Nichts Besonderes, nur ein Treffen unter Landsleuten, er möchte Sie kennenlernen.«

»Mach mir nichts vor, ›nichts Besonderes‹ heißt, er will was von mir.«

Da rückte der Mann mit der Wahrheit heraus: »Na ja, er hat einen Prozess am Hals und bittet den Herrn Gerichtsvorsitzenden um Hilfe.«

Der Gerichtsvorsitzende zuckte zurück wie ein erschrecktes Huhn: »Geht es um eine Scheidung?«

Der Kneipier begriff den Sinn dieser Frage und winkte hastig ab. »Keine Scheidung, keine Scheidung, es geht um einen geschäftlichen Streit.«

Vor geschäftlichen Streitigkeiten schreckte der Gerichtsvorsitzende nicht zurück, aber er zögerte mit seiner Antwort und sagte schließlich kurz: »Mal sehen.«

Er machte sich mit seinen Leuten auf die Suche nach Li Xuelian. Der Tag ging vorüber, und der Gerichtsvorsitzende vergaß die Angelegenheit. Erst als er um fünf Uhr nachmittags einen Anruf des Restaurantbesitzers erhielt, der ihn fragte, wo er sich befinde, Direktor Mao wolle ihn doch zum Essen einladen, erinnerte er sich. Kurz angebunden antwortete er: »Am Yongdingmen-Bahnhof. Kein Abendessen.«

Doch kaum eine halbe Stunde später erschien der Schweinedarmhändler Mao in einem Mercedes in Begleitung des Restaurantbesitzers Bai am Yongdingmen-Bahnhof, um den Gerichtsvorsitzenden abzuholen. Der begriff beim Anblick der glänzenden Limousine, welches Potenzial im Handel mit Schweinedärmen lag. Das aufrichtige Interesse des Mannes einerseits und sieben Tage in Wind und Wetter ohne eine anständige Mahlzeit weckten in ihm den Wunsch nach einem guten Glas an einem sauberen Ort. Daher stieg er nach kurzem Zögern, nachdem er seine Mitarbeiter angewiesen hatte, die Suche fortzusetzen, in den Mercedes des Schweinedarmhändlers.

Direktor Mao verstand, was sich gehörte, er schleppte den Gerichtsvorsitzenden nicht etwa in die Kneipe von

Herrn Bai, er fuhr geradewegs ins »888« am vierten Ring. Schimmernde Beleuchtung empfing sie am Eingang, dahinter ein Spalier feenhafter Schönheiten. Dem Gerichtsvorsitzenden entfuhr ein behaglicher Seufzer, ihm war, als kehre er aus der Unter- in die Menschenwelt zurück. Man begab sich zunächst in die Sauna, wurde dort gewaschen, gedämpft und geknetet, und so, von oben bis unten gesäubert, begab man sich zum Abendessen ins Separee. Geräumig und prachtvoll beleuchtet, in der Mitte des Raumes führte ein Brückchen über ein plätscherndes Bächlein. Zu beiden Seiten der Brücke reihten sich die Schüsseln mit Haifischflossen, Schwalbennestern, Elefantenrüsselmuscheln, in Reis gedünsteten Meeresfrüchten. Mit dergleichen Genüssen war der Gerichtsvorsitzende aus dem »Überirdischen Pfirsichblütengarten« vertraut. Aber hier in Peking, nach sieben Tagen in Sturm und Regen, ohne eine einzige anständige Mahlzeit, vermittelten sie ihm eine Atmosphäre intimen Wohlbehagens. Die erlesene Ausstattung des Raumes tat ein Übriges, ihm den Unterschied zwischen Peking und seiner Kreisstadt vor Augen zu führen: gleiche Speisen, aber eine andere Umgebung und andere Menschen, auch er selbst war hier ein anderer als daheim. Nach dem siebten oder achten Glas war er angetrunken. Die Erfahrungen von sieben Amtsjahren hatten ihn gelehrt, bei solchen Gelegenheiten betrunken zu erscheinen, selbst wenn er nüchtern war. Je üppiger das Mahl, je mehr Aufwand, je mehr köstliche und schwer verdauliche Speisen, desto mehr schützte das Wort »betrunken« vor den damit verbundenen Absichten. Nach der zehnten Runde gab der Restaurantbesitzer Bai dem Direktor Mao mit einem Blick zu verstehen, dass er zur Sache kommen solle. Der Gerichtsvorsitzende fing den Blick auf, doch ließ er sich nichts anmerken. Direktor Mao erzählte daraufhin von seinem Schwager, der seinen Aufenthalt in Peking dazu benutzt habe, mit dem Außenwirtschaftsamt ihres Heimatkreises einen Handel mit Schweineborsten abzuschließen. In den ersten Jahren nach Abschluss des Vertrages sei alles glattgelaufen, doch im letzten Jahr sei es zu Unstimmigkeiten gekommen, das Außenwirtschaftsamt weigere sich, die aufgelaufenen Schulden zu begleichen, verschiedene Schlichtungen hätten zu keinem Ergebnis geführt, demnächst käme es zum Prozess, er bäte den Gerichtsvorsitzenden, den Prozess zu leiten.

»Um welche Summe geht es?«

»Mehr als zwanzig Millionen.«

Der Gerichtsvorsitzende erschrak, eine derartige Summe im Handel mit Schweineborsten! Wenn es um solche Beträge ging, würde der Prozess kompliziert werden. Daher verstärkte er den Eindruck von Trunkenheit und sagte mit schwerer Zunge: »Ich hab ein bisschen viel getrunken.«

Direktor Mao wusste, was sich gehört, und antwortete prompt: »Vorsitzender Wang, wir besprechen das ein andermal. Wie es im Volksmund heißt: ›Beim Schnaps keine Geschäfte, bei Geschäften kein Schnaps.‹«

Das gab dem Gerichtsvorsitzenden das Gefühl, einen aufrechten Kerl vor sich zu haben. Ein Dutzend Gläser später war er tatsächlich betrunken, und in seinem alkoholisierten Hirn verschwammen die Regeln professioneller Vorsicht, er fragte von sich aus nach Direktor Maos Prozess. Und dieser begann, ihm den Fall auseinanderzusetzen, doch die Gedanken des Gerichtsvorsitzenden verwirrten sich zunehmend und begannen, in seinem Hirn herumzuspringen, er verstand nicht das Geringste von dem, was ihm erzählt wurde. In diesem Moment meldete sich der Restaurantbesitzer Bai zu Wort:

»Verglichen mit dem Fall Li Xuelian ist die Sache ganz einfach.«

Bei Nennung dieses Namens begann es im Gehirn des Gerichtsvorstehers vollends zu kreiseln, und seine wirren Gedanken bewegten sich in eine andere Richtung. Er unterbrach abrupt den Redefluss des Direktors, um sich dem Fall Li Xuelian zuzuwenden. Vom Fall des Direktors hatte er nicht das Geringste verstanden, zum Fall Li Xuelian äußerte er sich mit vollkommener Klarheit. Zwanzig Jahre erlittener Unbill, zwanzig Jahre ertragener Qualen und kein Ende in Sicht, all das brach nun aus ihm heraus, am Ende wurde er von einem Weinkrampf geschüttelt und schlug mit der Faust auf den Tisch: »Li Xuelian, du räudige Katze, hast mir das Leben zur Hölle gemacht.«

Restaurantbesitzer Bai und Direktor Mao sahen sich an und wussten nicht, was sie sagen sollten. Der Gerichtsvorsitzende führte seinen Monolog noch eine Weile fort, seine Worte wurden immer zusammenhangloser, bis er, den Kopf zur Seite gelegt, auf dem Tisch einschlief.

Die beiden schleppten ihn aus dem Restaurant, hievten ihn in den Wagen und schafften ihn zurück in sein Hotel.

Als er am nächsten Morgen erwachte, hatte der Gerichtsvorsitzende die Ereignisse des Vorabends, die Unterhaltung mit dem Kneipier und dem Schweinedarmhändler, restlos vergessen. Der Alkohol war aus seinem Hirn verflogen, aber die Nachwirkungen machten sich nachdrücklich bemerkbar, sein Kopf schmerzte, als wollte er platzen. Vermutlich war der genossene Maotai-Schnaps gepanscht gewesen. Der Gerichtsvorsitzende umklammerte seinen Kopf, er bereute das gestrige Abendessen, nicht nur hatte er sich mit einem Schweinedarmhändler gemeingemacht, er wusste auch nicht, was er alles in seinem Suff von sich gegeben hatte. Reue hin oder her, gestern war gestern, heute wartete seine Aufgabe auf ihn. Trotz rasender Kopfschmerzen marschierte er mit seinen Männern los. Er verbrachte einen schrecklichen Vormittag.

Die Nachwirkungen des Alkohols waren noch nicht völlig verflogen, als sie sich mittags in einem Nudelimbiss am Straßenrand zum Essen niederließen. Während seine beiden Begleiter ihre Nudeln herunterschlangen, begnügte er sich mit heißem Wasser, die Nudeln und das Ei in seiner Schale schwappten unangetastet vor seinen Augen. In diesem Moment klingelte sein Mobiltelefon. Der Blick auf das Display sagte ihm, dass es sich um den Gerichtsmitarbeiter Hou handelte, der ihn wegen des dritten Todestages seiner Mutter um Urlaub gebeten hatte.

Missmutig sagte er ins Telefon: »Ich dachte, die Sache mit deiner Mutter ist aus der Welt?«

Die unerwartete Antwort lautete: »Vorsitzender, ich habe Li Xuelian entdeckt.«

Der Restalkohol verflüchtigte sich mit einem plötzlich auftretenden Schweißausbruch, sein Hirn wurde schlagartig klar, selbst seine Stimme wechselte den Tonfall. »Wo bist du jetzt?«

»In Songjiazhuang, am U-Bahn-Eingang.«

»Worauf wartet ihr noch? Schnappt sie euch!«

»Ich bin allein hier, alles voller Leute, wenn sie anfängt, sich zu wehren und um sich zu treten, kann ich sie nicht festhalten.«

»Wo sind denn die beiden anderen?«

»Beim Essen. Ich hab sie entdeckt, weil ich Durchfall habe und aus der Kneipe raus bin, um ein Klo zu suchen.«

Um die Sache abzukürzen, wies ihn der Gerichtsvorsitzende an: »Na gut, pass auf, dass du sie nicht verschreckst. Behalte sie im Auge und lass sie auf keinen Fall entwischen. Ich schicke dir sofort ein paar Leute.«

Mit schmerzfreiem Kopf befahl er seinen beiden Begleitern, das Essen auf der Stelle einzustellen, und wies die beiden anderen Suchtrupps telefonisch an, sich umgehend per Taxi auf den Weg nach Songjiazhuang zu machen. Auch sie selbst bestiegen zu dritt ein Taxi und erreichten innerhalb einer halben Stunde die U-Bahn-Station. Einer der beiden anderen Suchtrupps traf zur gleichen Zeit ein. Auch Hous Begleiter hatten sich inzwischen eingefunden. Doch Hou erklärte, Li Xuelian sei spurlos verschwunden.

Wütend fuhr ihn der Gerichtsvorsitzende an: »Ich hab dir doch gesagt, du sollst sie nicht aus den Augen lassen!«

Hou deutete auf die ein- und ausströmende Menschenmenge am U-Bahn-Eingang. »Sie haben leicht reden. Wie soll ich das machen bei dieser Masse von Leuten? Plötzlich war sie verschwunden.«

Der Gerichtsvorsitzende verlor keine Zeit mit Vorwürfen, sondern setzte seine Truppe in Bewegung. »Los, teilt euch auf, in der U-Bahn-Station, davor, drinnen, draußen.

Stöbert alles durch, dreht jeden Stein um, schafft sie mir her!«

Die Trupps machten sich an die Arbeit. Auch die vierte Gruppe war inzwischen eingetroffen und beteiligte sich an der Suche. Den ganzen Nachmittag durchkämmten sie wieder und wieder die U-Bahn-Station und die Umgebung, ohne eine Spur von Li Xuelian zu entdecken. Eine U-Bahn-Station dient schließlich dem öffentlichen Transport, die Gesuchte mochte sich längst per U-Bahn an einen ganz anderen Ort begeben haben, daher begannen sie, aufgeteilt in Gruppen, andere U-Bahn-Stationen abzusuchen. Elf U-Bahn-Linien gibt es in Peking, Linie 1, 2, 5, 6, 7, 8, 10, 13, 14 plus die Linien nach Tongzhou und nach Yizhuang, mehr als zweihundert Stationen, ein aussichtsloses Unterfangen. Hinzu kam, dass das Absuchen eines Zuges oder einer Station keineswegs bedeutete, dass die Station oder der Zug abgehakt werden konnte, die Züge fuhren schließlich unablässig hin und her, gut möglich, dass die Gesuchte gerade auf der Rückfahrt in einem der soeben abgesuchten Züge saß oder an einem der soeben kontrollierten Bahnhöfe umstieg. Sie konnten nicht überall zugleich sein. Stunde um Stunde, von Mittag bis Mitternacht waren sie unermüdlich unterwegs, ohne auch nur einen Bissen zu essen, doch von Li Xuelian keine Spur.

Um ein Uhr nachts beendeten sämtliche U-Bahn-Linien ihren Dienst, die Stationen wurden geschlossen, alle vier Trupps versammelten sich wieder an der U-Bahn-Station Songjiazhuang. Was sie beunruhigte, war weniger, Li Xuelian nicht gefunden zu haben. Viel beunruhigender war, sie entdeckt und wieder verloren zu haben und nicht zu wissen, was sie als Nächstes vorhatte, welches Unheil sie im Schilde führte. Bisher konnten sie hoffen, dass die verbleibenden Tage bis zum Ende des Nationalen Volkskongresses ohne Zwischenfall verstreichen würden, nun bewies ihr unvermutetes Auftauchen, dass Li Xuelian sich in Peking befand. Keiner konnte vorhersagen, wann sie zuschlagen würde.

Vor Wut und Aufregung hatten sich auf den Lippen des Gerichtsvorsitzenden blutige Bläschen gebildet, doch ohne darauf zu achten, fiel er über Hou her: »Wieso hast du dich nicht auf sie gestürzt, als du sie entdeckt hast? So ein Fettwanst wie du muss doch mit einer einzelnen Frau fertigwerden.«

Doch Hou zeigte sich uneinsichtig. »Du hast doch gesagt, ich soll sie nicht verschrecken. Wir sind in Zivil, nicht in Uniform, wenn ich über sie herfalle, und sie schreit um Hilfe, verprügeln mich die Passanten womöglich als Sittenstrolch.«

Damit brachte er die anderen Gerichtsbeamten zum Lachen.

Dem Gerichtsvorsitzenden war nicht nach Lachen zumute, er fragte: »Bist du hundert Prozent sicher, dass es Li Xuelian war?«

Diese Frage versetzte Hou in Verwirrung. »Ich habe sie nur von hinten gesehen, umgedreht hat sie sich nicht, ihr Gesicht habe ich nicht gesehen.«

»Und wie konntest du sicher sein, dass sie es war?«

Bis zu diesem Moment war er sich absolut sicher gewesen, jetzt wurde er unsicher. »Sie hat so ausgesehen.«

Wütend brummte einer der Begleiter: »Setz eine Brille auf, verdammt noch mal! Lässt uns stundenlang suchen, nicht mal zum Essen gekommen sind wir.«

Auch der Gerichtsvorsitzende kochte innerlich vor Wut. Da hatte dieser Hou endlich eine gefunden, die ähnlich aussah, und dann nicht genau hingesehen. Bedeuten konnte das zweierlei: Entweder war es Li Xuelian gewesen oder nicht. In letzterem Fall waren sie umsonst in Panik geraten, aber was, wenn sie es tatsächlich gewesen war? Die Gefahr war noch nicht vorüber.

Am darauf folgenden Tag schickte er drei Trupps zur Überwachung der U-Bahn-Linien, der verbleibende patrouillierte durch die Straßen, Bahnhöfe und Fernbusbahnhöfe. Doch auch die beiden folgenden Tage führten zu keinerlei Ergebnissen, weder ober- noch unterirdisch. Weder tauchte Li Xuelian auf, noch verursachte sie einen Zwischenfall. Der Gerichtsvorsitzende neigte zur Annahme, dass es sich bei der Person, die Hou zwei Tage zuvor an der U-Bahn-Station Songjiazhuang gesehen hatte, nicht um Li Xuelian gehandelt hatte. Das verschaffte ihm eine gewisse Erleichterung. Noch fünf Tage bis zum Ende des Volkskongresses, wenn auch die ohne Zwischenfall verliefen, war es gleichgültig, ob sie Li Xuelian fanden oder nicht. Er schickte ein Stoßgebet zum Himmel.

Doch nicht in ihre Hände fiel Li Xuelian um Mitternacht dieses Tages, sondern in die der Pekinger Polizei. Nach einem weiteren Tag ergebnisloser Suche waren sie ins Hotel zurückgekehrt, und der Gerichtsvorsitzende hatte sich gerade bettfertig gemacht, als sein Mobiltelefon klingelte. Am anderen Ende meldete sich ein Polizeirevier in Pekings Weststadt. Zehn Tage zuvor hatten sie nach der ergebnislosen Überprüfung eines Hotels im Keller eines Gebäudes in der Weststadt, wo Li Xuelian bei einem ihrer früheren Aufenthalte Unterschlupf gefunden hatte, Kontakt zum benachbarten Polizeirevier aufgenommen und dort eine Anzeige und Telefonnummer hinterlassen. Der dortige Polizeibeamte informierte ihn nun, sie hätten bei einer Patrouille in der Nähe eine Bäuerin aufgegriffen, allem Anschein nach eine Beschwerdeführerin. Beim Verhör im Revier habe sie keinen Ton von sich gegeben, dennoch sei sie mit Sicherheit nicht stumm. Stumme seien gewöhnlich taubstumm, sie dagegen habe beim Verhör erkennen lassen, dass sie die Fragen der Polizisten verstand. Ihr Aussehen entspreche einigermaßen der Beschreibung, die sie zehn Tage zuvor erhalten hätten.

Wie elektrisiert sprang der Gerichtsvorsitzende aus dem Bett und fragte: »Wie alt ist die Person?«

»Um die fünfzig.«

»Und wie sieht sie aus?«

»Mittelgroß, kurze Haare.«

»Eher dick oder eher dünn?«

»Nicht dick, nicht dünn.«

Der Gerichtsvorsitzende klatschte in die Hände. »Das muss sie sein. Ich komme sofort vorbei.«

Hastig rief er seine Leute zusammen, sie verließen eilig das Hotel und rasten in drei Taxis wie die Feuerwehr zum Polizeirevier. Dem Gerichtsvorsitzenden fiel ein Stein vom Herzen. Offenbar war Li Xuelian doch in Peking. Egal, was sie vorhatte, sie gefunden und nach Hause gebracht zu haben, würde bei den Vorgesetzten einen besseren Eindruck hinterlassen, als mit leeren Händen heimzukehren. Ihm war, als sei ihm eine schwere Last von der Seele genommen, auch die drei Begleiter in seinem Taxi gerieten in Hochstimmung.

Einer unter ihnen lobte die Pekinger Polizei: »Ein anderes Kaliber als wir, die Pekinger Polizei. Wir rennen zehn Tage durch die Gegend und finden nicht die kleinste Spur, die erwischen sie an einem Abend.«

Und ein anderer: »Egal, wer sie geschnappt hat, wenn wir sie zurückbringen, gilt das als unser Verdienst.«

Selbst das hauptamtliche Mitglied der Urteilskommission Li Congming, das zehn Tage lang gedrückter Stimmung gewesen war und nicht gewagt hatte, die Augen zu heben, wagte ein vorlautes Wort: »Jetzt, wo wir sie haben, schuldet uns der Gerichtsvorsitzende ein Essen.«

Auch dessen innere Freude überwog den Groll gegenüber seinem Untergebenen. »Klar doch, ich lade euch ein. Zehn Tage habt ihr euch abgemüht, morgen Mittag lade ich euch zur Peking-Ente ein.«

Der Wagen hielt vor dem Tor der Polizeistation. Sie stiegen aus und betraten die Amtsstube des Reviers, wo sie der diensthabende Polizist in Empfang nahm. Er verschwand im Hinterhof des Gebäudes und kehrte zwei Minuten später mit einer Bäuerin im Schlepptau zurück, bei deren Anblick alle erstarrten. Es war nicht Li Xuelian. Alter und Wuchs stimmten, doch ihr Gesicht war das einer anderen.

Der Polizist erklärte: »Wir haben auf den ersten Blick erkannt, dass wir eine ausgebuffte Beschwerdeführerin vor uns haben, auch wenn sie ihren Mund nicht aufmacht. Ist sie das?«

Der Gerichtsvorsitzende brachte kein Wort hervor, wackelte nur wie ein Idiot mit dem Kopf hin und her.

In aller Herrgottsfrühe des nächsten Morgens waren sie wieder auf der Suche nach Li Xuelian.

12. Kapitel

Zwölf Tage nach Eröffnung des Nationalen Volkskongresses war Li Xuelian noch nicht nach Peking gelangt. Der Gerichtsvorsitzende und seine Leute hatten die Stadt umsonst abgesucht, die mehreren Dutzend Beamten der Kreispolizei hatten ihr Sicherheitsnetz um die Halle des Volkes – außerhalb des Sicherheitsnetzes der Pekinger Polizei – umsonst aufgespannt. Nicht, dass sie ihre Meinung erneut geändert hätte oder auf dem Weg nach Peking von den Polizeibehörden der Provinzen Shandong oder Hebei an der Weiterreise gehindert worden wäre, Li Xuelian war noch nicht in Peking, weil sie unterwegs krank geworden war. Eben weil sie befürchten musste, von der Polizei unterwegs aufgehalten und an ihrer Beschwerde gehindert zu werden, hatte sie weder gewagt, in Tai'an den Zug von Shanghai nach Peking zu besteigen, noch einen der Fernbusse, die direkt nach Peking fuhren. Stattdessen hatte sie Lokalbusse benutzt, von Tai'an nach Zhangqing, von Zhangqing nach Yancheng, von Yancheng nach Yucheng, von Yucheng nach Pingyuan, von Pingyuan nach Dezhou, von Dezhou nach Wuqiao, von Wuqiao nach

Dongguang, von Dongguang nach Nanpi, von Nanpi nach Cangzhou, von Cangzhou nach Qingxian, von Qingxian nach Baxian, von Baxian nach Gu'an, von Gu'an nach Daxing, um von dort aus ins Stadtgebiet von Peking zu gelangen. Diese Maßnahme war eine Folge ihrer Erfahrungen aus zwanzig Jahren Räuber-und-Gendarm-Spiel mit der Polizei. Sie hoffte, mit dieser Guerillataktik den Kontrollen zu entgehen, die auf der Strecke von Shanghai nach Peking postiert waren. Diese Art der Fortbewegung war zwar äußerst anstrengend und mehrfach teurer als der direkte Weg, aber immer noch besser, als auf einer bequemen und billigen Reiseroute von der Polizei aufgegriffen zu werden. Das ständige Stop-and-go kostete viel Zeit, aber der Volkskongress tagte einen halben Monat, wenn sie es innerhalb dieses Zeitraums nach Peking schaffte, blieb ihr ausreichend Zeit für die Beschwerde. Sie sah voraus, dass die Kreisbehörden Leute nach Peking schicken würden, um nach ihr zu fahnden, seit zwanzig Jahren hatte die Polizei sie Jahr für Jahr daran gehindert, sich in Peking zu beschweren. Nur fünf ihrer zwanzig Versuche, nach Peking zu gelangen, waren von Erfolg gekrönt gewesen, und jedes Mal waren ihr die Kreispolizisten gefolgt. Die Erfahrungen ihres Versteckspiels mit den Behörden hatten sie gelehrt, dass die Polizei in den Anfangstagen des Volkskongresses extrem aufmerksam war, die Aufmerksamkeit aber im Lauf der Tage und mit zunehmender Ermüdung der Polizisten nachließ und damit die Chance, eine Lücke im Netz zu finden, wuchs.

Am fünften Tag nach ihrer Abfahrt aus Tai'an war sie auf ihrer Fahrt von Ort zu Ort in Gu'an in der Provinz Hebei angelangt. Die Reise war mühsam gewesen, aber sie war bisher ohne Hindernisse verlaufen. Gu'an lag an der Grenze zwischen der Provinz Hebei und dem Stadtbezirk Peking, um an ihr Ziel zu gelangen, musste sie nur noch zweimal umsteigen. Als sie gegen Abend in Gu'an eintraf, überkam sie ein leises Triumphgefühl. In einer Nebenstraße fand sie eine kleine Herberge und legte sich früh schlafen, um am nächsten Morgen gut ausgeruht die letzte Etappe zu bewältigen. Die Nacht verlief ruhig, doch als sie sich am nächsten Morgen im Bett aufsetzte, fühlten sich ihr Kopf schwer und ihre Beine schwerelos an. Als sie sich an die Stirn fasste, glühte diese wie ein Kohleofen. Sie gab einen stummen Schreckensschrei von sich, auf Reisen krank zu werden, war misslich, schon gar, wenn man mit einer Beschwerde unterwegs war. Krankheit bedeutete nicht nur körperliche Beeinträchtigung, sondern machte unter Umständen die Beschwerde unmöglich. Doch war sie bereits bis Gu'an gelangt, Peking lag vor ihrer Nase, das Ende des Nationalen Volkskongresses rückte mit jedem Tag näher, sie konnte nicht in Gu'an bleiben, um sich auszukurieren. Unter Aufbietung all ihrer Kräfte stieg sie aus dem Bett, wusch sich und verließ die Herberge. Sie ging die Seitenstraße entlang bis zur Hauptstraße und weiter, Schritt um Schritt, zum Busbahnhof. An einem Imbissstand kaufte sie eine Schale heißen Reisbrei, in der Hoffnung, der heiße Brei würde schweißtreibend wirken und ihr Fieber dämpfen. Doch bereits nach dem ersten Bissen wurde ihr übel, und sie kotzte den gerade heruntergeschluckten Reisbrei wieder aus. Sie stellte die Schale beiseite, doch ihr Entschluss, Gu'an zu verlassen, geriet nicht ins Wanken. Sie kaufte unter Mühen eine Fahrkarte und setzte sich in den Bus nach Daxing. Die ganze Fahrt über grübelte sie über ihre Krankheit nach, das ständige Umsteigen hatte ihre Kräfte über Gebühr beansprucht. Um zu sparen, hatte sie sich beim Halt unterwegs ausschließlich von Fladen und eingelegtem Gemüse ernährt, seit drei Tagen hatte sie weder frisches Gemüse noch eine warme Suppe zu sich genommen. Reuevoll erinnerte sie sich an das Sprichwort »Zu Hause knausen, auf Reisen schmausen«, sie hätte ihren Körper unterwegs nicht derart misshandeln sollen. Doch mehr als die Mühsal der Reise und die Rücksichtslosigkeit sich selbst gegenüber hatte ihr der Zorn auf Großkopf Zhao zugesetzt. Es war nicht sein Verrat allein, der ihr zu schaffen machte, sie war wütend über sich selbst. Sie war jetzt neunundvierzig, führte sei zwanzig Jahren Beschwerde, hatte Gott und die Welt gesehen, alle Höhen und Tiefen durchschritten, geglaubt, nichts könnte sie mehr erschüttern. Dass ihr Boot, nachdem es Ströme und Bäche überquert hatte, nun in der Ritze da unten gekentert war, dass sie sich von Großkopf Zhao hatte rumkriegen lassen, wollte ihr nicht in den Kopf. Nicht sein Verrat war das Schlimmste, sondern dass sie ihn an sich herangelassen hatte. Verrat konnte gerächt werden, aber diese Schande blieb für immer an ihr kleben. Als Frau von neunundvierzig Jahren hatte sie sich beschmutzt. Dass ihr Exmann sie als Pan Jinlian beleidigt hatte, war einer der Hauptgründe für ihre Beschwerde gewesen. Zwanzig Jahre lang hatte sie einen gerechten Kampf geführt, jetzt, wo sie sich von Großkopf Zhao hatte besteigen lassen, wär sie tatsächlich eine Pan Jinlian geworden. Ihr erster Impuls war gewesen, ihn umzubringen, doch das allein hätte ihr die

Ruhe nicht zurückgegeben. Der Mord an Großkopf Zhao wäre zugleich ihr Ende gewesen, damit wäre das Beamtenpack ungeschoren davongekommen. Bevor sie ihn umbrachte, musste sie ihre Beschwerde erfolgreich zu Ende bringen, danach blieb noch immer genug Zeit dafür. Anders als in den vergangenen Jahren richtete sich ihre diesjährige Beschwerde nicht in erster Linie gegen ihren Exmann, sondern gegen diese Bande von Beamten. Sie alle, angefangen vom Gerichtsbeamten Li Congming, der mit Großkopf Zhao die Sache ausgeheckt hatte, über den Gerichtsvorsitzenden, den Kreisvorsteher bis zum Bürgermeister, sie alle hatten sie zu diesem Schritt gezwungen. Es war vor allem die in ihr kochende Wut, die ihren Körper erhitzte. Und weil sie innerlich glühte, hatte sie während der Busfahrten das Fenster heruntergekurbelt und sich den Wind ins Gesicht blasen lassen. Trotz des Frühlingsbeginns war die Luft bitter kalt gewesen, und der eisige Fahrtwind hatte die innerliche Glut in einen Fieberanfall verwandelt. Auf der Fahrt von Gu'an nach Daxing hielt sie das Busfenster fest verschlossen, doch während sie im Bus saß, den Kopf ans Fenster gelehnt, begann ihr Körper mehr und mehr zu glühen. Die Hitze, die sie beim morgendlichen Aufstehen im Kopf verspürt hatte, kroch allmählich in den gesamten Körper und verwandelte ihn in einen Gluthaufen. Während sie vor sich hin glühte, begann sich ihr Kopf zu verwirren. Als der Bus die Pekinger Stadtgrenze erreichte, entdeckte sie zu ihrem Schrecken vier bis fünf Polizeifahrzeuge mit blinkenden Warnleuchten. Am Straßenrand standen Polizisten, die mit erhobenen Signalkellen die Fahrzeuge in Richtung Peking zur Seite lotsten, um sie zu überprüfen.

Der Straßenrand war bereits überfüllt mit Fahrzeugen, die darauf warteten, kontrolliert zu werden, Busse, LKW, Minibusse und auch normale PKW. Allem Anschein nach hatte sie vergebens auf die Fahrt mit dem Zug von Shanghai nach Peking oder dem direkten Fernbus von Tai'an nach Peking verzichtet, hatte sich umsonst der Mühe endlosen Umsteigens unterzogen, hatte sich umsonst dem Fahrtwind ausgesetzt und sich hohes Fieber eingehandelt. Doch der kalte Angstschweiß erfrischte ihren glühenden Körper und verschaffte ihr Erleichterung. Die zu Kontrollzwecken angehaltenen Fahrzeuge bildeten eine schier endlose Schlange, es dauerte über eine Stunde, bis zwei Polizisten ihren Bus bestiegen, sich von jedem Fahrgast den Ausweis zeigen ließen, ihn nach dem Grund seines Aufenthaltes in Peking befragten und die von den jeweiligen Behörden ausgestellten Passierscheine überprüften. Alles verlief nach dem gleichen Schema wie zwanzig Jahre zuvor, als sie zum ersten Mal die Provinzgrenze zwischen Hebei und Peking passiert hatte. Inzwischen war sie mit derartigen Situationen vertraut, es war wieder einmal so weit, sie fasste sich. Die Polizisten kontrollierten Sitzreihe für Sitzreihe, manche Passagiere blieben unbehelligt, andere mussten den Bus verlassen. Schließlich kam ein Polizist zu ihr und verlangte ihren Ausweis. Der Personalausweis, den sie ihm reichte, war nicht ihr echter. Um den Polizeikontrollen zu entgehen, hatte sie sich bei ihrem Aufenthalt in Peking drei Jahre zuvor in einem Hinterhof des Bezirks Haidian für zweihundert Yuan einen gefälschten Personalausweis anfertigen lassen. Als Vornamen hatte sie das mittlere Zeichen ihres Namens gewählt, also »Xue« für »Schnee«, und den Familiennamen Zhao davorgesetzt, also »Zhao Xue«, was, mit gleichlautenden anderen Zeichen geschrieben, das Wort »Rehabilitierung« ergab. Wiederherstellung ihres guten Rufes war schließlich das Ziel all ihrer Bemühungen. Der Personalausweis sah täuschend echt aus, in den vergangenen Jahren hatte keine Polizeikontrolle daran Anstoß genommen, auch diesmal fiel dem Polizisten nichts auf.

Er gab ihr den Ausweis zurück und fragte: »Wozu fahren Sie nach Peking?«

»Zur ärztlichen Behandlung.« Die gleiche Antwort wie vor zwanzig Jahren.

»Welches Krankenhaus?«

»Peking-Krankenhaus.« Die gleiche Antwort wie vor zwanzig Jahren.

»Was haben Sie denn?«

»Fühle mal meine Stirn!«

Der Polizist stutzte, dann streckte er die Hand aus und fühlte ihre Stirn. Sie glühte wie ein Brennofen.

Hastig zog der Polizist die Hand zurück. »Ihr Passierschein?«

»Du siehst doch, wie es um mich steht, da kann ich nicht auf irgendwelche Genehmigungen warten.«

»Das geht nicht. Steig aus.«

»Ich bin schon halb hinüber, trägst du die Verantwortung, wenn ich jetzt aussteige und tot umfalle?«

Der Polizist wurde ungeduldig. »Das hat nichts miteinander zu tun. Geh erst mal ins Krankenhaus hier vor Ort, nach Ende des Volkskongresses kannst du nach Peking.«

Sie lehnte den Kopf ans Fenster. »Ich habe eine Lungenentzündung. Ich steig nicht aus. Ein falscher Atemzug und ich fall tot um. Ich hab's bis hier durchgestanden, da wirst du mich nicht aufhalten.«

Der Polizist zerrte sie hoch. »Spar dir dein dämliches Gerede. Ohne Genehmigung steigst du aus.«

Sie begannen, miteinander zu rangeln. Plötzlich erhob sich der ältere Herr in einer ausgebleichten Armeeuniform, der neben ihr gesessen hatte, offenbar ein Funktionär, und sagte, auf den Polizisten deutend: »Genehmigung? Du siehst doch, wie es um sie steht, das ist doch Genehmigung genug? Ich sitze schon die ganze Zeit neben ihr, sie glüht wie ein Ofen. Würdest du dich so benehmen, wenn es sich um deine Schwester handeln würde?«

So mitfühlende Worte hatte sie seit Langem nicht mehr gehört, sie war tief gerührt. Ein vollkommen Fremder, ein alter Mann, hatte mit ein paar Worten eine Flut von Gefühlen in ihr ausgelöst, hinzu kamen die Demütigungen der vergangenen Tage, die Erinnerung an die Demütigungen der letzten zwanzig Jahre, ihrer Brust entrang sich ein kummervoller Schrei, der in einen Tränenstrom mündete.

Angesichts ihrer Tränen geriet auch der Polizist aus der Fassung und sagte mit zitternden Händen: »Ich hab nichts dagegen, dass sie nach Peking fährt, aber jetzt ist der Volkskongress!«

»Volkskongress und was weiter? Heißt das, dass es dem Volk verboten ist, sich in Peking behandeln zu lassen? Oder gehört sie nicht zum Volk?«

Auch die anderen Fahrgäste gerieten in Erregung, standen auf und fielen über den Polizisten her. »Was ist der denn für einer?«

»Keinen Funken Menschlichkeit im Leib!«

Ein junger Kerl mit Bürstenhaarschnitt schrie: »Stecken wir den Bus in Brand, wenn das so weitergeht!«

Der Zorn der Menge drohte zu explodieren. Hastig verließ der Polizist den Bus und erklärte: »Das ist doch nicht meine Entscheidung, das sind Vorschriften von oben.«

Der Bus setzte seine Fahrt nach Daxing fort. Li Xuelian bedankte sich beim Herrn auf dem Nebensitz, bedankte sich bei allen Passagieren und hörte auf zu weinen. Doch der heftige Tränenausbruch hatte sie weiter geschwächt, sie bekam Schüttelfrost und zitterte am ganzen Körper. Um ihrer Beschwerde willen nahm sie all ihre Kraft zusammen und schwieg. Die Eiseskälte in ihrem Körper schlug unvermittelt in eine Hitzewelle um, diesmal eine trockene Hitze ohne jede Schweißbildung. Kälte und Hitze wechselten einander ab, bis sie schließlich ohnmächtig wurde, ihr Kopf drehte sich zur Seite und sank gegen die Schulter des alten Herrn auf dem Nebensitz. Als er ihre Ohnmacht bemerkte, rief er eilig dem Fahrer zu, er solle halten. Der Fahrer kam herbei und warf einen Blick auf Li Xuelian. Angesichts ihrer Bewusstlosigkeit und ihrer Erklärung dem Polizisten gegenüber, sie leide an einer Lungenentzündung, bekam er es mit der Angst zu tun. Nicht wegen ihres Zustands, sondern weil er befürchtete, sie werde ihm im Bus sterben, und eine Tote im Bus würde allerhand Scherereien verursachen.

Hinzu kam, dass der alte Herr rief: »Was stehen Sie hier und glotzen? Rasch, schaffen Sie die Frau ins nächste Krankenhaus!«

Das brachte den Fahrer zur Besinnung, er setzte den Bus in Bewegung, bog von der Hauptstraße ab und raste mit Höchstgeschwindigkeit über die Dorfstraßen. Nach fünfzehn Kilometern erreichten sie einen Marktflecken jenseits der Pekinger Stadtgrenze namens Kuhhaupt. Sie waren nach dem ganzen Hin und Her wieder in der Provinz Hebei gelandet. In Kuhhaupt gab es eine Sanitätsstation, der Bus preschte quer über einen Straßenmarkt und hielt vor dem Krankenhaus.

Vier Tage verbrachte Li Xuelian im Koma in der Krankenstation von Kuhhaupt, bevor sie wieder zu sich kam. Erst dann begriff sie, dass sie sich im Krankenbett einer Sanitätsstation außerhalb Pekings befand, mit einer Kanüle im Arm und einem Tropf über sich. Zwanzig Jahre hatte sie Wind und Wetter getrotzt, nie war sie krank gewesen, selbst Kopfschmerzen hatte sie kaum gekannt. Der Kampf gegen alle Arten von Unbilden hatte ihren Körper gestählt. Deshalb war dieser plötzliche Krankheitsausbruch von besonderer Heftigkeit, alles, was sich an Krankheitskeimen über die Jahre in ihrem Körper angesammelt hatte, kam jetzt zum Ausbruch. Nach ihrem Erwachen erfuhr sie vom behandelnden Arzt, dass sich ihre Erkältung als ein Malaria-Anfall entpuppt hatte, verbunden mit einer Magen- und Darmentzündung. Keine Ahnung, wo sie sich die geholt hatte, vermutlich hatte sie unterwegs irgendwelche verunreinigten Speisen zu sich genommen. Vier Tage hatte sie mit Durchfall im Krankenbett gelegen, ohne etwas davon zu merken. Zusätzlich hatte sie sich, wie sie im Bus dem Polizisten gegenüber behauptet hatte, tatsächlich eine Lungenentzündung geholt. Jede ihrer unterschiedlichen Erkrankungen war mit Entzündungen verbunden, daher war vier Tage lang das Fieber nicht gesunken, die Zahl der weißen Blutkörperchen war alarmierend hoch. Vier Tage lang hatte sie ohne Unterbrechung Infusionen erhalten. Die Sanitätsstation war nur unzureichend mit Medikamenten ausgestattet, sie allein hatte nahezu den gesamten Vorrat an Antibiotika aufgebraucht. Der Blick auf den Kalender am Kopfende des Bettes sagte ihr, dass sie vier Tage im Koma verbracht hatte, vier volle Tagungstage des Nationalen Volkskongresses. Insgesamt blieben ihr noch vier Tage. Wenn sie es nicht innerhalb dieser Frist nach Peking schaffte, würde ihre Beschwerde den Volkskongress nicht mehr erreichen und damit entscheidend an Gewicht verlieren: Ohne den Volkskongress würde sich ihre Beschwerde von einem Tiger in eine Hauskatze verwandeln, zu einer ganz alltäglichen Beschwerde werden, vor der sich kein Beamter mehr fürchten musste.

Kaum hatte der Arzt das Zimmer verlassen, mühte sie sich unter Aufbietung aller ihrer Kräfte aufzustehen. Erst als ihre Füße den Boden berührten, begriff sie, wie schwach sie war, nicht nur, dass sich alles in ihrem Kopf drehte, ihre Beine fühlten sich an wie weich gekochte Nudeln, sie konnte keinen Schritt tun. Unmöglich, in diesem Zustand das Krankenhaus zu verlassen und in Peking ihre Beschwerde vorzubringen. Sie hockte eine Weile auf dem Boden und holte mühsam Luft, dann kletterte sie notgedrungen wieder ins Bett zurück.

Zwei weitere Tage vergingen. Noch zwei Tage und der Nationale Volkskongress würde seine Pforten schließen. Sie hielt es in ihrem Krankenbett nicht mehr aus. Nie zuvor in ihrem Leben hatte sie ähnliche Folterqualen durchlitten. Nicht, dass sie ans Bett gefesselt war und ihre Beschwerde damit unmöglich wurde, quälte sie, sondern dass sich das ganze Beamtenpack wegen ihres Scheiterns vor Freude auf die Schenkel klopfen würde. Dass Großkopf Zhao sie mit Unterstützung der Beamten hereingelegt und zudem auch noch flachgelegt hatte, würde dem Vergnügen zusätzliche Würze verleihen. Sie war jetzt tatsächlich eine Pan Jinlian. Dieser Gedanke machte sie rasend, und sie beschloss, das Krankenhaus um jeden Preis zu verlassen, um nach Peking zu gelangen, kriechend, wenn es sein musste. Sie bat ihren Mitpatienten, den Arzt zu rufen, um ihm mitzuteilen, sie wolle die Klinik verlassen.

Der Arzt war ein dürres Männchen in mittleren Jahren mit einem Mund voller schiefer Zähne, aber er meinte es, wie sie in den letzten Tagen bemerkt hatte, gut mit ihr. Auf ihren Wunsch reagierte er noch aufgeregter als sie: »Sind Sie lebensmüde? In diesem Zustand wollen Sie hier raus? Kommt gar nicht infrage.«

Sie konnte ihm schlecht erklären, warum sie es so eilig hatte, aber ein anderer triftiger Grund fiel ihr in der Eile nicht ein. Daher sagte sie: »Ich hab kein Geld.«

Der Arzt erstarrte auf der Stelle. Nach geraumer Weile drehte er sich um und verließ den Raum. Eine Viertelstunde später erschien er wieder mit der Leiterin der Sanitätsstation im Schlepptau, einer Frau mittleren Alters, fett und mit dauergewelltem Haar.

Sie fragte Li Xuelian: »Wie viel Geld hast du dabei?«

Li Xuelian zog ihr Täschchen unter dem Kopfkissen hervor, öffnete den Reißverschluss, nahm ihren Geldbeutel heraus und entnahm ihm alles, was sich an Scheinen und

Münzen darin befand. Sie zählte ihre Barschaft, es waren insgesamt fünfhundertsechzehn Yuan und acht Mao.

Die Klinikchefin erregte sich: »Das soll reichen? Sechs Tage hast du hier gelegen, die ganze Zeit am Tropf, hast alles verbraucht, was wir hier an Medikamenten haben. Behandlungskosten und Krankenhausaufenthalt, das macht über fünftausend Yuan.«

»Ich bin ja bereit, auf der Stelle zu gehen.«

»Ohne zu zahlen? Auf keinen Fall.«

»Aber wenn ich bleibe, kostet das noch mehr.«

Das leuchtete der Klinikchefin ein. »Sag deinen Verwandten, sie sollen sofort Geld schicken.«

»Mein Dorf ist tausendfünfhundert Kilometer weit weg von hier. Und meine Verwandten haben selbst nichts zu beißen. Die kommen höchstens angerannt, wenn sie hier was kriegen, aber Geld herbringen und dazu noch die Reisekosten? Nie und nimmer.«

»Und was machen wir jetzt?«

Li Xuelian überlegte eine Weile, dann sagte sie: »Nach Peking sind es doch nur fünfzig Kilometer. Ich hab dort einen Verwandten, der Sesamöl auf dem Gaodi-Bauernmarkt im Osten von Peking verkauft. Wenn mich jemand da hinbringt, beschaffe ich das Geld.«

13. Kapitel

Am nächsten Morgen in aller Frühe gelangte Li Xuelian in einem Ambulanzwagen nach Peking. Der Wagen gehörte der Sanitätsstation von Kuhhaupt, war ziemlich klapprig und gab beim Fahren keuchende Geräusche von sich wie ein asthmatischer Greis. Ein Ambulanzwagen dient dem Krankentransport, aber Li Xuelians Transport diente der Geldbeschaffung. Allein zu diesem Zweck allerdings hätte die Klinik den Wagen nicht losgeschickt, sie benötigte vielmehr dringend neue Medikamente. Die Besorgungsfahrt war ursprünglich für den Tag darauf geplant gewesen, nun zog man sie einen Tag vor und verband sie mit der Geldbeschaffung zur Deckung von Li Xuelians Behandlungskosten, so schlug man zwei Fliegen mit einer Klappe. Vom Transport mit öffentlichen Verkehrsmitteln unterschied sich der mit einem Ambulanzwagen in einem wesentlichen Punkt: Als der Wagen nach einigen Kilometern Landstraße auf die Nationalstraße nach Peking einbog und die Provinzgrenze erreichte, standen da erneut ein Dutzend und mehr Polizisten, die die Fahrzeuge in Richtung Peking kontrollierten. Hätte Li Xuelian in einem Bus gesessen, hätte sich die Situation vom letzten Mal wiederholt. Der Ambulanzwagen mochte alt und klapprig sein, aber er wurde von den Polizisten durchgewinkt, und so erreichte sie wohlbehalten und sicher das Pekinger Stadtgebiet.

Sie war gekommen, um Beschwerde zu führen. Doch bevor sie sich zur Halle des Volkes aufmachen konnte, musste sie zum Gaodi-Bauernmarkt im Osten der Stadt. Als Aufpasser hatte man ihr einen etwa dreißigjährigen Burschen mitgegeben, der sich unaufhörlich über das Krankenhaus und Li Xuelian beschwerte.

»Eigentlich sollten wir erst morgen in die Stadt fahren, um Medizin zu besorgen, für heute hatte ich schon was anderes vor! Meine Rede ist seit jeher, man soll das Geld von den Patienten im Voraus kassieren, aber auf mich hört ja keiner, jetzt haben wir die Schererei. Mit dieser Humanitäts-Duselei ist man früher oder später angeschmiert.«

Sie war versucht, ihm zu erklären, dass sie sich keineswegs vorsätzlich im Krankenhaus von Kuhhaupt hatte behandeln lassen, dass sie bei ihrer Einlieferung bewusstlos gewesen und es durchaus nicht ihre Absicht gewesen sei, dort so viele Tage zu verbringen und eine solche Menge an Medikamenten zu verbrauchen. Dass sie vier Tage im Koma gelegen hatte. Dass sie, nachdem nun einmal so hohe Kosten aufgelaufen waren, keineswegs vorhatte, sich vor ihren Schulden zu drücken, dass sie zum Gaodi-Bauernmarkt mit dem Ziel unterwegs sei, ihre Rechnung zu bezahlen. Doch sie fühlte sich zu schwach, um mit ihm zu diskutieren, außerdem sah sie ihn heute vermutlich zum ersten und letzten Mal, es lohnte sich nicht, ihn von seiner Meinung abzubringen. Mit Leuten seines Schlages war eine Verständigung unmöglich. Daher klappte sie ihren Mund wieder zu, kaum dass sie ihn geöffnet hatte, und sah stumm und in sich gekehrt aus dem Fenster.

Nach einstündiger Fahrt erreichte der Ambulanzwagen den Gaodi-Bauernmarkt. Ihr Verwandter, ein Cousin ihrer Schwägerin, hieß Le Xiaoyi, war vor sieben Jahren aus dem Heimatdorf nach Peking gezogen und hatte dort einen Stand für Sesamöl eröffnet. Sie war zwölf Jahre älter als er. Als er drei war, hatte seine Mutter Hepatitis bekommen, der Vater hatte, um die Mutter zur Behandlung zu bringen und die Gefahr einer Ansteckung zu vermeiden, den Jungen in die Obhut Li Xuelians gegeben, wo er drei Jahre geblieben war. Das Kind war ein Spätentwickler und brachte mit drei Jahren noch keinen vollständigen Satz heraus. Ihr Bruder Li Yingyong, damals acht, blickte auf den Neuankömmling herab und benutzte ihn heimlich als Reittier. Sie hatte den Jungen unter ihre Fittiche genommen, ihn oft auf dem Rücken getragen, ihn zum Heumachen aufs Feld mitgenommen und ihm Zikaden gefangen, mit denen er spielte. Ihre mütterliche Fürsorge prägte sich unauslöschlich ins Herz des Jungen, auch als Erwachsener vergaß er sie nicht und schaute jedes Mal bei ihr vorbei, wenn er zu Besuch ins Heimatdorf kam. Bei früheren Aufenthalten in Peking hatte sie bei ihm Station gemacht. Ohne ein Wort der Klage hatte sich Le Xiaoyi dann um Kost und Logis gekümmert. Abends ließ er sich von ihrem Fall erzählen. Zwar begriff auch er nicht, wie sich ein Sesamkorn zu einer Melone auswachsen, aus einer Ameise ein Elefant werden konnte, aber er stand ohne Wenn und Aber auf ihrer Seite und teilte ihren Zorn über das ihr angetane Unrecht. Sie wusste, dass sie sich auf seine Loyalität verlassen konnte. Angesichts der Schwierigkeiten, in denen sie steckte, lag es für sie nahe, ihn aufzusuchen. Ihrer Erinnerung nach befand sich sein Stand zwischen einem Stand für Eselswurst und einem für lebende und geschlachtete Hühner. Als der Ambulanzwagen am Rande des Marktes hielt, raffte sie ihre Kraft zusammen und führte ihren jungen Aufpasser in die nordöstliche Ecke des Marktes, nur um zu entdecken, dass der Stand verschwunden war. Die Stände für Eselswurst und lebende und geschlachtete Hühner waren noch da, doch dazwischen befand sich nun ein Stand für geröstete Nüsse.

Aufgeregt fragte sie den Nussverkäufer, einen Graukopf: »Wo ist denn Le Xiaoyi, der hier früher Sesamöl verkauft hat?«

»Keine Ahnung. Als ich den Stand hier übernommen habe, war er leer.«

Sie wandte sich nach links an den Eselswurstverkäufer: »Sag mal, wo ist denn Le Xiaoyi geblieben, der neben dir Sesamöl verkauft hat?«

»Schon seit über drei Monaten weg.«

»Weißt du, wohin?«

»Nein.«

Sie wandte sich an den Hühnerverkäufer. Der war gerade dabei, ein Huhn zu schlachten, und schüttelte nur unwillig den Kopf, ohne ihn auch nur zu heben. Ihre Aufregung wuchs ebenso wie die ihres Aufpassers, wenn auch aus unterschiedlichen Gründen: bei ihr, weil sie Le Xiaoyi nicht finden konnte, bei ihm, weil er den Verdacht hegte, sie wolle ihn an der Nase herumführen.

Er packte sie drohend: »Willst mich wohl reinlegen, he? Hör mal, ich habe keine Zeit, mit dir in der Gegend herumzufuhrwerken. Ich hab noch einen Haufen zu erledigen.«

Mit zitternden Händen antwortete sie: »Er war doch da, als ich das letzte Mal hier war. Ich hatte keine Ahnung, dass er fort ist.«

»Ist mir egal. Her jetzt mit dem Geld. Wenn du nicht zahlen kannst, bring ich dich zurück nach Kuhhaupt.«

Unwillkürlich begann sie zu weinen. Nicht, weil sie wegen des unauffindbaren Le Xiaoyi ihre Schulden nicht begleichen konnte, sondern weil man sie, wenn sie nicht zahlte, ins hundert Kilometer entfernte Kuhhaupt zurückschleppen und sie ihre letzte Chance verlieren würde, ihre Beschwerde in die Halle des Volkes zu tragen. Es waren nur noch anderthalb Tage bis zum Ende des Volkskongresses. Angelockt vom Spektakel sammelte sich eine Menge um sie. Beim Anblick der weinenden Li Xuelian versuchten einige spontan zu vermitteln, doch als sie begriffen, dass es sich um eine Geldangelegenheit handelte, hielten sie sich zurück und beschränkten sich aufs Gaffen. Inmitten ihres hitzigen Wortgefechtes erschien ein muskelbepackter Fettwanst mit Lederschürze, eine Schweinehälfte über der Schulter, ein Schlachtmesser in der Hand, unverkennbar ein Metzger und Fleischverkäufer. Beim Anblick des von Zuschauern umringten Paares setzte er die Schweinehälfte ab und erkundigte sich nach der Ursache des Streits. Als er begriffen hatte, dass Li Xuelian nach dem Inhaber des ehemaligen Sesamölstandes suchte, zog er sie aus dem Kreis der Gaffer zum Stand des Eselswurstverkäufers.

»Sag mal, Li, wohin hat sich dieser Sesamölverkäufer denn nun verzogen?«

»Weiß ich doch nicht.«

»War dein Standnachbar und hat, bevor er ging, nichts hinterlassen? Kann doch nicht sein.« Er deutete auf Li Xuelian. »Du siehst doch, wie sie weint. Ist in Schwierigkeiten geraten, kann ihre Schulden nicht bezahlen.«

Starrköpfig antwortete der Eselswurstverkäufer: »Ich weiß von nichts.«

»Glaubst du, du kannst mir so kommen?« Der Fleischer deutete mit dem Schlachtermesser in seine Richtung. »Willst es wohl drauf ankommen lassen! Wenn du nicht sofort damit rausrückst, tret ich deinen Stand um!« Er winkelte ein Bein ab, als wollte er gegen den Stand treten.

Der Eselswurstverkäufer wieselte hastig hinter seinem Stand hervor und hielt den Metzger fest. »Bleib ruhig, Chef, reg dich nicht auf. Vor drei Monaten hat es eine Schlägerei zwischen dem Sesamölverkäufer und dem Hühnerverkäufer gegeben. Ich hab gehört, er ist nach Yuegezhuang gezogen. Nur Hörensagen, keine Ahnung, ob es stimmt.«

Mit einem Seitenblick auf Li Xuelian brummelte er: »Glaubt wohl, es gibt kostenlose Auskünfte. Hat nicht mal ein Stück Wurst gekauft.«

Yuegezhuang lag in der südlichen Vorstadt Pekings, auch dort gab es einen Bauernmarkt. Diese Nachricht machte, dass Li Xuelian ihre Fassung zurückgewann. Zugleich begriff sie, dass sie den Fehler begangen hatte zu fragen, ohne zu kaufen.

Der Fleischer winkte ab. »Ich mag es nicht, wenn arme

Leute schikaniert werden.« Er hob seine Schweinehälfte auf und stapfte davon.

Beim Blick auf seine verschwindende Silhouette entdeckte Li Xuelian plötzlich, wie sehr sie der des Metzgermeisters Hu glich. Unwillkürlich seufzte sie.

Sie verließen den Gaodi-Bauernmarkt und machten sich auf den Weg zum Yuegezhuang-Bauernmarkt. Nach etwa einstündiger Fahrt hielt der Ambulanzwagen am Rande des Marktes, und sie machte sich mit ihrem Aufpasser erneut auf die Suche nach ihrem Verwandten. Der Eselswurstverkäufer hatte nur den Namen des Marktes genannt, doch sie wusste nicht, wo dort sich der Stand des Sesamölverkäufers befand, deshalb mussten sich die beiden von Stand zu Stand vorarbeiten. Sie grasten den gesamten Markt von links nach rechts und von oben nach unten ab, ohne eine Spur von ihm oder überhaupt einen Sesamölverkäufer zu finden. Auf dem Gaodi-Markt hatten vor seinem Stand immer zwei große Kessel gestanden, einer, um die Sesamkörner zu rösten, das anschließend aus den Körnern gepresste Öl tropfte in den zweiten Kessel. Daneben stand ein Elektromotor, der zwei übereinandermontierte eiserne Kürbisflaschen hin- und her schwenkte. Dieser Aufbau war unübersehbar. Außerdem war ein Stand für Sesamöl aus zweihundert Metern Entfernung zu riechen. Um sicherzugehen, dass sie nichts übersehen hatten, grasten sie das Gelände ein zweites Mal ab. Doch so gründlich sie auch suchten, von Le Xiaoyi und einem Stand für Sesamöl fand sich keine Spur.

Li Xuelian geriet erneut in Panik, sie befürchtete, dass er den Yuegezhuang-Bauernmarkt wieder verlassen hatte oder nie dorthin gegangen war. Womöglich hatte der Eselswurstverkäufer sie belogen. Wie auch immer, ihr Verwandter war unauffindbar, und sie hatte keinerlei Hinweis, wo sie weitersuchen sollte.

Nicht nur sie, auch ihr Aufpasser geriet in Aufregung. »Ich wette, du hast keine Ahnung, wo er ist. Ich kann nicht meine ganze Zeit mit dir hier vertrödeln.« Er sah auf seine Armbanduhr. »Gleich zwölf Uhr mittags, ich hab noch Medikamente abzuholen. Schluss jetzt mit dem Herumgesuche, du kommst mit mir nach Kuhhaupt zurück, ich übergebe dich der Direktorin. Was danach passiert, ist eure Sache.«

Li Xuelian wurde vollends von Panik ergriffen. Die Zeit verrann, ihre Beschwerde geriet ernsthaft in Gefahr. Es war zwölf Uhr mittags, der Volkskongress würde in vierundzwanzig Stunden schließen. Sie beschloss, auf keinen Fall nach Kuhhaupt zurückzukehren, egal, ob sie den Sesamölstand fanden, egal, ob sie ihre Schulden begleichen konnte. Aber wie sollte sie, eine Frau von fast fünfzig Jahren, die gerade eine schwere Krankheit überstanden hatte, dem kraftstrotzenden Burschen an ihrer Seite entkommen?

Hinter ihr erscholl plötzlich eine Stimme: »Bandfische, Bandfische aus Zhoushan, Sonderangebot aus dem Gefrierhaus, zehn fünfzig das Pfund!«

Die Stimme kam ihr bekannt vor. Sie wandte sich um und sah einen Mann mit Gummischürze, Ärmelschonern und Gummihandschuhen, der an seinem Stand mit einem großen Schraubenzieher tiefgefrorene Bandfische ausnahm. Es war kein anderer als ihr Verwandter Le Xiaoyi! Die Beine drohten unter ihr wegzusacken. Er war tatsächlich vom Gaodi-Bauernmarkt hierhergezogen, allerdings nicht um Sesamöl, sondern um Fisch zu verkaufen.

Li Xuelian riss sich zusammen und rief: »Xiaoyi!«

Er hob den Kopf und sah die Ruferin an. Es dauerte eine geraume Weise, bis er sie erkannte. In seinem Gesicht mischten sich Erstaunen und Erschrecken. Nicht über ihre plötzliche Ankunft, nicht darüber, dass sie es geschafft hatte, sich zu ihm durchzufragen, sondern über ihr Aussehen: »Tante, du bist ja bis auf die Knochen abgemagert! So habe ich dich noch nie gesehen, hätte dich fast nicht erkannt!«

Sie kämpfte mit den Tränen. »Ich war krank. Wieso verkaufst du jetzt Fische und nicht mehr Sesamöl?«

»Der Preis für Sesam ist dieses Jahr zu sehr gestiegen, man verdient nichts mehr dabei.«

Er zog sie in eine ruhige Ecke. »Wieder wegen deiner Beschwerde hier?«

Sie nickte.

»Also deshalb sind diese Leute vom Kreisgericht schon zigmal bei mir aufgekreuzt. Zuerst alle drei Tage einmal, seit gestern täglich zweimal.«

Damit versetzte er Li Xuelian erneut in Schrecken. Sie befürchtete, von den Leuten des Kreisgerichts überrascht zu werden. Hastig sagte sie: »Dann muss ich sofort von hier verschwinden.« Sie drehte sich um und ging.

Doch ihr Aufpasser stürzte ihr nach und hielt sie fest. »He, und was ist mit dem Geld?«

Erst jetzt fiel ihr wieder ein, aus welchem Grund sie nach Le Xiaoyi gesucht hatte, und sie erklärte ihm in aller Eile ihre Situation. Fünfhundert Yuan hatte sie bereits angezahlt, es fehlten noch viertausendachthundert.

Ohne zu zögern, wandte sich Le Xiaoyi an den Burschen von der Sanitätsstation: »Ich übernehme das. Aber so viel Geld habe ich nicht bei mir.«

Der Bursche versperrte Li Xuelian den Weg. »Du kommst mir hier nicht weg.«

»Wartet hier, ich geh auf die Bank und hole das Geld.«

Le Xiaoyi bat seinen Standnachbarn, einen Verkäufer von Schweinskopfsülze, in seiner Abwesenheit auf den Stand aufzupassen, nahm Schürze und Ärmelschoner ab, verließ eilig den Markt und ließ Li Xuelian mit dem Burschen wartend zurück.

Keine fünf Minuten später erschien der Gerichtsvorsitzende mit seinen Leuten auf dem Plan. Mit der Gier ausgehungerter Fliegen, die eine Blutlache erspähen, stürzten sie sich auf Li Xuelian und umzingelten sie. Handschellen konnten sie ihr nicht anlegen, sie hatte sich schließlich keines Verbrechens schuldig gemacht.

Obwohl völlig außer Atem, sagte der Gerichtsvorsitzende lächelnd: »War nicht einfach, dich zu finden, Schwägerin.«

Sie würdigte ihn keines Blickes, sondern drehte sich wütend zu ihrem Aufpasser um. »Du bist an allem schuld, deinetwegen ist jetzt alles im Eimer!«

Der Bursche war sprachlos. Angesichts der vielen Leute, die nach Li Xuelian suchten, glaubte er, dass sie auch ihnen Geld schuldete. Daher wandte er sich an den Gerichtsvorsitzenden, ohne auf Li Xuelian zu achten: »Wer zuerst kommt, mahlt zuerst. Erst kriege ich mein Geld, dann könnt ihr eure Angelegenheit regeln.«

Da sie in Zivil waren, erkannte er sie nicht als Gerichtsbeamte. Ohne die Antwort seines Vorgesetzten abzuwarten, marschierte Herr Hou, ein Schrank von einem Mann, auf den Burschen zu und verpasste ihm einen Stoß, dass er rückwärts taumelte: »Halt dich hier raus! Wenn dir jemand Geld schuldet, geh vor Gericht und verklag ihn. Wir sind hier im Dienst, hast du das kapiert!«

Der Bursche glaubte, es mit Polizisten zu tun zu haben, riss die Augen auf, klappte den Mund zu und machte sich aus dem Staub. Er gehörte zur Sorte derer, die gern eine große Klappe führten, aber den Schwanz einzogen, sobald sie auf Stärkere stießen.

Immer noch lächelnd fuhr der Gerichtsvorsitzende fort: »Keine Beschwerde mehr, Schwägerin. Komm mit uns zurück. Ich wusste, dass Le Xiaoyi zur Familie gehört, mir war klar, dass du früher oder später hier auftauchen würdest.«

»Als ich euch gesagt habe, dass ich mich nicht mehr beschwere, habt ihr mir nicht geglaubt und mich gezwungen, es doch zu tun. Wenn ihr mich jetzt daran hindert, krepiere ich hier vor euren Augen.«

Der Gerichtsvorsitzende winkte jemanden aus der Ferne herbei. Jetzt erst entdeckte Li Xuelian, dass in einiger Entfernung am Straßenrand zwei Dienstfahrzeuge der Gerichtsbehörden mit blinkenden Blaulichtern standen, denen mehrere Leute entstiegen. Li Xuelian hielt sie für Gerichtsbeamte, was sich im Näherkommen als richtig erwies, allerdings mit einer Ausnahme, und die war Qin Youcai, ihr Sohn. Sie erschrak, als sie ihn erblickte. Hatte ihn das Gericht als Geisel genommen, um sie zur Rückkehr zu zwingen? Doch sie verwarf den Gedanken sofort wieder, auch wenn der Sohn ihr näher stand als die Tochter, so gehörte er doch zu seinem Vater. Sie hatten ihn in all den Jahren nie dazu benutzt, um sie von ihrer Beschwerde abzuhalten. Andererseits hatte sie die langjährige Erfahrung ihres Umgangs mit Beamten gelehrt, dass diese sich an keine Spielregeln hielten, wenn es darauf ankam.

Auch der Sohn erschrak bei ihrem Anblick. »Mama, wie dünn du geworden bist!«

Ohne darauf zu reagieren, fragte sie: »Haben sie dich auch geschnappt, Youcai?«

»Nein, haben sie nicht. Ich bin gekommen, damit du dich dieses Jahr nicht mehr beschwerst.«

Ihre Stimme wurde hart. »Wenn du deshalb gekommen bist, kannst du gleich wieder umkehren. Vielleicht hätte ich früher auf dich gehört, aber dieses Jahr ist es anders, ich werde mich beschweren, und wenn ich dabei krepiere.«

»Es geht nicht um mich, du kannst dich dieses Jahr nicht mehr beschweren.«

»Und warum nicht?«

Ihr Sohn brach plötzlich in Tränen aus, umklammerte seinen Kopf und sank auf die Knie. »Papa ist tot.«

Sie stand da wie versteinert und begriff nicht sofort. Erst nach einer Weile kam ihr zu Bewusstsein, dass der »Papa«, von dem Youcai gesprochen hatte, ihr Exmann Qin Yuhe war. Die Nachricht von seinem Tod schlug in ihren Kopf ein wie eine Bombe. Nicht, weil sie um den Toten trauerte, sondern weil mit diesem Tod die Grundlage ihrer Beschwerde wegfiel. Er zerriss die Begründungskette, die ihre Beschwerde zusammenhielt, sie konnte nun auch gegen die Beamten nichts mehr ausrichten. Im Unterschied zu den vergangenen Jahren hatte sich die Beschwerde dieses Jahres mehr gegen sie gerichtet als gegen ihren Exmann. Sie hatten sich mit Großkopf Zhao zusammengetan, der nicht nur ihre persönliche Würde, sondern auch ihre Würde als Frau verletzt hatte, der sie nicht nur rein-, sondern auch flachgelegt und sie damit zu einer wahrhaftigen Pan Jinlian gemacht hatte. Leib und Leben hatte sie riskiert, um nach Peking zu gelangen, nur um zu erfahren, dass jetzt, wo sie am Ziel war, all die Mühen der letzten Tage umsonst gewesen waren. Nicht nur die Beamten würden ungeschoren davonkommen, auch dass sie zur Pan Jinlian geworden war, musste sie nun hinnehmen.

Im ersten Moment weigerte sie sich, der Wirklichkeit ins Auge zu sehen, ihr entfuhr die fassungslose Frage: »Er kann doch nicht einfach mir nichts, dir nichts sterben?«

Ihr Sohn erhob sich. »Nicht mir nichts, dir nichts. Er hatte einen Autounfall. Vor fünf Tagen. Er hat an dem Tag Krach mit der Stiefmutter gehabt und hat sich voller Wut ans Steuer gesetzt, um eine Fuhre Dünger auszuliefern. Als er zur großen Yangtze-Brücke kam, wollte er einem entgegenkommenden Fahrzeug ausweichen, das gerade überholte, und ist gegen einen Brückenpfeiler gekracht. Dabei ist er mit seinem LKW kopfüber in den Yangtze gestürzt.«

Er begann erneut zu weinen. »Dass er nicht einen Moment an sein Alter gedacht hat, er war doch schon lange kurzsichtig. Und mit seiner Wut im Bauch hat er sich nicht aufs Fahren konzentriert.«

Erst jetzt begriff sie, dass er wirklich tot war. Als er starb, hatte sie bewusstlos in der Sanitätsstation von Kuhhaupt gelegen. Als diese Tatsache zu ihr vorgedrungen war, begann sie, ihn wüst zu beschimpfen: »Du Dreckskerl, dass du mein Leben ruiniert hast, genügt dir nicht. Jetzt machst du mir sogar mit deinem Tod alles kaputt. Was soll ich jetzt tun? So ohne ein Wort einfach zu sterben, bevor wir die Sache zwischen uns geklärt haben! Damit nicht genug, weil du Dreckskerl einfach so krepierst, kriege ich auch all die anderen Sachen nicht mehr geklärt.«

Ohne auf die Menge ringsum zu achten, stieß sie einen markerschütternden Klageschrei aus. Und als öffneten sich damit alle Schleusen in ihrem Inneren, brach sie in nicht enden wollendes Weinen aus, Rotz und Wasser liefen ihr übers Gesicht. Sie und Qin Yuhe waren Todfeinde gewesen, doch hätte sie um einen Geliebten nicht bitterlicher weinen können.

Auf dem riesigen LED-Bildschirm an der Fassade des achtzehnstöckigen Bürohochhauses, das sich dem Markt gegenüber befand, wurde gerade in Direktübertragung das feierliche Spektakel der vormittäglichen Plenarsitzung des Volkskongresses gezeigt, auf der die verschiedenen Beschlüsse der Tagung verabschiedet wurden. Über jeden Beschluss wurde einzeln abgestimmt, jeder mit überwältigender Mehrheit angenommen. Die Große Halle des Volkes hallte wider von donnerndem Applaus.

14. Kapitel

Li Xuelians Exmann Qin Yuhe war seit fünf Tagen tot. Zwei Tage nach seinem Tod hatte so gut wie niemand davon Notiz genommen, geschweige denn seinen Tod mit Li Xuelians Beschwerde in Zusammenhang gebracht. Erst am dritten Tag hatte der Kreisvorsteher per Zufall Kenntnis davon erhalten und entdeckt, dass da ein Zusammenhang bestand. Bei der Rückkehr von einer Besprechung in der Bezirkshauptstadt passierte er das Tor der Kreis-Düngemittelfabrik und bemerkte aus dem Fenster blickend dort eine Menschenmenge. Mitten unter dem Torbogen lag ein Totenkranz, eine Frau mittleren Alters und ein Kind, beide in Trauerkleidung, knieten davor. Die Frau hielt eine Papptafel in die Höhe, auf der in großen Zeichen zu lesen stand: Qin Yuhe, dein Tod schreit nach Gerechtigkeit.

Der Kreisvorsteher achtete zunächst nicht auf die drei Zeichen »Qin Yuhe«, sondern nur auf die protestierende Menge am Eingangstor der Fabrik. Um zu erfahren, worum es ging, ließ er den Fahrer anhalten und befahl seinem Sekretär, der Sache nachzugehen: »Frag mal nach, was da los ist. Das macht doch einen schlechten Eindruck, hier am Ortseingang, wo alles vorbeikommt.«

Der Sekretär sprang hastig aus dem Wagen. Als er fünf Minuten später zurückkehrte, meldete er dem Kreisvorsteher, es handle sich um einen Streit zwischen der Fabrik und den Familienangehörigen eines Fahrers, der bei einem Unfall ums Leben gekommen sei, über die Höhe des Sterbegeldes.

Der Kreisvorsteher war im Bilde, es handelte sich um eine interne Angelegenheit der Fabrik, aus der er sich als Kreisvorsteher besser heraushielt. Eingriffe der Obrigkeit machten in solchen Fällen alles nur komplizierter. Ließ man den Dingen ihren Lauf, stritten sich die Parteien eine Weile herum und einigten sich am Ende auf einen Kompromiss. Derlei Zwistigkeiten musste man sich abkühlen lassen.

Der Kreisvorsteher wies den Fahrer an weiterzufahren. Am Tor der Kreisverwaltung angelangt, fiel ihm plötzlich etwas ein: »Qin Yuhe, irgendwie kommt mir der Name bekannt vor.«

Auch der Sekretär konnte sich nicht darauf besinnen, was es damit auf sich hatte, und rief von seinem Mobiltelefon den Fabrikdirektor an. Der Kreisvorsteher begab sich in sein Büro, wohin ihm der Sekretär wenig später folgte. »Hab es in Erfahrung gebracht, dieser Qin Yuhe, der gestorben ist, war der Exmann des ›Kleinen Kohlkopfs‹.«

Im ersten Moment reagierte der Kreisvorsteher auf diese Nachricht nicht. Er ließ sich hinter seinem Schreibtisch nieder. Doch plötzlich schreckte er hoch, als ihm unvermittelt der Zusammenhang zwischen dem Tod des Mannes mit Li Xuelians Beschwerde durch den Kopf schoss.

Ihm wurde schwindelig, er schlug mit der flachen Hand auf den Tisch. »Diese Sache hat es in sich!«

Der Sekretär sah ihn erstaunt an. »Ein gewöhnlicher Unfall, was ist daran besonders?«

»Im Fall von Li Xuelians Exmann ist das mehr als ein gewöhnlicher Unfall. Die Scheidung von ihrem Exmann war doch der Ausgangspunkt ihrer Beschwerde. Mit seinem Tod ist die Ehe ganz natürlich erloschen. Worüber soll sie sich jetzt beschweren? Es gibt keinen Grund mehr.«

Jetzt begriff der Sekretär. »Das heißt, dieser Unfall ist ein Segen.«

Ohne sich auf die Erörterung dieser Frage einzulassen, griff der Kreisvorsteher zum Telefonhörer, um den Gerichtsvorsitzenden Wang Gongdao in Peking anzurufen. Auch dem verschlug es bei der Nachricht vom Tod Qin Yuhes die Sprache. Doch war er nicht umsonst Gerichtsvorsitzender, er begriff auf der Stelle die Bedeutung: »Dieser Unfall kommt ja wie gerufen. Mit dem Tod des Mannes wird Li Xuelians Fall hinfällig und damit auch ihre Beschwerde.« Voller Begeisterung fügte er hinzu: »Dann können wir ja abziehen.«

Wider Erwarten teilte der Kreisvorsteher seine Begeisterung in keiner Weise. »Wie kommen Sie denn darauf? Im Gegenteil ist es notwendiger denn je, Li Xuelian dingfest zu machen.«

»Aber ihre Klage ist doch hinfällig, wozu sie da noch festhalten, das ist doch Zeitverschwendung.«

»Sein Tod liegt erst ein paar Tage zurück, sie weiß vermutlich nichts davon. Wer garantiert, dass sie nicht dennoch in die Große Halle des Volkes marschiert?«

»Ihr Fall ist erledigt. Wenn sie jetzt ohne Grund in der Halle des Volkes Krawall macht, kann uns das gleichgültig sein.«

»Sie sind wohl nicht bei Verstand. Mehr denn je müssen wir verhindern, dass sie dort auftaucht. Wenn ihr das gelingt, interessiert sich keiner da oben für den Gegenstand der Beschwerde, sondern ausschließlich für ihr Erscheinen in der Großen Halle des Volkes. Das ist es, was den politischen Zwischenfall ausmacht. Es wäre doch der Gipfel der Ungerechtigkeit, wenn wir am Ende wegen einer unbegründeten Beschwerde ins Visier geraten.«

Erst jetzt begriff der Gerichtsvorsitzende, was der Kreisvorsteher meinte. Doch hatten er und seine Leute Pekings Straßen und Gassen zehn Tage lang abgesucht, ober- wie unterirdisch, und Li Xuelian weder gefunden noch auch nur eine Spur von ihr entdeckt. Es war nahezu aussichtslos, in dieser Riesenstadt eine einzelne Person aufzuspüren.

Den Kreisvorsteher kümmerte das nicht, mit schneidender Stimme fuhr er fort: »Los, macht euch auf die Suche, sagt ihr, dass ihr Exmann tot ist, erst dann ist die Sache erledigt.«

Der Gerichtsvorsitzende hatte Bedenken: »Sie wird uns womöglich nicht glauben, selbst wenn wir sie finden. Sie wird glauben, wir wollten sie reinlegen.«

Das war einleuchtend, und so entstand die Idee, Qin Youcai, den Sohn der beiden, nach Peking zu schicken. Ihm würde sie die Nachricht vom Tod seines Vater glauben. Nach Ende des Telefonats führte er ein weiteres Gespräch mit dem Polizeichef, der sich mit seinen Leuten ebenfalls in Peking aufhielt und bereits zehn Tage ebenso erfolglos sein Netz rings um die Halle des Volkes aufgespannt hatte. Ebenso wie den Gerichtsvorsitzenden informierte er ihn nicht nur über den Tod von Li Xuelians Exmann, sondern schärfte ihm nachdrücklich ein, die Bewachung der Großen Halle des Volkes bis zum Ende des Volkskongresses mit unverminderter Aufmerksamkeit aufrechtzuerhalten und um jeden Preis zu verhindern, dass Li Xuelian dort eindrang. Er warnte den Polizeichef vor einem Nachlassen der Wachsamkeit. Je mehr die Zeit voranschreite, desto größer sei die Gefahr eines Zwischenfalls. Der nachlassenden Wachsamkeit der Polizei habe man es zu verdanken, dass Li Xuelian vor vierzehn Tagen ihren Bewachern entwischt sei. Doch das habe sich im Dorf abgespielt, jetzt in Peking sei die Situation eine grundlegend andere, nicht die geringste Nachlässigkeit sei hinnehmbar. Der Polizeichef überschlug sich förmlich vor Zustimmungsbekundungen.

Um keine Zeit zu verlieren, wurde der Sohn in einem Dienstwagen der Justizbehörden nach Peking gebracht. Der Gerichtsvorsitzende empfing ihn, ohne dass zwischen ihnen viele Worte gewechselt wurden. Der zur Begleitung mitgeschickte stellvertretende Gerichtsvorsitzende hingegen informierte ihn ausführlich darüber, dass der Kreisvorsteher, ohne die Justizbehörden zu verständigen, zusätzlich zu den Gerichtsbeamten einen Haufen Polizisten nach Peking beordert hatte, die genau wie er und seine Leute nach Li Xuelian suchen sollten. Erst aufgrund des plötzlichen Fehlens zahlreicher Polizeibeamter sei die Information durchgesickert. Dem Gerichtsvorsteher lief es im Nachhinein kalt über den Rücken. Einerseits verübelte er dem Kreisvorsteher diese offene Misstrauensbekundung den

Justizbehörden und seiner Person gegenüber. Andererseits tröstete ihn der Gedanke, dass ein erfolgreiches Eindringen Li Xuelians in die Große Halle des Volkes nicht den Justizbehörden allein angelastet werden konnte, sondern sie sich die Verantwortung mit den Polizeibehörden teilen würden. Dass diese sogar die Hauptverantwortung trugen, da an der Suche mehr Polizisten als Gerichtsbeamte beteiligt waren. Und auch die Unterhaltskosten für den Einsatz Dutzender von Polizisten summierten sich auf ein Mehrfaches der von ihm getätigten Ausgaben. Ungeachtet der Ankunft von Li Xuelians Sohn glaubte der Gerichtsvorsitzende nicht mehr an den Erfolg seiner Mission. Im Übrigen waren es nur noch drei Tage bis zum Ende des Volkskongresses, wenn es in dieser Zeit zu keinem Zwischenfall kam, spielte es keine Rolle, ob man Li Xuelian fand oder nicht. Doch er hütete sich, diese Überlegungen vor seinen Untergebenen laut werden zu lassen. Seine Truppe war nun auf siebzehn Personen angewachsen, neben den beiden wieder genesenen Kranken waren ein stellvertretender Gerichtsvorsitzender und ein Fahrer dazugestoßen. Er ermahnte seine Leute eindringlich, in ihrem Bemühen nicht nachzulassen, sollte es Li Xuelian während der drei verbleibenden Tage gelingen, in die Große Halle des Volkes einzudringen, werde er keine Gnade walten lassen. Noch bevor man ihn seines Amtes enthebe, werde er dafür sorgen, dass sie ihren Beamtenstatus verlören.

Auch wenn das nur so dahingesagt war, versetzte die Schärfe seines Tons die Untergebenen in Angst und Schrecken, sie nahmen seine Worte für bare Münze und verdoppelten ihren Eifer. Keinem konnte daran gelegen sein, dass kurz vor Torschluss etwas passierte. Obgleich der Gerichtsvorsitzende die Hoffnung auf eine erfolgreiche Suche aufgegeben hatte, wies er seine Leute an, die Orte, die sie bisher einmal alle drei Tage kontrolliert hatten, ab sofort zweimal täglich abzusuchen. Und wider Erwarten gelang es ihnen zwei Tage später, Li Xuelian auf dem Yuegezhuang-Markt aufzuspüren. Genau genommen, konnte von »Aufspüren« nicht die Rede sein, es handelte sich um ein zufälliges Zusammentreffen. Und in Wahrheit war dieser Zufall nicht das Verdienst des Gerichtsvorsitzenden und seiner Truppe, sondern des Burschen aus der Sanitätsstation von Kuhhaupt. Hätte der nicht auf Rückzahlung der Schulden bestanden, wären sie nicht auf Li Xuelian gestoßen. Doch das spielte keine Rolle mehr, die Ergreifung Li Xuelians erfüllte den Gerichtsvorsitzenden gleichwohl mit tiefer Genugtuung, ihm fiel ein gewaltiger Stein vom Herzen. Dass der Kreisvorsteher hinter seinem Rücken zusätzlich einen Haufen Polizisten nach Peking geschickt hatte, war eine Sauerei, aber das Verdienst, Li Xuelian geschnappt zu haben, fiel ihm zu und bedeutete eine Blamage für die Polizei. Ein paar Dutzend Beamte mehr als zehn Tage in Peking – wer kam für die entstandenen Kosten auf? Während Li Xuelian auf dem Yuegezhuang-Markt ihrem Kummer freien Lauf ließ, entfernte sich der Gerichtsvorsitzende, um den Kreisvorsteher anzurufen und ihn über die Ergreifung Li Xuelians ins Bild zu setzen.

»Ich kann Ihnen vermelden, Herr Kreisvorsteher, dass wir sie nach mehr als zehn Tagen mühseliger Suche nun endlich aufgespürt haben. Wir haben sie bereits über den Unfalltod ihres Exmannes informiert. Hier, hören Sie bitte, wie sie heult. Sie weiß jetzt Bescheid und wird sich weder beschweren noch in die Große Halle des Volkes eindringen.«

Auch dem Kreisvorsteher fiel bei der Nachricht von Li Xuelians Ergreifung eine schwere Last von der Seele. Doch war sie von anderer Beschaffenheit als die des Gerichtsvorsitzenden. Während es diesem lediglich um die Sache selbst ging, um das Verdienst, sie geschnappt zu haben, und die Möglichkeit, umgehend auf seinen Amtsstuhl zurückkehren zu können, galt die Freude des Kreisvorstehers der Tatsache, dass der Festsetzung Li Xuelians eine besondere Bedeutung zukam: Der Tod ihres Exmannes verhinderte nicht nur, dass es dieses Mal in Peking zu einem Zwischenfall kam, er bedeutete, dass es auch in Zukunft keinen mehr geben würde. Ihr Exmann selbst hatte der Sache ein gründliches Ende bereitet. Wie ein bergab rollender Schneeball hatte Li Xuelians Beschwerde im Lauf von zwanzig Jahren immer mehr an Größe und Gewicht gewonnen, war von einem Sesamkorn zu einer Melone angewachsen, von einer Ameise zu einem Elefanten, sie war zu einer Berühmtheit, zum »Kleinen Kohlkopf unserer Tage« geworden. Nun war dieser Kohlkopf endlich im Kochtopf gelandet und weich gedünstet. Und das Beste an der Sache war, dass die Urheber das selbst bewerkstelligt hatten. Mit dem Verschwinden des Sesamkorns und der Ameise verschwanden zugleich Melone und Elefant. Kaum je zuvor hatte der Tod eines Menschen so vielen anderen Erleichterung verschafft und Freude bereitet.

Die Erleichterung ließ ihn über all die Fehler und Versäumnisse des Gerichtsvorsitzenden mit Nachsicht hinwegsehen. Am Telefon sagte er zu ihm: »Bitte geben Sie an alle Kollegen weiter, dass ich ihre Mühe zu schätzen weiß. Sobald Sie zurück sind, gebe ich für alle ein Festessen.«

Sein Tonfall ließ den Gerichtsvorsitzenden verstehen, dass sich die in der Vergangenheit angehäuften Missstimmungen verflüchtigt hatten, und er antwortete ebenso freudig: »Ich danke dem Herrn Kreisvorsteher im Namen aller. Sobald sie sich ausgeheult hat, bringe ich die Frau nach Hause zurück.«

Sobald er den Hörer aufgelegt hatte, wählte der Kreisvorsteher die Nummer des Bürgermeisters. Er musste ihm unverzüglich berichten, dass die Angelegenheit ein glückliches Ende gefunden hatte. Vom Bericht des Gerichtsvorsitzenden würde sich seiner in gewissen Details unterscheiden. Dieser wollte in erster Linie die eigenen Verdienste ins rechte Licht rücken. Der Bericht des Kreisvorstehers hatte dagegen vor allem die Funktion, dem Bürgermeister so rasch wie möglich eine Last von der Seele zu nehmen. Nur damit konnte er sich aus dem Würgegriff des »etwas enttäuscht« befreien, das ein Todesurteil für seine Karriere bedeutete. Seit Li Xuelians Flucht aus ihrem Heimatdorf hatte der Kreisvorsteher nicht den Mut aufgebracht, den Bürgermeister direkt anzurufen, sondern sich an dessen Generalsekretär mit der Bitte gewandt, die Sache vor dem Bürgermeister geheim zu halten. Die schlechte Nachricht hatte er nicht gewagt, direkt zu überbringen, die gute hingegen musste er unbedingt selbst übermitteln.

Der Bürgermeister befand sich nach wie vor in Peking auf der Tagung des Volkskongresses. Sobald die Verbindung hergestellt war, erläuterte der Kreisvorsteher von A bis Z minutiös alles, was sich seit dem Unfalltod von Li Xuelians Exmann zugetragen hatte. Ihm lag daran hervorzuheben, dass sich Li Xuelians Beschwerde nicht nur für dieses Jahr, sondern für alle Zukunft erledigt hatte. Dass sich mit dem Verschwinden von Sesamkorn und Ameise auch Melone und Elefant in Luft aufgelöst hatten.

In Wahrheit war der Bürgermeister noch am Abend des gleichen Tages über das Scheitern des Heiratsprojektes und das erneute Verschwinden Li Xuelians unterrichtet worden. Ihm eine derart wichtige Information vorzuenthalten, hätte der Generalsekretär nie gewagt. Doch hatte der Bürgermeister davon Abstand genommen, den Kreisvorsteher anzurufen. Vorwürfe hätten zu nichts geführt. Aber aus »etwas enttäuscht« war ein »gründlich enttäuscht« geworden. Er hatte sich damit begnügt, dem Generalsekretär auszurichten, er solle mit allem Nachdruck dafür sorgen, dass Li Xuelian so rasch wie möglich gefunden werde. Wenn es ihretwegen zu einem Zwischenfall käme, würde der einstürzende Himmel sie alle unter sich begraben und sie würden samt und sonders von einer Flutwelle hinweggespült. Dabei hatte der Bürgermeister einen Seufzer ausgestoßen: Politik war ein riskantes Geschäft. Die Leute sahen immer nur, wie der Dieb seine Beute verspeiste, die Prügel, die er bekam, sahen sie nicht. Doch hatte auch er nicht erwartet, dass sich der Fall Li Xuelian derart überraschend in nichts auflösen würde. Auch ihm fiel beim Anhören des Berichts ein Stein vom Herzen.

Doch anders als der Kreisvorsteher zeigte er weder Begeisterung noch Freude, sondern sagte: »Das kommt allerdings unerwartet.«

Der Kreisvorsteher bezog das auf den Unfalltod von Li Xuelians Exmann. »In der Tat, wer hätte gedacht, dass Wagen und Fahrer kopfüber in den Yangtze stürzen.«

Doch die unerwartete Antwort lautete:

»Nicht davon rede ich. Ich will damit sagen, dass nicht unser aktives Handeln, sondern ein zufälliger Unfall den Schlusspunkt unter den Fall gesetzt hat. Nicht wir haben das Problem gelöst, sondern der Zufall hat eine Lösung herbeigeführt.«

Dem Kreisvorsteher verschlug es die Sprache.

Mit zunehmender Schärfe fuhr der Bürgermeister fort: »Der Fall Li Xuelian mag gelöst sein, aber an unserer Denkweise hat sich nichts geändert, unsere Führungs- und Steuerungsqualitäten haben sich in keiner Weise verbessert. Genosse Chen, unsere drei Sprichwörter haben nichts an Aktualität eingebüßt. ›Eine winzige Ameise kann einen Damm von tausend Li zum Einsturz bringen.‹ Haben Sie nicht eben die Ameise erwähnt? Und ›Katastrophen beginnen mit kleinen Fehlern‹ oder ›Ein großes Werk durch eine Kleinigkeit verderben‹. Was hat der Fall Li Xuelian dieses Jahr an Aufregung verursacht, aber nicht nur in diesem Jahr, zwanzig Jahre hat sich die Sache hingezogen. Und woran liegt das? Liegt es am großen Ganzen, an der Gesamtlage, können wir nichts daran ändern? Häufig genug liegt es an kleinen Dingen, an Details. Genosse Chen, ich muss Sie ermahnen, auf der Hut zu sein. Glauben Sie nicht, dass mit dem Fall Li Xuelian die Angelegenheit erledigt ist. Sie müssen aus der Geschichte grundlegende Lehren ziehen. Andernfalls könnte auf eine Li Xuelian leicht ein Wang Xuelian folgen.«

Mit diesem Ergebnis seines Berichts hatte der Kreisvorsteher nicht gerechnet. Der Lohn für seine Freudenbotschaft war eine Abfuhr. Er begann wieder zu schwitzen, doch antwortete er unverzüglich:

»Seien Sie beruhigt, Herr Bürgermeister, wir werden aus dem Fall die notwendigen Lehren ziehen. Wir werden in Zukunft die ›kleinen Dinge‹, die Details bedenken, unsere Arbeit gründlicher und ernsthafter angehen, verhindern, dass ›kleine Fehler zu großen Katastrophen führen‹, drauf achten, dass wir nicht ›unser großes Werk durch kleine Fehler verderben‹, und dafür sorgen, dass ›ein Damm von tausend Li nicht durch eine winzige Ameise zum Einsturz gebracht wird‹.«

»Worauf ich noch hinweisen möchte: Die Frau muss unverzüglich nach Hause geschafft werden. Auch wenn der Grund für ihre Beschwerde hinfällig geworden ist, muss verhindert werden, dass sie wie ein toll gewordener Hund über die Mauer springt. Der Volkskongress tagt noch einen Tag, nicht, dass hier in Peking noch irgendetwas Unerwartetes passiert. Auch das ist ein Detail.«

»Seien Sie beruhigt, Herr Bürgermeister, sie befindet sich bereits in der Obhut der Gerichtsbeamten. Ich veranlasse, dass sie umgehend zurückgebracht wird.«

15. Kapitel

Entgegen den Anweisungen des Bürgermeisters und des Kreisvorstehers wurde Li Xuelian nicht nach Hause zurückgeschafft. Nicht, dass sich der Gerichtsvorsitzende eines Besseren besonnen oder sich Li Xuelian mit Händen und Füßen gegen eine Heimkehr gewehrt hätte, vielmehr war sie, nachdem sie sich den Schmerz von der Seele geschrien und unaufhörlich geweint hatte, ohnmächtig geworden. Die gerade überstandene schwere Krankheit und die Mühen, von Kuhhaupt nach Peking zu gelangen, hatten sie körperlich geschwächt. Die unnachgiebige Forderung nach Schulden-Rückzahlung und die ständige Furcht, die Gelegenheit zur Beschwerde zu verpassen, hatten ihre Nerven überreizt. Und nun die plötzliche Nachricht vom Tod ihres Exmannes und die damit verbundene Erkenntnis, dass nicht nur die Mühen der letzten Tage, sondern die Anstrengungen der letzten zwanzig Jahre vergebens gewesen waren. Ein Schlag nach dem anderen, jeder folgende heftiger als der vorangegangene. Mitten im Weinen brach sie zusammen und sank zu Boden. Der Gerichtsvorsitzende und seine Leute erstarrten und wussten nicht, was sie tun sollten. Ihr Sohn hob sie eilig auf, gerade in diesem Moment kehrte Le Xiaoyi von der Bank zurück. Im allgemeinen Durcheinander wurde Li Xuelian vom Markt getragen und in die von Le Xiaoyi gemietete Barackenunterkunft geschafft. Dort lag sie bewusstlos auf dem Bett, unfähig zu sprechen, und begann zu fiebern. Jemanden in diesem Zustand über eine weite Strecke zu transportieren, war offenkundig nicht angezeigt. Auch wagte keiner der Beamten, ihren hilflosen Zustand auszunutzen und sie unter Bewachung nach Hause zu transportieren. Der Gerichtsvorsitzende befürchtete, sie würde ihm, krank und überreizt, wie sie war, unterwegs unter den Händen wegsterben und damit erneut Aufsehen erregen. Der Unfalltod ihres Exmannes war auf eigenes Verschulden zurückzuführen, der Tod Li Xuelians auf dem Rücktransport nach Hause würde auf ihn zurückfallen. In seiner Verlegenheit rief er den Kreisvorsteher an. Auch der war nicht bereit, die Verantwortung für den Transport der schwer kranken Li Xuelian zu übernehmen.

Er überlegte hin und her. »Eine unangenehme Situation.«

Nach erneutem Nachdenken: »Machen wir's so: Der Volkskongress geht morgen zu Ende. Da wir sie nicht zurückschaffen können, soll sie auf Schritt und Tritt überwacht werden. Abziehen könnt ihr erst, wenn alles vorüber ist.«

Niemand hatte eine bessere Lösung parat. Der Gerichtsvorsitzende kommandierte umgehend seine Beamten zum Schichtdienst nach Yuegezhuang. In Dreiergruppen patrouillierten sie abwechselnd vor der Baracke auf und ab und betraten in halbstündigem Abstand Li Xuelians Zimmer, um zu kontrollieren, ob sie sich rührte. Der Gerichtsvorsitzende und sein Stellvertreter übernahmen im Vierstundentakt abwechselnd die Aufsicht, verbrachten ihren Dienst allerdings im hinter der Baracke geparkten Dienstwagen. Zu ihrer aller Freude verbrachte Li Xuelian die gesamte Zeit bis zum Mittag des folgenden Tages in tiefer Bewusstlosigkeit.

Vormittags um elf Uhr wurde auf dem Bildschirm des Bürogebäudes gegenüber dem Markt die Schlusssitzung des Nationalen Volkskongresses übertragen. Die neue Regierung trat ihr Amt an. Der Plenarsaal erbebte von donnerndem Applaus. Der Gerichtsvorsitzende und seine Leute teilten die Begeisterung. Die Mühen der letzten vierzehn Tage hatten sich gelohnt, Vorgesetzte wie Untergebene waren nun von der Last ihrer Verantwortung befreit. Befreit nicht nur von der Last dieses, sondern der letzten zwanzig Jahre. Befreit nicht nur von der Last der Vergangenheit, sondern von der Last dieser Angelegenheit in alle Zukunft. Angeführt von ihrem Vorsitzenden machten sich die siebzehn Gerichtsbeamten auf den Rückweg vom Yuegezhuang-Bauernmarkt in ihre Amtsstuben. In Absprache mit dem Gerichtsvorsitzenden blieb Li Xuelians Sohn bei der nach wie vor bewusstlosen Mutter zurück.

Li Xuelian dämmerte in Le Xiaoyis winziger Wohnung vor sich hin. Angesichts ihres Zustandes hätte sie in ein Krankenhaus geschafft werden müssen. Doch dafür fehlte das Geld, da Le Xiaoyi inzwischen mithilfe seiner gesamten Ersparnisse ihre Schulden beglichen und Li Xuelians

Sohn nur das Nötigste zum Leben bei sich hatte. Le Xiaoyi konnte lediglich einen Arzt aus der Ambulanz des Wohnbezirks rufen, der ihr eine Glukose-Infusion legte. Aber auch nach zweitägiger Infusion besserte sich ihr Zustand nicht. Qin Youcai wurde unruhig, zu Hause wartete das Begräbnis seines Vaters, um das er sich zu kümmern hatte. Er beratschlagte sich mit Le Xiaoyi und machte sich dann ebenfalls auf den Heimweg.

Am Ende des zweiten Tages erwachte Li Xuelian schließlich aus der Bewusstlosigkeit. Sie blickte sich um, wusste nicht, wo sie war. Erst als sie Le Xiaoyi sah, begriff sie, dass sie sich in seiner Wohnung befand. Ganz allmählich kehrte die Erinnerung an die Ereignisse der vergangenen Tage in ihr Bewusstsein zurück. Und doch schienen ihr die Ereignisse weit entfernt und unwirklich.

Le Xiaoyi, überglücklich über ihr Erwachen, beeilte sich, ihr eine Schale Reisbrei ans Bett zu bringen. »Du hast mich zu Tode erschreckt, Tante.«

Unter Aufbietung all ihrer Kräfte antwortete sie: »Xiaoyi, tut mir leid, ich mach dir nichts als Scherereien.«

Wie eh und je antwortete er unbekümmert: »Sag nicht so was, Tante. Hauptsache, du bist am Leben.«

Sie war gerührt. »Du musst dir keine Sorgen um das geliehene Geld machen, ich hab mein Haus, sobald ich es verkauft habe, kriegst du dein Geld zurück.«

»Sag nicht so was, Tante!«

Ihr stiegen die Tränen in die Augen.

Le Xiaoyi wusste, was sie durchgemacht hatte, und er war sich über ihre angespannte finanzielle Lage im Klaren. Um sie zu trösten, sagte er: »Du bleibst bei mir, Tante, bis deine Krankheit ausgeheilt ist. Geh nicht nach Hause, sondern hilf mir beim Fischverkauf.«

Mit Tränen in die Augen flüsterte sie: »Xiaoyi.«

Nach drei Tagen ging das Fieber endlich zurück, und Li Xuelian konnte aufstehen. Weitere drei Tage später konnte sie die ersten Schritte tun. Sie half Le Xiaoyi beim Kochen. Als er sah, dass sie auf eigenen Beinen stehen konnte, nahm er beruhigt seine Arbeit auf dem Markt wieder auf.

Am frühen Morgen des folgenden Tages begab sich Le Xiaoyi nach einem gemeinsamen Frühstück auf den Markt, um Bandfisch zu verkaufen. Sie spülte ab und machte sich an die Zubereitung des Mittagessens. Die fertigen Gerichte füllte sie in Schalen und deckte sie ab, um sie warm zu halten.

Dann setzte sie sich an den Tisch und schrieb: »Xiaoyi, ich danke dir. Ich gehe. Was das Geld angeht, weißt du Bescheid.«

Anschließend nahm sie ihre Tasche und verließ die Wohnung. Nicht, um nach Hause zurückzukehren, sondern um sich an einem passenden Ort umzubringen. Sie hatte sich fürs Aufhängen entschieden. Nicht der Tod ihres Exmannes, auch nicht, dass ihrer Beschwerde nun die Begründung fehlte, und auch nicht, dass das ihr angetane Unrecht auf ewig ungesühnt bleiben würde, hatten diesen Entschluss herbeigeführt. Es war vielmehr die bittere Erkenntnis, dass der Tod ihres Exmannes ihre Beschwerde zur Lächerlichkeit verurteilt hatte. Sie hatte ihre Bedeutung verloren. In den zwanzig Jahren ihres Kampfes war aus einem Sesamkorn eine Melone, aus einer Ameise ein

Elefant geworden, jetzt hatten sich Sesamkorn und Ameise auf lächerliche Weise in Luft aufgelöst. Die Begründungskette ihrer Beschwerde war auf lächerliche Art und Weise gerissen, damit war ihre Beschwerde insgesamt lächerlich geworden. Nicht nur die diesjährige Beschwerde, sondern all die Beschwerden von zwanzig Jahren. Lachhaft wie die Beschwerde war auch die Beschwerdeführerin geworden. Das Sesamkorn war von selbst davongeflogen, die Ameise hatte ihr eigenes Nest zerstört. Hinzu kam, dass sie bei ihrer diesjährigen Beschwerde hintergangen worden war, nicht nur als Beschwerdeführerin, sondern auch als Frau, und alle Welt Kenntnis davon erhalten hatte, dass sie wahrhaftig eine Pan Jinlian geworden war. Auch dieser Ausgang der Geschichte war lächerlich. Mit dem Unrecht der erfolglosen Beschwerde konnte man leben. Dass sie zum Gegenstand von Gespött geworden war, bedeutete dagegen eine Schande. Mit dieser Schande tagein, tagaus weiterzuleben war ihr unmöglich. Mit der Redewendung »Lieber sterben als in Schande leben« war ihr gegenwärtiger Zustand exakt beschrieben.

Ihr Entschluss, ihr Leben durch Aufhängen zu beenden, stellte sie vor die Schwierigkeit, den geeigneten Ort dafür zu wählen. Entsprechend ihrer Logik hätte es vor der Tür eines ihrer Todfeinde zu geschehen, um ihm einen letzten Schlag zu versetzen. Infrage kamen die Haustür von Großkopf Zhao, der Eingang des Kreisgerichts, das Tor der Kreis- und das Tor der Bezirksverwaltung. Doch nun, wo ihre Beschwerde zur Lachnummer geworden war, gab es für diesen Akt keine triftige Begründung mehr, und er würde selbst Gegenstand von Gelächter, selbst ihr Tod drohte, lächerlich zu werden. Zu sterben, ohne einen angemessenen Ort dafür zu haben, war nicht minder lächerlich. Menschen fanden keinen passenden Platz zum Sterben, weil man sie hasste oder weil sie zu arm waren, in ihrem Fall jedoch waren Schande und Lächerlichkeit die Gründe.

Auf dem Weg aus Yuegezhuang zerbrach sie sich darüber den Kopf. Sie ging nicht auf das Stadtzentrum zu, sondern Richtung Vorstadt. Ein Mensch, der keinen passenden Ort zum Sterben hatte, war in seinen Entscheidungen frei und konnte sich umbringen, wo immer es ihm behagte. Also wanderte sie weiter, bis sie gegen Mittag an einen Bergabhang kam, der dicht mit Pfirsichbäumen bestanden war. Drei Wochen war sie ausschließlich mit ihrer Beschwerde beschäftigt gewesen oder hatte bewusstlos dagelegen und keine Muße gehabt, auf ihre Umgebung zu achten. Nun stellte sie überrascht fest, dass es Frühling geworden war und die Bäume in Blüte standen. Der gesamte Abhang war ein Pfirsichblütenmeer. Sie betrat den blühenden Pfirsichhain und entdeckte mitten darin eine Hütte. Durch die geöffnete Tür sah man aufgerollte Flechtmatten, Kellen aus Kürbisschalen und allerlei Gefäße. Auf dem Boden verstreut lagen Sägen, Baumscheren, Leitern und anderes Gerät zum Beschneiden der Bäume. Offenbar war dies die Unterkunft des Flurwächters. Sie kletterte den Abhang hoch und auf der anderen Seite wieder herab. Hier auf der Sonnenseite glühten die Pfirsichblüten in noch leuchtenderem Rot. Sie suchte sich inmitten des Pfirsichhains einen Platz, der ihr gefiel, und dachte bei sich: »Hier ist es.«

Sie blickte auf den mit Blüten übersäten Abhang und dachte: »Ich wollte einen beliebigen Platz zum Sterben, aber das ist kein beliebiger Platz.«

Sie zog den Reißverschluss ihrer Tasche auf und nahm das darin verstaute Seil heraus. Sich umblickend wählte sie einen kräftigen und hochgewachsenen Pfirsichbaum und warf das Seil über eine Astgabel, worauf ein Schauer von Pfirsichblüten auf sie herabregnete. Als das Seil fest verknüpft war, schleppte sie einen Felsbrocken herbei, stellte sich darauf und legte sich das Seil um den Hals. Ein Tritt gegen den Stein, und sie würde am Baum zappeln.

»He, Gevatterin, hab ich dir was getan? Willst du mich ruinieren?«

Jemand zog sie mit Gewalt vom Stein, ein Mann mittleren Alters. »Hab dich eine Ewigkeit beobachtet. Hab gedacht, du willst was aus der Hütte stehlen. Und da seh ich, dass du dich umbringen willst.«

Verständnislos sah sie ihn an. »Na und? Was geht dich das an?«

Der Mann wurde ärgerlich. »Du hast gut reden. Ich hab den Pfirsichhain gepachtet und verdien mein Geld damit, dass im Herbst die Touristen aus der Stadt herkommen, um Pfirsiche zu pflücken. Hast du nicht das Schild am Hang gesehen: ›Pfirsiche zum Selberpflücken‹? Wenn sich herumspricht, dass sich hier jemand aufgehängt hat, kommt doch keiner mehr her.«

Sie begriff, was er meinte. Es gab für sie tatsächlich keinen Ort zum Sterben. Zwischen Lachen und Weinen schwankend fragte sie: »Und wohin soll ich gehen?«

Der Mann sah sie ebenso verstört an.

»Willst du denn wirklich sterben?«

»Hat man einmal beschlossen, Schluss zu machen, kann einen niemand aufhalten.«

»Und warum?«

»Lässt sich nicht mit ein paar Worten erklären. Wäre alles klar, bräuchte ich nicht zu sterben.«

Der Mann zeigte auf den gegenüberliegenden Hang.

»Wenn du partout sterben willst, kannst du mir noch einen Gefallen tun. Geh in den Pfirsichhain da drüben, steht auch alles in Blüte, den hat der alte Cao gepachtet. Wir haben Streit. Wie der Volksmund sagt: ›Zum Aufhängen ist der eine Baum so gut wie jeder andere.‹«

Li Xuelian brach in Gelächter aus.

Dritter Teil

Ein Jux

1. Kapitel

In der Weststraße der Kreisstadt XX der Provinz XX gibt es ein weithin berühmtes Restaurant mit dem Namen »Dorf im Dorf«. Berühmt ist das Restaurant aufgrund eines speziellen Gerichts mit dem Namen »Geschmortes Fleisch am Knochen«. Daneben offeriert das Restaurant auch andere Gerichte, wie Gemischte-Innereien-Suppe, Sesambrötchen, kalte Vorspeisen, dazu verschiedene Spirituosen etc. Diese Speisen unterscheiden sich jedoch nicht von denen andernorts, nur das »Geschmorte Fleisch am Knochen« ist eine Spezialität des Hauses. Wird Fleisch im großen Wok geschmort, löst sich üblicherweise das Fleisch vom Knochen, wenn es gar ist. Im »Dorf im Dorf« jedoch bleiben Knochen und Fleisch zusammen. Der zarte Fleischgeschmack mit den Zutaten durchdringt daher nicht nur das Fleisch selbst, sondern auch den Knochen. Hat man das Fleisch verspeist, zerklopft man den verbleibenden Knochen und saugt ohne jede Geschmackseinbuße an den Splittern. Auch der Geschmack selbst ist einzigartig: Durch die leicht salzige Note zieht sich ein feiner Duft, durch den Duft eine gewisse Süße, durch die Süße ein wenig Schärfe, und die Schärfe atmet Frische und Geschmeidigkeit. Will man im Kreis aufwendig essen, geht man ins »Pazifische-Seefrüchte-Restaurant«, soll es jedoch rustikal sein, ist das »Geschmorte Fleisch am Knochen« im »Dorf im Dorf« ein Muss. Das Gericht sollte unbedingt frisch zubereitet genossen werden, das Fleisch direkt aus dem Topf, so heiß, dass man sich die Finger verbrüht, die man sofort mit einem Glas Schnaps kühlt. Wer gewöhnlich nicht mehr als zweihundert Gramm verträgt, kann zu diesem Gericht ohne Schaden einen halben Liter zu sich nehmen.

Pro Tag schmort das »Dorf im Dorf« zweimal jeweils einen Topf mit Fleisch, mittags einen, abends einen. Der Andrang ist gewaltig, man steht Schlange vor dem Lokal. Die Regeln des Hauses schreiben vor, dass man das Fleisch nur als Teil eines Gesamtmenüs serviert bekommt. Will man das Fleisch allein, muss man abwarten, ob nach dem Ende der Essenszeiten welches übrig geblieben ist. Abhängig von der Anzahl der Gäste und der Reihenfolge ihrer Bestellung besteht jedoch selbst bei Bestellung eines Menüs keine Garantie, das Fleisch auf den Tisch zu bekommen. Der Wirt, Herr Shi, wird daher regelmäßig von Auswärtigen gefragt, warum er angesichts der reißenden Nachfrage nicht ein paar Töpfe mehr schmort. Die Antwort lautet lapidar: »Ist mir zu anstrengend.«

2. Kapitel

Herr Shi ist dieses Jahr sechzig geworden. Neben dem Fleischverkauf ist das Mahjong-Spiel seine einzige Leidenschaft. Bei zwei Töpfen am Tag bleibt dafür ausreichend Zeit, doch darf auch diese Leidenschaft nicht in Anstrengung ausarten, daher trifft sich Herr Shi nur einmal wöchentlich zur Mahjong-Partie, zu festgelegter Zeit, donnerstags von drei Uhr nachmittags bis elf Uhr abends, insgesamt acht Stunden. Auch die Mitspieler sind stets dieselben: Herr Bu, der Besitzer der Schnapsbrennerei, Herr Wang, Inhaber eines Großhandels für Spirituosen und Zigaretten, und Herr Jie, Betreiber einer Badeanstalt. Über Jahre hinweg die immer gleichen Teilnehmer, Gewinn und Verlust halten sich die Waage, aufs Ganze gesehen wie für jeden Mitspieler, man sitzt zusammen und vertreibt sich die Zeit.

Treffpunkt ist das »Dorf im Dorf«, jeden Donnerstag reserviert Herr Shi für sich und seine Mitspieler ein Separee und ordert in der Küche eine zusätzliche Waschschüssel mit »Geschmortem Fleisch am Knochen«, die zum Abendessen serviert wird. Dazu wird Schnaps der

Marke »Endlose Ebene« konsumiert, den Herr Bu, Inhaber der Schnapsbrennerei, liefert. Ist das Fleisch verzehrt, der Schnaps ausgetrunken, wird die Mahjong-Partie fortgesetzt.

3. Kapitel

An jenem Freitag erhielt Herr Shi einen Anruf, der ihn über den Tod einer Tante informierte, die in der Stadt Liaoyang im Nordosten des Landes gelebt hatte. Der Sohn der Tante, sein Cousin, drängte ihn, an der Beerdigung teilzunehmen. Herr Shi wollte vom Cousin wissen, ob die verschiedene Tante ein Abschiedswort hinterlassen habe. Die Antwort lautete nein, sie habe nichts hinterlassen, ein Herzschlag mitten in der Nacht, als man sie am Morgen wecken wollte, sei sie bereits erkaltet gewesen. Herr Shi seufzte und beschloss, zur Beerdigung nach Liaoyang zu fahren. Nicht, weil die Tante ohne Abschiedswort gestorben war und er einen letzten Blick auf sie werfen wollte, sondern weil er sich an seine Kindheit erinnerte. Damals war der Onkel als Soldat nach Liaoyang versetzt worden, die Tante war ihm gefolgt und hatte dort in einer Textilfabrik gearbeitet. Erst fünf Jahre später, als er acht war, kam es wieder zu einer Begegnung, als Onkel und Tante auf Heimaturlaub Herrn Shis Eltern besuchten. Herr Shis Vater, neidisch auf den vermeintlich wohlhabenden Verwandten von auswärts, versuchte umgehend, ihn anzupumpen, erhielt jedoch von seiner Schwägerin, noch bevor ihr Mann zu Wort kam, eine Abfuhr.

»Hör zu, Schwager, nicht, dass ich dir nichts leihen möchte, aber in unserer Familie gibt es einfach zu viele arme Verwandte. Wenn ich einem was leihe, kann ich es den anderen nicht verweigern. Wenn ich allen was leihe, müsste ich meine Hosen verpfänden.«

Doch beim Abendessen zog die Tante den jungen Shi beiseite und steckte ihm, unbemerkt von seinen Eltern, zwei Kuai zu.

»Ich war die Erste, die dich nach deiner Geburt in den Armen gewiegt hat.«

Zwei Kuai hatten damals den gleichen Wert wie zweihundert Kuai heute, der durchschnittliche Monatslohn betrug nur zwanzig bis dreißig Kuai. Von der zweiten Grundschul- bis zur sechsten Mittelschulklasse tastete der junge Shi das Geld nicht an und übte sich in strikter Austerität. Erst als er sich gegen Ende der Mittelschule in eine Schulkameradin verguckte, zweigte er zwei Mao von seinem Vermögen ab, um ihr ein besticktes Taschentuch zu schenken. Noch heute erinnerte er sich an die Stickerei mit zwei von einer Blüte auffliegenden Schmetterlingen.

Zweitausend Kilometer lagen zwischen seinem Heimatkreis und Liaoyang. Als er nach mehrfachem Umsteigen dort ankam, empfing ihn der Cousin, er drückte ihm sein Beileid aus, man erinnerte sich an alte Zeiten, alles war, wie es sich gehörte. Erst als er auf der Rückfahrt nach der Beerdigung in Peking umsteigen wollte, wurde ihm bewusst, dass es kurz vor Neujahr war. Der Bahnhof war überschwemmt von Menschen aus allen Herkunftsrichtungen, die zum Neujahrsfest nach Hause zurückkehren wollten. Ohne dass er es recht bemerkt hatte, war wieder ein Jahr vergangen. Vier Stunden stand Herr Shi Schlange, nur um zu erfahren, dass sämtliche Züge in seinen Heimatort ausverkauft waren. Nicht nur für diesen Tag, auch für die drei folgenden. Drei Tage vor Neujahr, je näher das Neujahrsfest rückte, desto eiliger hatten es alle, nach Hause zu kommen. Seufzend erkannte Herr Shi, dass die Tante zu unpassender Zeit gestorben war. Er beschloss, sich in der Nähe des Bahnhofs in einem billigen Hotel einzuquartieren, dort Neujahr zu verbringen und am ersten Neujahrstag heimzukehren. Bis dahin hatte sich die Menge verlaufen, und der Zug würde vermutlich leer sein. Er würde einen gemütlichen Neujahrsabend in Peking verbringen, warum sollte er sich Stress machen? Warum sich wegen des bevorstehenden Neujahrsfestes ein Bein ausreißen? Er verließ den Bahnhof, wandte sich auf gut Glück nach Süden und stieß auf eine Gasse mit mehreren kleinen Hotels. Die Gasse war bevölkert mit Reisenden aller Gegenden und Dialekte des Landes, die größere oder kleinere Geschenkpakete mit sich herumschleppten. Gerade als er beabsichtigte, sich in einem der Hotels nach dem Zimmerpreis zu erkundigen, klingelte sein Mobiltelefon. Am anderen Ende meldete sich Herr Bu, der Besitzer der Schnapsbrennerei, mit der Bitte, für diesen Abend aus dem »Dorf im Dorf« eine Portion »Geschmortes Fleisch am Knochen« geliefert zu bekommen. Ein Verwandter sei zu Besuch, der von diesem berühmten Gericht gehört und Verlangen danach geäußert habe. Herr Shi blickte auf die Uhr, es war kurz vor sechs. Jeder anderen Bitte, selbst der, sich Geld zu leihen, wäre Herr Shi gern nachgekommen, einzig die Bitte nach Lieferung einer Portion »Geschmortes Fleisch am Knochen« brachte ihn in Schwierigkeiten. Es war ehernes Gesetz des Hauses, nicht durch die Hintertür Fleisch zu verkaufen, solange die Leute an der Vordertür Schlange standen. Und jetzt, um sechs Uhr abends, war die Schlange am längsten. Herr Shi zauderte.

Herr Bu aber meinte: »Verwandte darf man nicht enttäuschen. Ich komme gleich mal zu dir ins ›Dorf im Dorf‹.«

»Da wirst du mich nicht antreffen.«

»Warum?«

»Weil ich in Peking bin.«

Bei dieser Auskunft wurde Herr Bu ganz aufgeregt. »Das ist ja eine Katastrophe!«

»Alles wegen einem Happen Fleisch? Wird es schon überleben, dein Verwandter.«

»Ich rede nicht vom Fleisch, sondern von unserer Mahjong-Partie morgen. Heute ist Mittwoch.«

Herrn Shi kam plötzlich zu Bewusstsein, dass am folgenden Tag, Donnerstag um drei, ihre Mahjong-Partie anstand.

»Diese Woche muss die Partie ausfallen. Kein Zugticket mehr zu kriegen, ich sitze hier fest.«

»Ganz unmöglich. Eine Katastrophe, wenn wir die Partie diese Woche ausfallen lassen.«

»Eine ausgefallene Mahjong-Partie wirst du schon überleben.«

»Ich schon, aber Jie nicht.«

»Was soll das heißen?«

»Jie hatte bereits die ganze Woche rasende Kopfschmerzen, vorgestern ist er zur Untersuchung in die Klinik, sie haben einen Gehirntumor festgestellt, nach Neujahr wird er operiert. Ob gutartig oder bösartig, steht bisher nicht fest. Wir hoffen das Beste, aber wenn der Tumor sich als bösartig herausstellt, besteht Lebensgefahr. Ich befürchte das Schlimmste, gut möglich, dass es die letzte Mahjong-Partie für ihn ist.«

Damit legte er auf, selbst das anfangs erbetene »Geschmorte Fleisch am Knochen« blieb unerwähnt. Herr Shi begriff den Ernst der Lage. Herr Jie, einer der vier Mitspieler ihrer wöchentlichen Mahjong-Partien, betrieb in der Südstraße der Kreisstadt eine Badeanstalt. In der Runde der vier war er der schlechteste Spieler. Er blies sich auf und pfiff vor sich hin oder trällerte eine Opernarie, wenn er gewann, und wenn er verlor, schmiss er die Steine weg, spuckte und fluchte auf unflätigste Weise.

Doch an einem Wintertag des vergangenen Jahres hatte Herr Shi Gelegenheit gehabt, den wahren Herrn Jie kennenzulernen. Am Abend dieses Tages hatte er sich mit seiner Frau gestritten und beim Abendessen ein paar Schlucke über den Durst getrunken. Mit dem Alkohol wuchs der Zorn und mit dem Zorn der Durst, noch vor dem Ende des Abendessens war er sturzbetrunken. In seinem Zustand hielt es ihn nicht zu Hause, er torkelte ins Freie. Seine noch immer zornerfüllte Frau hielt ihn nicht zurück. Ausgerechnet in dieser Nacht fiel dichter Schnee, alles war mit einheitlichem Weiß überzogen, und so verlor Herr Shi die Orientierung, er wankte von der Weststraße in die Südstraße und landete vor Herrn Jies Badeanstalt. Er stolperte hinein und schlug lang hin. Danach setzte seine Erinnerung aus. Als er am Morgen des folgenden Tages erwachte, fand er sich in einer Badekabine liegend, bedeckt mit einem Badetuch und Herrn Jie neben sich sitzend. Zwei Masseure standen am Kopfende. Dann bemerkte er die Nadel in seinem Arm und den Tropf, der über ihm hing.

Mit der freien Hand deutete er darauf. »Was bedeutet denn das?«

Einer der beiden Masseure antwortete: »Gestern Abend haben wir Sie einfach nicht wach gekriegt. Der Chef hatte Angst um Sie und hat den Arzt gerufen.«

»Einen zu viel gekippt, was soll da schon passieren?«

Der andere Masseur: »Der Arzt hat gemeint, es sei ein Glück gewesen, dass wir ihn gerufen haben, Sie hatten einen Herzschlag von über hundert, es hätte jeden Moment aus sein können.«

Herr Shi zeigte sich uneinsichtig. »Dann wär's eben aus gewesen. Früher oder später erwischt es jeden.«

Herr Jie neben ihm schüttelte den Kopf. »Kommt nicht infrage. Was wird aus unserer Mahjong-Runde, wenn du stirbst?«

Herr Shi war gerührt. Nicht, weil Herr Jie ihm das Leben gerettet, sondern weil er in einem entscheidenden Moment sein wahres Wesen gezeigt hatte. Als Herr Shi jetzt von Herrn Jies Hirntumor erfuhr und begriff, dass dessen Leben auf der Kippe stand, schien auch ihm diese Mahjong-Partie, welche die letzte in Herrn Jies Lebens sein konnte, von ungeheurer Bedeutung. Er musste zurück, wie auch immer. Und er musste vor drei Uhr nachmittags des nächsten Tages zurück sein, bevor ihre reguläre Spielzeit begann. Doch die Zugtickets waren ausverkauft. Er eilte zum Bahnhof zurück und stellte sich in der Hoffnung auf ein zurückgegebenes Zugticket am Rückgabeschalter an. Aber es war aussichtslos, um ihn herum nur Reisende, die verzweifelt Tickets kaufen wollten, niemand der eines zurückgab. Er wandte sich an den Aufsichtsschalter, erklärte, dass zu Hause ein Schwerkranker auf ihn warte, bat darum, ihm ein Notticket auszustellen. Der Beamte sah ihn mitleidig an und teilte ihm mit, er habe heute mit mehr als dreißig derartigen Fällen zu tun gehabt. Es gäbe nun einmal nur eine beschränkte Anzahl von Sitzen in den Zügen, und die seien ausverkauft. Er könne ihm keinen Sitz herbeizaubern. Herr Shi eilte auf den Bahnhofsvorplatz, in der Hoffnung, dort von einem Schwarzhändler ein Ticket zu überhöhten Preisen erwerben zu können. Doch so kurz vor dem Neujahrsfest waren nicht einmal Schwarzhändler zu finden. Die Dunkelheit brach herein, die Straßenbeleuchtung flammte auf, der Tag neigte sich dem Ende zu. Die Not ließ in ihm einen aberwitzigen Gedanken aufkeimen: Er nahm aus seiner Tasche einen Bogen Papier und schrieb darauf in großen Zeichen: »GERECHTIGKEIT!«

Diese Papier hielt er hoch über seinen Kopf gereckt.

In weniger als einer Minute tauchten vier Polizisten auf, die den Beschwerdeführer ohne Vorwarnung packten und zu Boden drückten.

4. Kapitel

Mit der Aufgabe, Herrn Shi nach Hause zu schaffen, wurden zwei Pekinger Hilfspolizisten beauftragt, der eine hieß Dong, der andere Xue. Sogenannte Hilfspolizisten leisten Polizeiarbeit, ohne Polizisten zu sein. Die Züge waren bis zum letzten Platz vollgestopft, doch für den Rücktransport von Beschwerdeführern war das kein Hindernis. Je näher das Neujahrsfest rückte, desto schärfer gingen die Behörden gegen Personen vor, die öffentlich Beschwerde führten. Der Zugführer räumte Herrn Shi, Herrn Dong und Herrn Xue in seinem Dienstabteil zwei Liegeplätze ein. Beschwerde zu führen war kein kriminelles Delikt, die beiden Hilfspolizisten waren keineswegs unfreundlich – um ihn davon abzuhalten, unterwegs Schwierigkeiten zu machen, behandelten sie ihn mit großer Zuvorkommenheit. Sie überließen ihm einen der beiden Liegeplätze und teilten sich zu zweit den anderen. Der Zug setzte sich in Bewegung, Herr Shi und seine Aufpasser stießen Seufzer der Erleichterung aus.

Als der Zug den Pekinger Vorort Fengtai durchfuhr, fragte Herr Dong: »Kumpel, was ist los mit dir? So kurz vor Neujahr nach Peking zu kommen, um dich zu beschweren.«

Herr Shi sah aus dem Fenster. »Was bringt das, wenn ich's euch erzähle? Ihr löst mein Problem nicht.«

Die beiden Aufpasser sahen sich an, helfen konnten zwei unbedeutende Hilfspolizisten tatsächlich nicht. Ihm gut zureden war alles, was sie tun konnten.

»Worum es auch geht, das Problem muss dort gelöst werden, wo es entstanden ist.«

»Sei beruhigt, für jedes Problem findet sich eine Lösung.«

Während sie sich so unterhielten, rückte die Essenszeit heran. Herr Dong kaufte im Speisewagen drei Portionen Fertiggerichte und erklärte: »Worüber man immer sich beschwert, essen muss man.«

Zu seiner Erleichterung machte sich Herr Shi unverzüglich über sein Essen her. Danach streckte er sich auf seiner Pritsche aus und schlief ein.

Die beiden Aufpasser übernahmen die Wache, sie wechselten sich alle drei Stunden ab. Im Drei-Stunden-Rhythmus ging das vom späten Abend bis zum Morgengrauen des nächsten Tages. Herr Xue war wieder an der Reihe, Wache zu halten, als er jedoch Herrn Shi in tiefem Schlummer sah, gähnte er ein paar Mal, quetschte sich zu Herrn Dong auf die Pritsche und schlief neben ihm ein. Als er jäh wieder erwachte, stand die Sonne bereits hoch am Himmel, der Schreck fuhr ihm in die Glieder, hastig wandte er sich der gegenüberliegenden Pritsche zu. Mit einem Seufzer der Erleichterung sah er, dass Herr Shi mit geöffneten Augen und in Gedanken versunken noch immer dort lag.

Mit hochgerecktem Daumen sagte er: »Das nenne ich Anstand.«

5. Kapitel

In XX stiegen sie aus dem Zug und erreichten nach zweistündiger Fahrt mit dem Fernbus nachmittags um zwei endlich die Kreisstadt, wo Herr Shi den örtlichen Polizeibehörden übergeben wurde. Den dortigen Polizisten, häufige Gäste im »Dorf im Dorf«, war er wohlbekannt. Der diensthabende Polizeioffizier hieß Liu. Verständnislos blickte er auf den von zwei Hilfspolizisten eskortierten Herrn Shi. Noch verständnisloser wurde sein Blick, als die beiden ihm ihr Begleitschreiben vorlegten.

Er kratzte sich am Kopf und fragte: »Herr Shi, was ist denn das für eine Geschichte? Wieso fahren Sie nach Peking, um sich zu beschweren? Und wieso werden Sie unter Bewachung wieder zurückgeschafft?«

»Habe mich nicht beschwert. Musste in Peking umsteigen, aber Fahrkarten waren nicht mehr zu kriegen. Durfte meine Mahjong-Partie nicht verpassen, daher habe ich mich dieses Tricks bedient. War nur ein Jux.«

Damit wandte er sich um und verließ die Polizeistation. Wie vom Donner gerührt starrten der Polizeioffizier und die beiden Hilfspolizisten ihm nach.

Herr Dong stotterte: »Ist ja ungeheuerlich! Das soll ein Jux sein?«

Herr Xue schlug mit der Faust auf den Tisch. »Was erlaubt sich der Kerl?!«

Er deutete zur Tür. »Was ist denn das für einer?«

Polizeioffizier Liu lieferte ihnen ein kurze und präzise Erläuterung: Der Mann hieß mit vollem Namen Shi Weimin, sei vor zwanzig Jahren irgendwo Kreisvorsteher gewesen und dann seines Amtes enthoben worden. Es hieß, eine Frau sei in die Sache verwickelt gewesen, möglicherweise ging es um unmoralisches Verhalten oder um Korruption. Als Kreisvorsteher habe er seine Einnahmequellen gehabt, als amtsenthobener Beamter nur das kleine Grundgehalt, davon konnte er seine Familie nicht ernähren. Daher habe er nach der Rückkehr in seinen Heimatort in der Weststraße ein Restaurant mit Namen »Dorf im Dorf« eröffnet, wo ein weithin berühmtes »Geschmortes Fleisch am Knochen« angeboten werde. Das Geheimrezept stamme von Herrn Shis Großvater, der Koch des Statthalters von Taiyuan gewesen sei. Trotz der riesigen Nachfrage lasse Herr Shi nur zweimal am Tag einen Topf davon zubereiten, seine einzige Leidenschaft sei das Mahjong-Spiel, dem er unumstößlich jeden Donnerstagnachmittag fröne.

6. Kapitel

Die beiden Hilfspolizisten waren ratlos, wie sie auf diese Informationen reagieren sollten. Zwischen Zorn und Gelächter schwankend, erwachte in ihnen der Wunsch, Herrn Shi erneut zu treffen. Was sie über seine Lebensgeschichte und von der Herkunft des »Geschmorten Fleisches am Knochen« erfahren hatten, weckte ihre Neugierde, auch waren sie begierig, das »Dorf im Dorf« kennenzulernen. Da es sie schon mal an diesen Ort verschlagen hatte, wollten sie sich das »Geschmorte Fleisch am Knochen« nicht entgehen lassen. Sie verließen die Polizeistation und fragten sich zum »Dorf im Dorf« durch. Dort angelangt, fragten sie nach Herrn Shi und wurden von einer Kellnerin zu einem Separee geführt, aus dem das Geklapper von Mahjong-Steinen drang. Als sie eintraten, sahen sie Herrn Shi im Kreis seiner Mitspieler.

Herr Dong polterte sofort los: »Hören Sie, Shi, das ist ein starkes Stück! Wegen einer Mahjong-Partie Partei und Staat zu hintergehen!«

Herr Xue fiel ein: »Nicht nur Partei und Staat, auch uns beide Kumpels, die wir Sie herbringen mussten.«

Herr Shi schmetterte einen Mahjong-Stein auf den Tisch. »Ganz im Gegenteil, Partei und Staat müssen dem Mahjong auf Knien danken, genau wie ihr!«

»Was soll das heißen?«

»Nur meine Leidenschaft für Mahjong hat mich davon abgehalten, mich wirklich zu beschweren. Sonst wäre ich aus dem Zug abgehauen, während ihr geschlafen habt. Wie hättet ihr wohl dagestanden, wenn ich mich aus dem Staub gemacht hätte?«

Die beiden blickten ihn verdutzt an.

Herr Dong murrte: »Erzählen Sie keine Märchen. Man beschwert sich nicht grundlos.«

Herr Shi hielt einen Mahjong-Stein in der Hand und fragte: »Wisst ihr, dass ich vor zwanzig Jahren Kreisvorsteher gewesen bin?«

»Hat man uns berichtet.«

»Dass ich damals abgesetzt wurde, war eine himmelschreiende Ungerechtigkeit. Ich hätte damals Beschwerde einlegen müssen, zwanzig Jahre lang hätte ich Jahr für Jahr Beschwerde einlegen müssen, habe aber um Partei und Staat willen an mich gehalten und das Unrecht heruntergeschluckt. Bin zurück nach Hause und habe Fleisch geschmort. Auch euch habe ich keine Scherereien gemacht, allerdings wart ihr auch anständig zu mir.«

Die beiden Hilfspolizisten waren sprachlos.

Herr Bu, der Besitzer der Schnapsbrennerei, gab ihnen ein ungeduldiges Handzeichen. »Genug geredet, wir haben Wichtigeres zu tun.«

Ebenso ungeduldig stieß er den neben ihm sitzenden Herrn Wang, Inhaber eines Großhandels für Spirituosen und Tabak, an. »Was starrst du in die Gegend? Los, leg deinen Stein.«

Zögernd legte Herr Wang seinen Stein auf den Tisch. »Doppel-Kreis.«

Freudestrahlend kippte Herr Jie, Betreiber der Badeanstalt, seine Steine um: »Gewonnen!«

Er begann, eine Opernarie zu trällern. Herr Wang gab Herrn Bu die Schuld, die beiden gerieten sich in die Haare und machten beleidigte Gesichter.

Herr Shi dagegen strahlte. »So muss es sein!«

Als die Hilfspolizisten Dong und Xue die Mahjong-Spieler im Separee verließen und sich in die Gaststube des »Dorf im Dorf« begaben, um ein »Geschmortes Fleisch am Knochen« zu bestellen, entdeckten sie, dass die Schlange der Esslustigen bereits länger als fünfhundert Meter reichte. Jetzt erst wurde ihnen bewusst, welche Anziehungskraft das »Geschmorte Fleisch am Knochen« besaß. Der Blick in die Küche bestätigte ihnen, dass da tatsächlich nur ein Topf auf dem Herd stand. Ein aussichtsloses Unterfangen, sich jetzt noch in die Schlange einzureihen. Herr Dong versuchte mit dem Argument, sie seien extra aus Peking gekommen, den Oberkellner zu überreden, ihnen außer der Reihe eine Portion vom »Geschmorten Fleisch am Knochen« zu verkaufen, um es wenigstens einmal im Leben gekostet zu haben. Der Oberkellner schüttelte den Kopf, wenn er ihnen auch nur ein Gramm davon gäbe, würde er Gefahr laufen, von den in der Schlange Wartenden totgeschlagen zu werden.

Kopfschüttelnd verließen die beiden das Lokal, um sich nach einem anderen Restaurant umzusehen. In diesem

Moment kam die Kellnerin, die sie zu Herrn Shi geführt hatte, hinter ihnen hergerannt. »Meine Herren, bleiben Sie bitte!«

»Was ist los?«

»Der Chef sagt, Sie hätten ihn im Zug zum Essen eingeladen, jetzt sei er an der Reihe.«

Die beiden sahen sich an und folgten der Kellnerin zurück ins »Dorf im Dorf«. Sie wurden in ein Separee geführt und fanden dort auf dem Tisch eine große Schüssel dampfendes »Geschmortes Fleisch am Knochen«, dazu zwei Flaschen »Endlose Ebene«.

Hocherfreut erklärte Herr Xue: »Wie schön, dass Herr Shi auf den Pfad der Tugend zurückgefunden hat.«

Die beiden setzten sich zu Tisch und machten sich über das »Geschmorte Fleisch am Knochen« her. Schon beim ersten Bissen stellten sie fest, dass der Ruf gerechtfertigt war. Durch die leicht salzige Note zieht sich ein feiner Duft, durch den Duft eine gewisse Süße, durch die Süße ein wenig Schärfe, und die Schärfe atmet Frische und Geschmeidigkeit. Der würzige Geschmack durchdrang nicht nur das Fleisch selbst, sondern auch den Knochen, woran man, war das Fleisch verspeist, ohne die geringste Geschmackseinbuße saugen konnte. Den beiden, die gewöhnlich nicht viel vertrugen, rann zum heißen Fleisch der Schnaps glatt durch die Kehlen, innerhalb einer Dreiviertelstunde war die erste Flasche restlos geleert.

Während er die zweite entkorkte, fragte Herr Dong: »Sag mal, wie soll denn unser Bericht aussehen?«

»Ich schätze, die volle Wahrheit können wir nicht schreiben. Sonst wird diese Dienstfahrt zur Lachnummer.«

»Das wäre nicht das Schlimmste. Wir stehen doch als Trottel da. Tausend Kilometer gemeinsam unterwegs, und wir haben nichts gemerkt? Das kann uns die Stelle kosten.«

»Kurz und gut, Auftrag voll erfüllt.«

»›Nach eindringlicher Ermahnung während der Fahrt hat sich die betroffene Person bereit erklärt, hinfort auf Beschwerden zu verzichten.‹ Vielleicht kriegen wir sogar eine Prämie, wenn der Fall damit ausgestanden ist.«

»Wenn er sich so reumütig und einsichtig gezeigt hat, müssen wir wenigstens erfahren haben, worüber er sich beschweren wollte. Wie sollen wir damit umgehen?«

»Der Wahrheit entsprechend. Ein ehemaliger Kreisvorsteher, der verlangt, dass sein Fall neu aufgerollt wird. Das klingt nach einer schwerwiegenden Angelegenheit.«

»Stimmt, eine schwerwiegende Angelegenheit. Wir müssen darauf achten, dass keine Lachnummer daraus wird.« Er hob das Glas. »Prost!«

Auch Herr Xue hob sein Glas, sie stießen an und leerten die Gläser.

Die Nacht war hereingebrochen. Neujahrsnacht. Vor dem Restaurant begann das Gewitter der Knallkörper, Raketen wurden gezündet. Am Himmel vor dem Fenster explodierten leuchtende Farbtupfer und versprühten ihre Farben in alle Himmelsrichtungen.

Anna war eine gute Ehefrau. Meistens.

Jill Alexander Essbaum
HAUSFRAU
Roman
Aus dem amerikanischen
Englisch von
Eva Bonné
336 Seiten
ISBN 978-3-404-17496-6

Wohin geht eine Frau, wenn es keinen Weg zurück gibt? Anna Benz, eine Amerikanerin Ende dreißig, lebt mit ihrem Schweizer Ehemann Bruno und ihren drei kleinen Kindern in einem Postkarten-Vorort Zürichs. Von außen betrachtet führt sie ein komfortables Leben, im Inneren bricht sie auseinander ...

»Hier lesen wir von einer Frau, von der wir womöglich nur eine Herdlänge entfernt sind, von der uns nicht mehr trennt als ein Schluck Latte macchiato.« BRITTA HEIDEMANN, DIE WELT

Bastei Lübbe